AF501980

LÉGISLATION
HISTORIQUE
DU SACRILÉGE
CHEZ TOUS LES PEUPLES.

LEGISLATION

HISTORIQUE

DU SACRILÉGE

CHEZ TOUS LES PEUPLES,

AVEC

LA DISCUSSION DES LOIS PROPOSÉES AUX CHAMBRES
EN 1824 ET 1825;

PAR M. B. SAINT-EDME,
AUTEUR DU DICTIONNAIRE DE LA PÉNALITÉ, ETC.

...... Il faut des torrens de sang pour effacer nos fautes aux yeux des hommes, une seule larme suffit à Dieu. CHATEAUBRIANT.

A LORD BYRON,
LIBRAIRIE ANCIENNE ET MODERNE,
RUE CROIX-DES-PETITS-CHAMPS, N° 54.
1825.

TABLE
DES MATIÈRES.

INTRODUCTION.

Puisque l'on a jugé convenable d'exhumer, au dix-neuvième siècle, des lois que l'humanité, la civilisation et la philosophie avaient fait rentrer dans les ténèbres de la barbarie, où elles dormaient oubliées; puisque le fanatisme religieux semble recommencer à déployer ses ailes, il faut dérouler aux yeux des peuples la longue et tragique histoire du sacrilége.

Le monde est menacé de voir renaître, et ces crimes de lèse-majesté divine et humaine, arme homicide que tous les tyrans ont tour-à-tour employée, depuis Néron jusqu'à Louis XI, et cette inquisition, fléau des nations, chargée de juger la pensée et de convaincre par des supplices de la vérité des dogmes qu'elle annonce; il faut soulever le voile sanglant qui la couvre, et montrer l'ombre de Torquemada assise sur les cent mille victimes que sa rage avait entassées et dont il s'est fait un trophée (1).

La religion, revenue à sa noble et douce mission, de diriger les ames, n'intervenait plus au milieu de la société que pour apaiser les haines, éteindre les vengeances. Les codes nouveaux avaient prévu tous les cas dans lesquels l'exercice des cultes pouvait être troublé; ils les avaient protégés contre toute espèce d'insulte ou de perturbation, par des mesures de police et des peines proportionnées au délit; mais, non content de la part que le législateur lui avait faite, le catholicisme, fier de son ancienne suprématie, redemande aujourd'hui du sang et des supplices : opposons à cet empiétement et à cette prétention nouvelle, le tableau des malheurs que sa lon-

---

(1) M. Llorente a présenté, d'après les registres de l'inquisition, le tableau des victimes immolées par Torquemada; il offre le résultat suivant: Brûlés vifs, 10,220. — Brûlés en effigie, 6,840. — Condamnés à la prison ou aux galères, 97,371.

Torquemada se vantait d'avoir fait brûler 6,000 Juifs.

gue domination fit éclater sur le monde, lorsqu'il voulut sortir des bornes de son pouvoir spirituel, et diriger le glaive qu'il avait remis entre les mains des rois.

On s'étonne de voir des hommes sans conviction, qui vivent éloignés des pratiques et des austérités religieuses, demander de sang froid des lois aussi rigoureuses, en convenant qu'elles ne sont pas faites pour le siècle. Dans leur langage plein d'ambiguité, ils semblent avouer qu'ils ne croient pas à la nécessité de ces lois, qu'ils ont été obligés de céder à une impulsion, à un pouvoir occulte qui veut être obéi : ils ne le nomment pas ; pourtant ce nom s'échappe de toutes les bouches.

Un ordre religieux proscrit de tous les états de l'Europe pour avoir conspiré contre les trônes, vient de s'établir en France en opposition avec les lois et les arrêts des cours souveraines, qui avaient flétri son nom du sceau du régicide ; son influence se fait déjà sentir de toutes parts. L'instruction publique était convoitée par lui, et on assure qu'il l'a déjà envahie silencieusement à l'abri de la dictature sous laquelle on l'a placée naguères. Partout, sous son inspiration, s'organisent des associations, des congrégations auxquelles la religion sert de motif, et qui sont comme des candidatures pour les emplois publics. Écartant avec adresse ceux qui gênent ses vues, le jésuitisme se glisse dans l'administration, envahit tout, investit tout. S'il ne règne pas encore ouvertement, il se flatte d'avoir conquis l'avenir. Il s'est fait précéder par le bourreau pour avoir la *joyeuse entrée*, jusqu'à ce qu'il trouve une victime assez auguste à frapper. Le ministère s'en défend en vain; puisqu'il a fléchi le genou, il faudra qu'il succombe : il sue déjà les jésuites par tous les pores.

Et cependant l'histoire dépose à chaque page des crimes de cette société : l'assassinat, le poison, le feu, la guerre civile et la guerre étrangère, les dissentions publiques et privées, voilà ses œuvres. Qui a enseigné publiquement à se jouer de toutes les règles de la morale? les jésuites. Qui prêcha la doctrine inspiratrice de l'assassinat des rois? les jésuites. Qui plaça le poignard aux mains des fanatiques régicides? les jésuites. Leur secte, semblable au génie du mal, paraît avoir été suscitée de l'enfer pour préparer tous les fléaux qui désolent la race humaine. Ainsi, en France, des monarques assassinés, la conspiration des poudres en Angleterre, les massacres d'Irlande, partout des ruines, des dévastations, des discordes!

Il n'avait donc pas tort, ce judicieux Pasquier, qui disait (1) : «Partant je ne rou-
» girai jamais de lier ma conscience à celle
» de ceste vénérable compaignie (la Sor-
» bonne), et soustenir avec elle qu'il n'y
» eut oncques secte plus partiale et plus
» ambitieuse, et dont les propositions fus-
» sent de plus pernicieuse conséquence,
» que ceste-ci : je serai encore plus hardi.
» Car, pour bien dire, je suis du nombre

(1) Recherches de la France.

» de ceux qui sans user de circonlocution, » appellent pain ce qui est pain, et vin ce » qui est vin. Je dirai volontiers que cette » secte est en ses principes schismatique et » conséquemment hérétique. Hérésie bâtie » par Ignace sur une ignorance de notre » église...... Bien vous dirai qu'Ignace de » Loyola introduisit une erreur au milieu » de notre église, aussi dangereux que ce- » lui de Martin Luther..... Je suis fils de » l'église romaine. Je veux vivre et mourir » en sa foi, jà Dieu ne plaise que j'en for- » ligne d'un seul point. Ce néanmoins je » soutiens qu'Ignace n'a pas été moins par- » tial et perturbateur de nostre religion que » Luther. J'adjouterai que sa secte est plus » à craindre que l'autre, d'autant que sou- » dain que les consciences timorées enten- » dent parler de Luther ou Calvin, elles se » tiennent sur leurs gardes, et, comme l'on » dit en pratique, se gardent de mespren- » dre. A l'opposite, elles se laissent fort » aisément surprendre et enivrer du poison » des ignaciens, pour les estimer premiers

» protecteurs de notre religion encontre les
» hérétiques, ores qu'ils en soient les pre-
» miers dissipateurs. Je les compare propre-
» ment au lierre qui, attaché à une vieille
» parois, fait montre extérieure de la soute-
» nir, et néanmoins la mine intérieurement.
» Ainsi est-il de nos ignaciens, lesquels fai-
» sant contenance de soustenir l'église de
» Dieu, la ruinent et ruineront de fonds en
» comble au long aller.... Car leurs maximes
» sont que dans le sein du pape, comme
» dedans un grand thrésor, sont encloses
» toutes les puissances tant spirituelles que
» temporelles; qu'il peut commander non-
» seulement aux évesques, ains aux empe-
» reurs et rois, transférer les royaumes de
» l'un à l'autre et les mettre en pleine in-
» terdiction. Quoi! si le malheur du tems
» nous renvoyait un autre Boniface VIII,
» qui voulust censurer le roi et sonner une
» croisade encontre la France, en faveur
» d'un roi illégitime et étranger, ayant ces
» nouveaux vassaux de la papauté, n'au-
» riez-vous point autant d'ennemis profès

» dedans votre sein, qui suborneraient par
» leurs presches le simple peuple encontre
» nostre estat?.... Je sçai bien que ceux qui,
» par un esprit de curiosité ou par le peu
» de prévoyance qui est en eux, s'attachent
» seulement à la superficie des choses, me
» diront qu'il ne ſaut rien attendre de si-
» nistre d'eux, attendu la simplicité dont
» nous les voyons se gouverner et main-
» tenir avec nous; car ainsi advocassent
» les simples ſemmes pour eux. Quant à
» moi, je ne mesure leur simplicité ni à
» leur robe agraphée, ni à leurs chimagrées
» extérieures; mais à ce que j'apprends du
» dedans, et ne descouvre ce dedans que
» par leurs constitutions, par leurs statuts
» et ordonnances, et à peu dire par les
» préceptes au moyen desquels ils sont ar-
» rivés au rang qu'ils tiennent aujourd'hui...
» Au demeurant, ne considérez-vous pas,
» Messieurs, combien il importe à la France
» que vos enfans ne soient nourris avecque
» eux? On leur lit quelques livres d'huma-
» nité et philosophie; mais cependant on

» leur enseigne parmi cela toutes propo-
» sitions contraires à l'ordre hiérarchique,
» tant de nostre religion qu'estat, et à peu
» dire, on en faict une pépinière pour estre
» ennemis du roy quand les occasions s'y
» présenteront. Ceux qui sont versés en
» l'histoire d'Italie, sçavent que les trois
» jeunes hommes qui tuèrent Ludovic, der-
» nier duc de Milan, au milieu du Dome,
» ne furent induits à ce faire que par les
» leçons de leur maître, qui ne leur pres-
» chait ordinairement autre chose, sinon
» combien il estait louable et méritoire
» d'assassiner un tyran. Les premières opi-
» nions que l'on sème dans le cœur des
» jeunes gens, leur plaisent du commen-
» cement, comme n'ayant plus beaux ob-
» jets que leurs précepteurs, et en après
» prennent longues racines dans eux. Ad-
» joustez qu'il leur sera fort aisé de les trans-
» planter en leur ordre, bon gré malgré
» leurs pères et mères, les ayant ainsi avec
» soi. Ce qu'advenant, vous porterez dans
» vos maisons la juste pénitence de vostre

» péché. Il n'y a moine qui ne soit très aise » gaigner et attirer à sa cordelle tous ceux » qui se présentent à lui. »

Des accusations si précises et si concluantes n'arrêtèrent pas la société; elle les détourna, les étouffa, sans changer de conduite; elle en devint au contraire plus audacieuse.

Tant d'iniquités, tant de crimes semblèrent enfin avoir trouvé un terme. Ayant voulu vainement réformer cet ordre, le pape Clément XIV n'y put parvenir. *Sint ut sunt, aut non sint,* telle fut la réponse du général, et l'ordre fut supprimé. Il fallut céder à l'orage. Il est aujourd'hui dissipé, et la société rentre de nouveau dans la carrière, armée de ses anciens principes, condition nécessaire de son existence; elle essaie encore une fois la conquête du monde. Ses tentatives pourront amener de grands troubles, mais dont elle ne saurait profiter: les tems sont changés, et on ne recommence pas deux fois sa fortune.

Le pape Pie VII, supplié par l'empereur

Paul de Russie et le roi Ferdinand de Naples, de rétablir cette société dans leurs états, accéda gracieusement à leurs humbles prières, par ses brefs du 7 mars 1801 et du 30 juin 1804; et enfin, *à la demande du monde catholique*, il l'a rétablie sur l'ancien pied par une bulle datée du 7 août 1814, portant défense d'infraction, ou de s'opposer à son exécution PAR UNE AUDACIEUSE TÉMÉRITÉ, sous peine d'encourir l'indignation du Dieu tout-puissant et des saints apôtres Pierre et Paul.

Par son arrêt qui bannissait les jésuites, le parlement de Paris avait déclaré, le 6 août 1762, leur ordre « inadmissible par » sa nature dans tout état policé, comme » contraire au droit naturel, attentatoire » à toute autorité spirituelle et temporelle, » et tendant à introduire dans l'église et » dans les états, sous le voile spécieux d'un » institut religieux, non un ordre qui as» pire véritablement et uniquement à la » perfection évangélique, mais plutôt un » corps politique dont l'essence consiste

» dans une activité continuelle pour par-
» venir, par toutes sortes de voies directes
» ou indirectes, sourdes ou publiques, d'a-
» bord à une indépendance absolue, et
» successivement à l'usurpation de toute
» autorité. »

La Russie, par son intercession, avait obtenu du Saint-Père le rétablissement autorisé de l'association jésuitique, qui n'a jamais été dissoute de fait; elle en sentit bientôt les effets : le trouble parut dans l'état, la désunion dans les familles. L'empereur autocrate se détermina à les chasser par les motifs suivans : « Ils ont détourné,
» dit l'ukase du 2 janvier 1816, de notre
» culte, des jeunes gens dont l'éducation
» leur avait été confiée, ainsi que quel-
» ques femmes d'un esprit faible et in-
» considéré, et leur ont fait adopter leur
» croyance..... Exciter un homme à abju-
» rer sa foi, la foi de ses pères, détruire
» en lui l'amour de ceux qui professent la
» même religion, en faire un étranger à son
» pays, semer la discorde et l'animosité

» dans les familles, détacher le frère du » frère, le fils du père et la fille de la mère; » amener des divisions parmi les enfans » de la même famille, est-ce là la volonté » de Dieu et de son divin fils J. C., notre » sauveur?..... Nous ne sommes plus sur- » pris que l'ordre de ces religieux ait été » éloigné de tous les pays, et qu'il ne soit » toléré nulle part. Quel est, en effet, l'état » qui pourrait souffrir dans son sein ceux » qui répandent la haine et le trouble?.... »

Tous ces exemples prouvent que les jésuites sont incorrigibles; que leur existence est contraire à la tranquillité des peuples et menace constamment la sûreté des princes et des rois. Personne ne les aime, tout le monde les craint! Malheur aux hommes d'état assez faibles pour trembler devant eux.

La doctrine des *ignaciens*, comme les appelle Pasquier, a été prêchée depuis leur prétendue suppression, par plusieurs écrivains qui, pour la plupart, vivent encore, et qui ont depuis été affiliés à l'institut, s'ils ne l'étaient déjà.

On a beaucoup parlé de M. de Maistre comme du régulateur, ou du moins comme de celui qui a le mieux rendu la pensée de cette secte qui aspire à nous gouverner. Eh bien! veut-on savoir comment il s'exprimait pendant la révolution, à l'égard du rétablissement de la monarchie, que son ouvrage (1) voulait préparer et annonçait comme prochain? Après avoir dit qu'en France il y avait une constitution aussi ancienne que la royauté, et à laquelle le roi ne pouvait toucher, il analyse une proclamation de Louis XVIII, et il s'écrie: «Si » ce prince avait fait la folie de proposer » aux Français une nouvelle constitution, » c'est alors qu'on aurait pu l'accuser de » donner dans un vague perfide; car dans » le fait il n'aurait rien dit. S'il avait pro- » posé son propre ouvrage, il n'y aurait eu

(1) Considérations sur la France. 1797.

» qu'un cri contre lui, et ce cri eût été » fondé. De quel droit, en effet, se serait-il » fait obéir dès qu'il abandonnait les lois » antiques? L'arbitraire n'est-il pas un do- » maine commun auquel tout le monde a » un droit égal? Il n'y a pas de jeune homme » en France qui n'eût montré les défauts » du nouvel ouvrage et proposé des cor- » rections. Qu'on examine bien la chose, » et l'on verra que le roi, dès qu'il aurait » abandonné l'ancienne constitution, n'a- » vait plus qu'une chose à dire: *Je ferai ce* » *qu'on voudra.* C'est à cette phrase indé- » cente et absurde que se seraient réduits » les plus beaux discours du roi traduits en » langage clair. Y pense-t-on sérieusement, » lorsqu'on blâme le roi de n'avoir pas pro- » posé aux Français une nouvelle révolu- » tion? Depuis que l'insurrection a com- » mencé les malheurs épouvantables de sa » famille, il a vu trois constitutions accep- » tées, jurées, consacrées solennellement. » Les deux premières n'ont duré qu'un ins- » tant, et la troisième n'existe que de nom.

» Le roi devait-il en proposer cinq ou six » à ses sujets pour leur laisser le choix ? » Certes, les trois essais leur coûtent assez » cher, pour que nul homme sensé ne s'a- » visât de leur en proposer un autre. Mais » CETTE NOUVELLE, qui serait une folie de » la part d'un particulier, SERAIT DE LA PART » DU ROI UNE FOLIE ET UN FORFAIT. » Croira-t-on ensuite que les sectateurs de M. de Maistre soient grands partisans de la charte constitutionnelle, qui consacre la liberté des cultes ?

L'ombre du *grand de Maistre* a dû tressaillir de joie en voyant rétablir parmi nous le crime de sacrilége, car il croyait à la nécessité, à l'efficacité des sacrifices humains. Il professe que la destruction *violente de l'espèce humaine n'est pas un si grand mal qu'on le croit*, et *que lorsque l'ame humaine a perdu son ressort par la mollesse, l'incrédulité et les vices gangréneux qui suivent l'excès de la civilisation, elle ne peut être retrempée que* DANS LE SANG, et *que le genre humain peut être considéré comme un arbre qu'une main invisible taille sans relâche, et* QUI GAGNE SOUVENT A CETTE OPÉRATION. *A la vérité, si l'on touche le tronc, ou si l'on coupe en tête de saule, l'arbre peut périr; mais qui connaît des limites pour l'arbre humain?..... Il est vrai que plus on coupe de branches, et moins il en reste sur l'arbre; mais ce sont les suites de l'opération qu'il faut considérer. Or, en suivant toujours la même comparaison, on peut observer que le jardinier habile dirige moins la taille à la végétation absolue qu'à la fructification de l'arbre : ce sont des fruits, et non du bois et des feuilles qu'il demande à la plante. Or, les véritables fruits de la nature humaine sont les arts, les sciences..... En un mot, on dirait que le* SANG *est l'engrais de cette plante qu'on appelle génie* (1).

M. de Maistre a laissé derrière lui un de ses disciples qui a hérité de ses doctrines et d'une partie de son génie. C'est celui

(1) Considérations sur la France.

qui, dans la discussion de la loi, a dit que pour être bonne elle devait être sévère, parce que dans les arts tout ce qui est vraiment beau est sévère, et qu'il ne voyait pas d'inconvénient à faire mourir le coupable, parce que *c'était le renvoyer vers son juge naturel.* Tout cela est assurément très profond, et c'est de plus d'une atrocité qui révolte!

Ces hommes ne croient pas sans doute honorer ainsi la divinité; car on l'outrage toutes les fois qu'on outrage la nature. Le Dieu de miséricorde et de paix est assez fort pour mépriser les attaques de ceux qui le méconnaissent; il n'a pas besoin de ces holocaustes sanglans. L'idée seule de son éternité et de sa puissance suffisait pour commander le respect. Maintenant quel est celui qui, en pénétrant dans les temples catholiques, ne se sentira glacé par la crainte? En s'approchant de l'autel, en assistant aux divins mystères, ne semblera-t-il pas qu'on voit la faulx de la mort planer au-dessus de l'hostie consacrée au moment où le prêtre prononce les paroles sacramentelles?

Les crimes de sacrilége rétablis parmi nous, démontrent assez quelles résurrections nous sont encore réservées. L'intolérance religieuse une fois établie dans les lois, l'état civil sera remis à la disposition des ministres du culte catholique; l'inégalité des partages effacera les droits de la nature, écrits dans la loi civile; toutes les professions seront accablées d'entraves; toutes les industries seront soumises à un contrôle qui ralentira leur essor; la magistrature perdra son indépendance; la civilisation sera contrainte de rétrograder: tant de travaux et tant de gloire auront été stériles! Pauvre France, quelle serait ta destinée s'il te fallait subir un passé dont tu avais secoué le joug! s'il te fallait voir renaître tant d'institutions abolies par la main même de tes rois!

La sanction des pouvoirs politiques suffit pour faire les lois et les rendre exécutoires; mais pour qu'elles soient durables, elles ont besoin d'une autre sanction, celle de l'opinion publique. Quand les partis tombent dans l'abîme, tous les instrumens dont ils se servaient pour étayer leur faiblesse, y sont précipités avec eux.

LÉGISLATION HISTORIQUE

DU

SACRILÉGE

CHEZ TOUS LES PEUPLES.

LIVRE PREMIER.

CHAPITRE PREMIER.

Des Crimes de Sacrilége en général, et des Temples.

L'HOMME, ce faible atôme rampant sur la surface de la terre, a voulu venger la divinité : de là les crimes d'impiété et de blasphème. Les autels, les prêtres, tous les objets qui appartenaient d'une manière plus intime à la divinité ou servaient à son culte, devinrent sacrés : de là les profanations sacriléges. Enfin, chacun voulut avoir son dieu, qu'il prétendait être le vrai Dieu, et l'honorer à sa manière : de là les hérésies et les proscriptions qui ensanglantèrent le monde.

Mais ce n'était pas assez de cette série de crimes sacrés, qu'on appelait crimes de lèse-majesté divine; les rois soutinrent qu'ils tenaient leur pouvoir de Dieu; les prêtres les reconnurent en son nom: de là les crimes de lèse-majesté humaine, punis presque toujours avec plus de sévérité que ceux contre la divinité même.

Aucun supplice ne semblait assez terrible pour punir les sacriléges; on crut devoir multiplier les tortures, afin d'atteindre, s'il était possible, un degré de réparation égal à la majesté de l'offensé: de là les tenailles ardentes, les membres hachés par morceaux, l'huile bouillante, le plomb fondu versés sur les plaies, les corps enduits de cire et de soufre et jetés sur un bûcher enflammé, le gibet, la roue, la décollation, toujours précédés de la perte de plusieurs membres, afin que la victime se sentît mourir et ne perdît son sang que goutte à goutte; et les cadavres déchirés par lambeaux exposés aux regards de la multitude, ou livrés comme une pâture aux animaux.

Mortels insensés, est-ce donc là le seul encens que vous puissiez offrir à la divinité? a-t-elle donc besoin de votre puissance éphémère, et ne voyez-vous pas qu'elle se venge, non pas comme vous, par la mort et les souffrances physiques, mais par un supplice plus efficace et plus digne d'elle, par le remords?

Les criminalistes ont défini le sacrilége *une action impie par laquelle on profane les choses sacrées, ou consacrées à la divinité.* Dans tous les pays on a appelé de ce nom toute espèce d'outrage envers le culte établi ; on l'a même quelquefois appliqué aux opinions religieuses qui lui étaient contraires.

On conçoit que chez les peuples où les attributs de la divinité étaient réservés à des objets presque toujours méprisables ou ridicules, comme un bœuf, un chat, un serpent, un crocodile, un arbre, un caillou, la peine infligée à celui qui osait leur prodiguer l'insulte, ou les tourner en ridicule, fût de nature à épouvanter les mécréans et à commander pour tous ces dieux, par la terreur, un respect qu'ils n'inspiraient pas par eux-mêmes; mais on s'étonne que chez les nations où l'essence de la divinité échappe à tous les sens, où toutes les cérémonies religieuses ont un caractère de spiritualité et d'incompréhensibilité bien au-dessus de mystères grossiers et menteurs des nations idolâtres, on ait eu l'idée de laver par le sang du profanateur l'insulte ou l'outrage fait aux objets de ce culte, qui loin d'abrutir l'espèce humaine l'ennoblit, l'élève au niveau des sublimes vérités qu'il lui révèle, et lui prescrit les devoirs de la morale la plus pure. Peut-être la tradit aidera-t-elle à l'expliquer. Voyons d'abord quels furent les lieux et les objets consacrés aux cérémonies religieuses.

Les arbres furent les premiers autels, et les champs les premiers temples; les petits peuples furent très long-tems sans en avoir d'autres. Ils portaient leurs dieux dans des coffres, dans des tabernacles ; cet usage était le plus ancien de tous, par la raison qu'il est plus aisé d'avoir un coffre que de bâtir un grand édifice. C'est probablement de ces dieux portatifs que s'introduisit chez tous les peuples la coutume des processions ; car on ne se serait pas avisé d'ôter un dieu de sa place pour le promener dans la ville, et cette violence eût pu paraître un sacrilége si l'ancien usage de porter un dieu sur un chariot ou sur un brancard n'avait pas été dès long-tems établi. La plupart des temples furent d'abord des citadelles dans lesquelles on mettait en sûreté les choses sacrées. Avant qu'on en eût construit, on choisit des bois plantés sur des hauteurs, et ces bois devinrent sacrés ; bientôt on y éleva des édifices, et les forêts, considérées comme une dépendance des temples, conservèrent le même caractère. On continua dans la suite à les entretenir, vraisemblablement parce que leur obscurité était favorable au recueillement et à la dévotion.

C'est en Égypte que la construction des temples prit naissance. Au rapport d'Hérodote et de Strabon, elle fut portée de là chez les Assyriens, et pénétra ensuite dans la Grèce et dans toutes les contrées qui en dépendaient ou qui empruntaient quelque chose de son culte, de ses usages et de ses lois. Les Perses et les partisans de la doctrine des mages, les Indiens, les Gètes, les Daces, soutenaient qu'on ne devait pas enfermer les dieux dans aucun édifice de la main des hommes, quelque magnifique qu'il pût être : *parietibus nunquam includendos deos, quibus omnia deberent esse patentia*, comme dit Cicéron.

Avant la construction du temple de Salomon, Moïse, conducteur du peuple de Dieu, avait dressé un tabernacle pour offrir des sacrifices. Le respect pour ce lieu était si grand, que rien n'y devait servir qui ne fût consacré par des prières, des sacrifices, des onctions d'huile sainte et des parfums précieux ou des aspersions. Autels, vases, ministres, habits sacerdotaux, tout devait être purifié et séparé des choses profanes. Les prêtres seuls et les lévites étaient dans l'intérieur de ce temple portatif; il n'y avait que le souverain pontife qui entrât dans le sanctuaire ou le saint des saints, encore ce n'était qu'une seule fois l'année. Ces entrées ne lui étaient permises qu'après plusieurs purifications dans les eaux qui étaient mises pour cela à l'entrée du tabernacle. Il était défendu aux lévites même, sous peine de la vie, d'approcher des vases sacrés du sanctuaire, ni de l'autel, et ils n'entraient dans le temple que pour exécuter les ordres des prêtres. Le peuple demeurait dans le parvis; c'est de là qu'il voyait les sacrifices et qu'il offrait ses vœux et ses prières au Seigneur.

Les prêtres ne buvaient pas de vin quand ils devaient pénétrer dans le tabernacle. Celui qui avait quelque infirmité ou quelque défaut corporel réputé impur, n'approchait point de l'autel. Toutes ces règles s'observaient encore lorsque le temple fut construit.

Les Égyptiens avaient des temples monolythes ou faits d'un seul morceau de marbre ou de pierre.

Les Grecs empruntèrent des Égyptiens l'idée et la forme des temples; mais ils donnèrent à ces édifices des proportions plus agréables, ou du moins plus assorties à leur goût.

Les anciens avaient un si grand respect pour les temples que, selon Arrien, il était défendu d'y cracher et de s'y moucher; on y montait quelquefois à genoux, dit Dion. C'était un lieu d'asile; il n'était pas permis d'en tirer par force ceux qui s'y réfugiaient. Dans les calamités publiques, les femmes venaient se prosterner dans le sanctuaire pour en balayer le pavé avec leurs cheveux. Rarement les conquérans osaient en enlever les richesses, car la politique et la religion contribuaient à rendre ces monumens sacrés et inviolables.

Chez les Romains, ce qui servait aux temples, comme les lits sacrés, appelés *pulvinaria*, et les présens qu'on y avait offerts, étaient gardés dans une espèce de trésor nommé *donarium*.

Dans les premiers temps du christianisme, les chrétiens n'avaient pour temples et pour autels que des cimetières et des maisons particulières, où ils s'assemblaient. Ce fut sur ces cimetières qu'ils bâtirent leurs premières églises, lorsque Constantin leur en eut donné la liberté. Il y avait un lieu nommé *sancta*, où les prêtres se plaçaient, c'est le chœur; et le *sancta sanctorum*, qui est cette enceinte de l'autel que l'on nomme aujourd'hui le sanctuaire. Il y avait encore certains endroits particuliers pour prier, c'est ce qui porte aujourd'hui le nom de chapelles; on y faisait aussi ce qu'on appelle une sacristie, où l'on serrait les ornemens et les vases sacrés. Au-devant de la porte était un grand vaisseau plein d'eau, dont les prêtres et ceux qui venaient pour prier se lavaient les mains et le visage : voilà l'origine de l'eau bénite.

Les Gaulois honoraient leurs divinités dans des

forêts épaisses dont l'entrée était défendue aux profanes.

Les Chinois ont des temples; mais la diversité des sectes empêche qu'ils soient toujours respectés. Souvent employés à d'autres usages qu'à ceux relatifs au culte, ils servent quelquefois d'auberge, et il n'est pas rare d'y voir les Chinois prendre leurs repas et mêler la fumée de la cuisine à celle de l'encens.

Les mahométans ne pénètrent dans leurs mosquées qu'avec le plus grand respect, et après s'être lavé le visage, les mains et les pieds. Ils quittent leurs chaussures, entrent ensuite avec modestie, saluent le mirob, ou niche, placé au fond du temple et tourné vers la Mecque, lèvent ensuite dévotement les yeux au ciel en se bouchant les oreilles avec les pouces, et s'inclinent profondément par respect pour le lieu d'oraison.

La dénomination de *sacrilége*, s'appliquant et aux injures envers la divinité, et aux profanations des choses qui lui sont consacrées, et aux irrévérences commises dans les temples et hors des temples en dérision des cérémonies ou des mystères, et aux troubles apportés à leur célébration, enfin à toute espèce d'atteinte portée aux objets de l'adoration des hommes, il faut adopter une division, et traiter séparément chacun de ces crimes.

Beaucoup d'auteurs ont rejeté dans les délits de simple police la plupart de ces sacriléges, et avec raison.

« Je ne mèts, dit Montesquieu (1), dans la » classe des crimes qui intéressent la religion que » ceux qui l'attaquent directement, comme sont » tous les sacriléges simples : car les crimes qui en » troublent l'exercice sont de la nature de ceux » qui choquent la tranquillité des citoyens ou leur » sûreté, et doivent être renvoyés à ces classes.

» Pour que la peine des sacriléges simples soit » tirée de la nature de la chose, elle doit consister » dans la privation de tous les avantages que donne » la religion ; l'expulsion hors des temples, la pri- » vation de la société des fidèles pour un tems ou » pour toujours, la fuite de leur présence, les exé- » crations, les détestations, les conjurations.

» Dans les choses qui troublent la tranquillité » ou la sûreté de l'état, les actions cachées sont du » ressort de la justice humaine; mais dans celles » qui blessent la divinité, là où il n'y a pas d'action » publique, il n'y a point de matière de crime : » tout s'y passe entre l'homme et Dieu, qui sait la

(1) Esprit des Lois, liv. XII, ch. IV.

» mesure et le tems de ses vengeances. Que si, » confondant les choses, le magistrat recherche » aussi le sacrilége caché, il porte une inquisition » sur un genre d'action où elle n'est point néces- » saire : il détruit la liberté des citoyens en armant » contre eux le zèle des consciences timides et » celui des consciences hardies.

» Le mal est venu de cette idée, qu'il faut ven- » ger la divinité ; mais il faut honorer la divinité » et ne la venger jamais. En effet, si l'on se con- » duisait par cette dernière idée, quelle serait la » fin des supplices? Si les lois des hommes ont à » venger un être infini, elles se régleront sur son » infinité, et non pas sur les faiblesses, sur les » ignorances, sur les caprices de la nature hu- » maine. »

Une raison aussi haute, des paroles si éloquentes, avaient reçu une éclatante sanction ; de nos jours on ne les a pas oubliées, mais on a cru pouvoir les mépriser.

CHAPITRE II.

Du Blasphème.

Le mot blasphème est dérivé du grec ; il signifie atteinte à la réputation. On s'en sert pour qualifier tout discours ou écrit injurieux à la majesté divine, les juremens et les impiétés.

Ce crime était puni de mort par la loi de Moïse. Le droit du zèle permettait à tous les Juifs de tuer sur-le-champ celui qu'on surprenait blasphémant. *Qui blasphemaverit nomen domini morte moriatur, lapidibus opprimat eum omnis multitudo* (1). On lapidait les coupables, et celui qui avait porté témoignage contre eux jetait la première pierre.

Voici à quelle occasion fut portée la loi contre les blasphémateurs. Pendant que les Israélites étaient dans le désert, le fils d'une femme d'Israël, qu'elle avait eu d'un Egyptien, proféra des blasphèmes dans une dispute ; Moïse consulta Dieu sur la peine qu'il devait imposer au coupable, et le Seigneur lui répondit dans les termes déjà

(1) Levit., cap. XXIV.

rapportés : « Faites sortir hors du camp ce blas-
» phémateur; que tous ceux qui ont entendu ses
» blasphèmes mettent leurs mains sur leur tête, et
» qu'il soit lapidé par tout le peuple. Dites aux en-
» fans d'Israël : celui qui aura maudit son Dieu por-
» tera la peine de son péché; que celui qui aura
» blasphémé le nom du Seigneur soit puni de mort,
» tout le peuple le lapidera. »

Chez les Israélites le blasphème était un grand crime; ceux qui pour plaire aux filles madianites se laissèrent entraîner à l'adoration de Beelphegor, s'en rendirent coupables. Un roi des Assyriens, Sennacherib, qui avait blasphémé, fut cause qu'*en une nuit cent quatre-vingt mille hommes de son armée furent exterminés par un ange.* D'après l'Ancien Testament, le blasphémateur était brûlé après la lapidation.

Jésus-Christ fut condamné à mort parce qu'il avait blasphémé! *Blasphemavit : quid adhuc egemus testibus? ecce nunc auditis blasphemiam, quid vobis videtur? at illi respondentes dixerunt, reus est mortis* (1).

A Athènes, les magistrats ne soumettaient à la censure ni les histoires fabuleuses sur l'origine des dieux, ni les opinions philosophiques sur

---

(1) Math., cap. XXVI, vers. 66.

leur nature, ni même les plaisanteries indécentes sur les actions qu'on leur attribuait; mais ils poursuivaient et faisaient punir de mort ceux qui parlaient ou écrivaient contre leur existence.

Ainsi pendant que l'on confiait aux prêtres le soin de régler les actes extérieurs de piété, et aux magistrats l'autorité nécessaire pour le maintien de la religion, on permettait aux poètes de fabriquer ou d'adopter de nouvelles généalogies des dieux, et aux philosophes d'agiter les questions si délicates sur l'éternité de la matière et sur la formation de l'univers, pourvu toutefois qu'en les traitant ils évitassent deux grands écueils; l'un, de se rapprocher de la doctrine enseignée dans les mystères; l'autre, d'avancer sans modification des principes qui auraient pu amener la ruine du culte établi. Dans l'un et l'autre cas ils étaient poursuivis comme coupables d'impiété.

Tout citoyen pouvait se porter pour accusateur et dénoncer le coupable devant le second des archontes, qui introduisait la cause à la cour des héliastes, l'un des principaux tribunaux d'Athènes. Quelquefois l'accusation se faisait dans l'assemblée du peuple. Quand elle regardait les mystères de Cérès, le sénat en prenait connaissance, à moins que l'accusé ne se pourvût devant les Eumolpides: car cette famille sacerdotale, attachée de tout tems au temple de Cérès, conservait une juridiction qui ne s'exerçait que sur la profanation des mystères, et qui était d'une extrême sévérité. Les Eumolpides procédaient selon les lois non écrites, dont ils étaient les interprètes; elles livraient le coupable, non-seulement à la vengeance des hommes, mais encore à celle des dieux. Il était rare qu'un citoyen s'exposât aux rigueurs de ce tribunal.

Il arrivait quelquefois qu'en déclarant ses complices l'accusé sauvait ses jours; pourtant il n'était pas moins rendu incapable de participer aux sacrifices, aux fêtes, aux spectacles, aux droits des autres citoyens. A cette note d'infamie se joignaient, dans certaines circonstances, des cérémonies effrayantes: c'étaient des imprécations que les prêtres de différens temples prononçaient solennellement et par ordre des magistrats. Ils se tournaient vers l'Occident, et secouant leurs robes de pourpre, ils dévouaient aux dieux infernaux le coupable et sa postérité.

La famille sacerdotale des Eumolpides montrait plus de zèle pour le maintien des mystères de Cérès que n'en témoignaient les autres prêtres pour la religion dominante. Ils traduisaient souvent les coupables devant les tribunaux de justice, et si le peuple, dans sa fureur, voulait massacrer sur-le-champ les particuliers accusés d'avoir profané les mystères, ils exigeaient que la condamnation se fît suivant les lois. Parmi ces lois il en était une qui ordonnait que l'accusé ou l'accusateur pérît, le premier s'il succombait dans son accusation, le second si le crime était prouvé.

Je vais citer les principales condamnations que les tribunaux d'Athènes prononcèrent contre le crime d'impiété.

Le poète Eschyle fut dénoncé pour avoir, dans une de ses tragédies, révélé la doctrine des mystères. Son frère Aminias tâcha d'émouvoir les juges en montrant les blessures qu'il avait reçues à la bataille de Salamine. Ce moyen n'aurait peut-être pas suffi, si Eschyle n'eût prouvé clairement qu'il n'était pas initié. Le peuple l'attendait à la porte pour le lapider.

Le philosophe Diagoras de Mélos, accusé d'avoir révélé les mystères et nié l'existence des dieux, prit la fuite. On promit des récompenses à ceux qui le livreraient mort ou vif, et le décret qui le couvrait d'infamie fut gravé sur une colonne de bronze.

Protagoras, un des plus illustres sophistes de son tems, ayant commencé un de ses ouvrages par ces mots : « Je ne sais s'il y a des dieux ou » s'il n'y en a point, » fut poursuivi criminellement et prit la fuite. On rechercha ses écrits dans les maisons des particuliers, et on les fit brûler dans la place publique.

Prodicus de Céos fut condamné à boire la ciguë, pour avoir avancé que les hommes avaient mis au rang des dieux les êtres dont ils retiraient de l'utilité, tels que le soleil, la lune, les fontaines, etc.

La faction opposée à Périclès, n'osant l'attaquer ouvertement, résolut de le perdre par une voie détournée. Il était ami d'Anaxagore, qui admettait une intelligence suprême. En vertu d'un décret porté contre ceux qui niaient l'existence des dieux, Anaxagore fut traîné en prison. Il obtint quelques suffrages de plus que son accusateur, et ne les dut qu'aux prières et aux larmes de Périclès, qui le fit sortir d'Athènes. Sans le crédit de son protecteur, le plus religieux des philosophes aurait été lapidé comme athée.

Lors de l'expédition de Sicile, au moment où Alcibiade faisait embarquer les troupes qu'il devait commander, les statues de Mercure, placées en différens quartiers d'Athènes, se trouvèrent mutilées en une nuit. La terreur se répandit aussitôt dans la ville. On prêtait les vues les plus profondes aux auteurs de cette impiété. Le peuple s'assembla : des témoins chargèrent Alcibiade d'avoir défiguré les statues, et de plus, célébré, avec les compagnons de ses débauches, les mystères de Cérès dans des maisons particulières. Cependant comme les soldats prirent hautement le parti de leur général, on suspendit le jugement. A peine fut-il arrivé en Sicile que ses ennemis reprirent l'accusation; les délateurs se multiplièrent, et les prisons se remplirent de citoyens que l'injustice poursuivait; plusieurs furent mis à mort; beaucoup d'autres avaient pris la fuite. Il arriva dans le cours des procédures un incident qui montre jusqu'à quel excès le peuple porte son aveuglement. Un des témoins, interrogé comment il avait pu reconnaître pendant la nuit les personnes qu'il dénonçait, répondit: « Au clair de la lune. » On prouva que la lune ne paraissait pas alors. Les gens de bien furent consternés; la fureur du peuple n'en devint que plus ardente.

Alcibiade, cité devant cet indigne tribunal, dans le temps qu'il allait s'emparer de Messine, et peut-être de toute la Sicile, refusa de comparaître, et fut condamné à perdre la vie. On vendit ses biens; on grava sur une colonne le décret qui le proscrivait et le rendait infâme. Les prêtres de tous les temples eurent ordre de prononcer contre lui des imprécations terribles. Tous obéirent, à l'exception de la prêtresse Theano, dont la réponse méritait mieux d'être gravée sur une colonne que le décret du peuple : « Je suis établie, dit-elle, pour » attirer sur les hommes les *bénédictions*, et non » les *malédictions* du ciel. » Ayant offert ses services aux ennemis de la patrie, Alcibiade la mit à deux doigts de sa perte. Quand elle se vit forcée de le rappeler, les prêtres de Cérès s'opposèrent à son retour : la nécessité les contraignit de l'absoudre des imprécations dont ils l'avaient chargé. On remarqua l'adresse avec laquelle s'exprima le premier des ministres sacrés : « *Je n'ai pas maudit Alcibiade, s'il était innocent.* »

Quelque tems après arriva le jugement de Socrate, dont la religion ne fut que le prétexte. On sait qu'il mourut par le poison.

L'aréopage condamna Stilpon à l'exil pour avoir dit que la Minerve de la citadelle n'était pas réellement une déesse, mais une sculpture de Phidias.

Les anciens Romains n'employèrent jamais l'expression de blasphème, ne croyant pas apparemment qu'on pût offenser l'honneur de Dieu comme on offense celui des hommes. Plus tard ce crime fut puni de mort par la novelle 77 de Justinien : *Jurans, per aliquod membrum Dei, aut per capillos Dei, blasphemans deum ultimo damnatur supplicio*. Ce même Justinien défendait le blasphème, parce que ces crimes, disait-il, attirent souvent sur les états la famine, les tremblemens de terre, la peste et tous les fléaux. Ce n'était pas assez d'infliger le dernier supplice au blasphémateur, celui qui l'aurait caché aurait subi la même peine, et l'on avait recommandé la loi au zèle des magistrats, dont l'indifférence était menacée de l'indignation du prince et de la colère de Dieu.

Le blasphème est inconnu chez les peuples du Japon. Ils ne se plaignent jamais de leur sort. Ils soutiennent avec une fermeté inébranlable tous les malheurs possibles. Aussi il n'y a pas d'exemple qu'un Japonais ait blasphémé ses dieux.

Dans l'Albanie, le blasphème n'est pas atteint par la loi. Celui qui s'est rendu coupable d'un pareil crime est en butte à l'horreur de ses compatriotes; on le fuit, on l'abandonne, et partout il excite le mépris, punition bien plus efficace que toutes celles imposées par les autres peuples.

Parmi les lois données à la Russie par le czar Iwan, il en était une qui punissait du dernier supplice les blasphémateurs.

Les statuts criminels de la Corse, du 7 décembre 1571, punissaient le blasphème contre Dieu ou contre la Vierge, de six livres d'amende, celu[illegible] contre les saints de trois livres; en cas de récidiv[illegible] l'un et l'autre étaient punis de vingt livres d[illegible] mende; à la troisième fois les blasphémateurs étaient condamnés au fouet et à avoir la langue percée, à l'arbitraire du juge.

En Turquie, si un blasphémateur a outragé le prophète, on le circoncit ou on l'empale. La loi est précise; cependant le coupable a le choix.

Le code de Savoie, publié par le roi de Sardaigne Charles-Emmanuel, en 1770, punissait sévèrement les blasphémateurs. Les juifs, de quelque sexe qu'ils fussent, qui proféraient quelques blasphèmes ou malédictions contre le Sauveur ou sa sainte mère, ou contre quelque saint, ou qui commettaient des actes de mépris envers leurs saintes images, étaient punis de la peine de mort.

Toutes autres personnes, qui *méprisaient ou maudissaient avec une langue téméraire et envenimée le saint nom de Dieu immortel, ou juraient avec irrévérence par les sacrés membres de Jésus-Christ, ou proféraient quelque injure contre la sainteté et intégrité virginale de la glorieuse mère de Dieu, ou contre la vénération et le respect dus aux autres saints*, étaient punis selon l'énormité du blasphème. Si le blasphème était léger, on les punissait par la peine de la prison pour un an; s'il était *atroce*, les coupables étaient condamnés aux galères, à l'arbitraire du juge. Si le crime avait été commis de propos délibéré, on appliquait la peine de mort (1).

En Angleterre, le blasphème proprement dit, que les lois anglaises définissent propos contre l'existence de Dieu ou sa providence, contre le Sauveur, profanation de l'écriture sainte, en l'exposant au mépris et au ridicule, se punit par l'amende, l'emprisonnement et même par des châtimens corporels.

Le statut 3 de Jacques Ier prononce dix livres d'amende contre les auteurs et spectateurs qui, dans quelque pièce de théâtre, dans une farce, dans un spectacle, profaneraient le nom de la très sainte Trinité.

Le blasphème simple, qui est le jurement, est puni par le statut 19 de Georges II, suivant la

---

(1) Ce code, publié à une époque où la réforme commençait à s'introduire partout dans les lois, contient, outre les dispositions qui tendent à maintenir les Juifs dans un état d'abaissement et d'humiliation, une consécration formelle de la torture. On y a précisé avec un soin minutieux tous les détails de cette horrible exécution, et il est enjoint au rapporteur de verbaliser les moindres paroles qui échapperont au torturé, comme pour avoir un témoignage permanent de ses cris et de sa douleur. On pouvait renouveler la torture jusqu'à trois fois, quand l'accusé variait dans ses déclarations.

qualité du coupable, savoir : d'un sou d'amende contre les laboureurs, les matelots, les soldats ; de trois sous contre les gentilshommes, le tout au profit des pauvres de la paroisse. En cas de récidive l'amende est triple, et les frais de la procédure à la charge des condamnés. A défaut de paiement, le condamné garde prison pendant dix jours dans la maison de correction. Le commissaire du quartier, l'officier de paix qui entend blasphémer et qui n'arrête pas le coupable, et le juge qui ne prononcerait pas la condamnation, sont punis d'une amende de cinq livres. Les sentences doivent être lues le premier dimanche convenable, dans toutes les paroisses, sous la même peine. Un seul témoin suffit pour déterminer la condamnation.

D'après les lois de ce peuple, celui qui a été élevé dans la pratique de la religion chrétienne, et qui par des paroles ou des écrits en nie la vérité, ou bien l'autorité des saintes écritures, se rend par cette offense incapable de posséder charge ou place de confiance, d'être gardien, exécuteur-testamentaire, légataire, acquéreur de biens fonds, et doit être condamné en trois années d'emprisonnement sans caution ; à moins qu'il ne renonce à ses *erreurs* en plein tribunal dans les quatre mois qui suivent son apostasie.

En France, les capitulaires ordonnaient le dernier supplice, tant contre les auteurs du blasphème que contre ceux qui le cachaient : *Si quis quolibet modo blasphemiam in Deum jactaverit, à præfecto urbis ultimo supplicio subjiciatur. Qui verò talem cognoscens non manifestaverit, similiter coërceatur* (1).

Charles-le-Chauve avait déclaré les blasphémateurs infâmes. On les plaçait sur un endroit élevé par degrés en forme d'échelons, d'où on les exposait à la vue du public. Cette infamie était presque toujours suivie de la peine du fouet, ainsi qu'on le voit par un canon du concile de Tours en 1236. On voit aussi dans les assises de Champagne que la peine de l'échelle était le supplice ordinaire des blasphémateurs.

Philippe-Auguste condamna les coupables de ce crime, s'ils étaient pauvres, à une amende pécuniaire, et, au défaut de paiement, à être jetés dans la rivière. Duchesne, dans ses *Antiquités de Paris*, rapporte, sur la foi de Rigondus, que ce monarque avait tellement en horreur « les jure-» mens énormes dont les joueurs brelandiers avaient » coutume de souiller leur ame, que quand de for-

---

(1) Quelques auteurs ont attribué cette loi à Charlemagne.

» tune un soldat ou autre jouant en la présence du » roi blasphémait, il était aussitôt plongé dans une » rivière ou dans quelque lac par le commande- » ment de Sa Majesté. »

Dreux du Radier, d'après Mathieu Paris, dit plaisamment que la punition n'était fatale qu'à ceux qui ne savaient pas nager.

« Philippe-Auguste, en 1181, dit Voltaire, » avait condamné les nobles de son domaine qui » prononceraient *tête-bleu*, *ventre-bleu*, *corbleu*, » *sang-bleu*, à payer une amende, et les roturiers » à être noyés; la première partie de cette ordon- » nance parut puérile, la seconde était abominable. » C'était outrager la nature que de noyer des ci- » toyens pour la même faute que les nobles ex- » piaient pour deux ou trois sous de ce tems-là. » Aussi cette étrange loi resta sans exécution » comme tant d'autres, surtout quand le roi fut ex- » communié et son royaume mis en interdit par le » pape Célestin III. »

Ce même Philippe, si sévère ennemi des juremens, s'en permettait un quelquefois; dans sa plus grande colère il jurait par les saints de France, *sanctos Franciæ*.

Louis IX, ce bon roi, dit Joinville, *qui aima tant Dieu et sa benoite mère*, voulut punir de mort les blasphémateurs; mais le pape désapprouvant une telle sévérité, il s'en abstint, et il fit punir les coupables de la mutilation des membres. Son ordonnance de 1254 portait que pour la première fois ils seraient marqués au front avec un fer chaud; en cas de récidive, il voulait qu'on leur coupât les lèvres ou la langue : *Frontem ac deinde linguam ferro candenti inuri et confodi jubebat*, dit Nangis. Il avait fait fabriquer pour ce supplice un fer rond, muni d'une baguette au milieu, qu'il faisait appliquer tout rouge sur les lèvres du patient, attaché à l'échelle, et qui avait autour du cou des *boyaux de bêtes pleines d'ordures; il leur faisait cuire le nez et les lèvres*. Un jour, ayant entendu jurer un homme, il lui fit percer les lèvres d'un fer chaud; et sachant qu'on se plaignait de sa sévérité, il s'écria : *Plût à Dieu avoir moi-même la lèvre percée et qu'il ne se trouvât plus de blasphémateur dans mes états*. Voltaire dit à cette occasion : « Il en » coûta la langue à un gros bourgeois de Paris, qui » s'en plaignit au pape Innocent IV. Ce pontife re» montra fortement au roi que la peine était trop » forte pour le délit. Le roi s'abstint désormais » de cette sévérité. Il eût été heureux pour la » société humaine que les papes n'eussent jamais » affecté d'autre supériorité sur les rois. »

Voici le monument législatif qui nous est resté

concernant la punition de ce crime sous ce règne.

« Au parlement, de l'Assomption, 1268 ou 1269.

» Il sera crié par les villes, par les foires et par » les marchiez, chascun mois une fois au moins, » que nul ne soit si hardy que il jure par aucuns » des membres de Dieu, de nostre Dame, ne des » sainz, ne qu'ils fassent chose par maniere de blas- » me, ne ne dient vilaine parole, ne par maniere de » jurer, ne autrement, qui torne a despit de Dieu, » de nostre Dame, ne des sainz, et se il le fait ou » dit, l'on en prendra vengence, tele comme elle » est establie. Et cil qui l'orra, ou sçaura, est te- » nuz de faire sçavoir à la justice, ou il en sera à la » mercy au seigneur, qui en porra lever tel amen- » de, comme il verra que bien sera.

» Se aucune persone de l'aage de quatorze ans » ou de plus, fait chose, ou dit parole en jurant, » ou autrement, qui torne à despit de Dieu, ou de » nostre Dame, ou des sainz, et qui fust si horrible » qu'elle fust vilaine à recorder, il poira quarante » livres ou moins, mais que ce ne soit moins de » vingt livres, selon l'estat et condition de la per- » sone, et la maniere de la vilaine parole ou du » vilain fait, et à ce sera contraint se mestier est. » Et si il estoit si poure que il ne peust poyer la

» poine de susdite, ne n'eust autre qui pour li la » voussist poyer, il sera mis en l'eschiele l'erreur » d'une luye, en lieu de nostre justice, où les gens » ontaccoustumé de assemblerplus communement, » et puis sera mis en la prison pour six jours, ou » huit jours, ou pain et à l'eau.

» Se il avenoit que aucun d'icelui aage deist, » ou feist chose que tournast a despit de Dieu, » de nostre Dame, ou des sainz, qui fust moult » horrible, et toutevois ne fust pas si horrible » comme celle desus dite, il poira dix livres ou » moins, mais que ce ne soit moins de vingt sols, » selon la maniere du vilain fait, ou de la vilaine » parole, et l'estat de la condition de la personne, » et à ce sera contrainz, se mestier est. Et s'il est » si poure qu'il ne pusse poyer par luy, ne par » autre la poine desus dite, il sera mis en l'es- » chiele l'erreur d'une luye, comme dit est, et puis » mis en prison trois jours à pain et à l'eau.

» Et se aucun faisoit chose, ou disoit parole, » combien qu'elle ne fut pas si vilaine, mais toutes » voies tournast a despit de Dieu, de nostre » Dame, ou des sainz, il poira quarante sols ou » moins, mais que ce ne soit moins de cinq sols, » selon la manière du fait ou de la vilaine parole, » et l'estat et la condition de la persone. Et se il ne » peut poyer la peine desus dite, par lui ne par

» autre, il sera mis en prison un jour et une nuit » au pain et à l'eau.

» Et se celle persone, qui aura ainsi meffait ou » mesdit soit de l'aige de dix ans, ou de plus, jus» ques à quatorze ans, il sera batu par la justice du » lieu, tout à nud de verges en apert ou plus ou » moins, selon la grieveté du mesfait, ou de la vi» laine parole, c'est assavoir li homme par hommes » et la fame par fames, sans présence d'homme (1), » se il ne se rachetoient de la bature, en payant » convenable poine, selon la forme desus dite.

» Et quand il sera denoncié à la justice d'aucun, » sus qui len metre tel fait, il sera contraint de » respondre tantost de ce, et s'il noioit le mefait, » et preuves fussent prestes, tantost soient oyes, » et jurent en la présence de celui à qui len mettra » sus le mefait, soit, ou ne soit le denonceur pré» sent, et selon ce que il sera prouvé, soit sans delay, » justicié cil qui sera atteint du mefait, en la ma» niere que dit est. Les tesmoins qui seront nom» mez à ce prouver et ne seront presens, soient » contrainz, se mestier est, par prise de corps et » de leurs biens, à venir et apporter tesmoignages » par leurs sermens de ces choses dites. Et si sont

(1) Sous le règne de Louis IX, il y avait un bourreau femelle pour les femmes.

» de diverses justices, l'une justice orra les preuves » à la requeste de l'autre et renvoira sellé et clos, » ce qui sera prouvé, au juge à qui la justice ap- » partiendra, de celui qui sera accusé ou dénon- » cié du mefait, ou du mesdit.

» Et de la poine d'argent qui sera levée pour » tel méfait, li dénonceurs auront la quarte partie, » et li sire de la terre l'autre à faire sa volonté. » L'autre quarte partie sera gardée pour guesre- » donner (1), se mestier est à l'esgard de la jus- » tice, ceux qui feront à sçavoir les mesfaits et les » mesdits de ceux qui seront si pourres que ils ne » pourront poyer rien.

» Et que ces choses soient mieux gardées, li » bailliz, li prevoz, li maires des villes, et les au- » tres justices desous les seigneurs, jurront que il » travalleront loyalement à ce pechié abatre, se- » lon la fourme de susdite, et cil qui en sera trouvé » en defaut il en poira autelle poine d'argent comme » il feist, se il eust été convincu du mesfait. Mais » pour ce ne sera pas cil quite, qui aura mesfait ou » mesdit. Et cil qui fera à sçavoir le defaut de celuy » qui devra faire la justice, prendra la moitié en la » peine d'argent, qui sera pour ce levée.

---

(1) Récompenser.

» Et ces choses commande li roi estroitement à » garder en sa terre par les bailliz et par les autres » justiciers, et ez villes des communes par les jus- » ticiers des lieux, et veust que il soit publié en » toutes les assises, et ainsi face, chascun sire » garder en sa terre et crier cil qui ont ban. Et » s'il avenoit qu'aucun seigneur ne peust justicier » comme desus est dit, aucune persone dont la » justice lui appartenist, il doit requerre le pro- » chain seigneur pardessus, et ce cil l'en faut, » l'autre pardessus se nuls en y a, jusques à nostre » justice. Et nous commendons que nos bailliz et » nos autres justiciers leur dongnent force et aide, » quand il les requerront, par quoy ils puissent » faire la justice. Et est à sçavoir que li sergens du » souverain seigneur ne pourront accuser, ne de- » noncier ez terres aux autres seigneurs qui auront » justice et qui seront subgiez au souverain, ne li » sergens des subgiez ez terres des souverains. »

Cette ordonnance n'est point en forme; mais le roi y joignit la commission suivante adressée aux baillis et sénéchaux pour la faire exécuter. C'est ce qu'il faisait toutes les fois que cette formalité manquait.

« Ludovicus, etc. tali, baillivo.

» Cum nos in hoc parlamento assumptionis » beatæ Mariæ, Paris. De assensu baronum nos-

» trorum, quandam ordinationem fecerimus de » amovendis blasphemiis, et enormibus juramen- » tis, ac etiam puniendis : quam quidem ordina- » tionem vobis mittimus per latorem præsentium, » sub contra sigillo nostro inclusam, mandamus » vobis quatenus ordinationem istam per villas, » nundinas, et mercata præconisari, et in ves- » tris assisiis publicari faciatis, eamque in vestra » baillivia quandiu nobis placuerit, teneri firmi- » ter et servari.

» Et si forte contigerit aliquem de vestrâ bail- » liviâ aliquid dicere, seu facere contra Deum, » aut beatissimam virginem Mariam, mater ejus, » adeo horribile, quod de pænis in predictâ or- » dinatione positis, ad illud non sufficiet vindi- » candum, volumus quod inflictâ eidem propter » hoc graviori pænâ in eâdem ordinatione con- » tentâ, res deferatur ad nos, et ipse in prisione » nostra nihilominus teneatur quousque nostram » super hoc rescripserimus voluntatem.

» Partem autem nos contingentem de emendis, » qúæ provenient in vestrâ bailliviâ de blasphe- » miis et juramentis hujus modi, ponetis ad par- » tem, ad nostrum beneplacitum inde faciendum, » summam partis ipsius in parlamento omnium » sanctorum nobis reddituri in scriptis, ac etiam

5

» relaturi quid de blasphemiis interim erit. Ac-» tum, etc. » (1)

Cette ordonnance fut confirmée par Philippe-

---

(1) « Louis, etc., à un tel, bailli.

» Ayant rendu, du consentement de nos barons, dans » ce parlement de l'Assomption de la bienheureuse vierge » Marie, séant à Paris, une ordonnance à l'effet de l'ex-» tirpation des blasphèmes et autres juremens qui doi-» vent être également punis, nous vous envoyons cette » dite ordonnance par le porteur des présentes, scellée » de notre sceau. Nous vous ordonnons de la faire pu-» blier sur-le-champ par les villes, bourgs et marchés et » dans les lieux de vos assises, et de la faire rigoureuse-» ment observer dans vos bailliages aussi long-tems qu'il » nous plaira.

» Et s'il arrivait par hasard qu'aucun de votre bail-» liage dît ou fît quelque chose de si horrible contre » Dieu ou contre la bienheureuse vierge Marie, sa mère, » que les peines portées par la susdite ordonnance ne » fussent pas suffisantes pour venger ce crime, et s'il » apparaît qu'il doit être infligé une peine plus forte que » celle portée par ladite ordonnance, nous voulons que » la cause nous soit déférée, et que l'accusé continue » d'être retenu dans notre prison jusqu'à ce que nous » ayons statué d'après notre volonté.

» La partie qui nous revient, dans votre bailliage, » sur les amendes prononcées contre les blasphémateurs » et jureurs, doit être mise à part et tenue à notre dispo-

le-Hardi, en 1272. La peine pécuniaire ne lui semblant pas assez forte, il y ajouta cet article :

« Item, il est ordonné que l'on mande à tous » baillifs qu'ils fassent en leurs bailliages et en leurs » terres, et aux terres des barons qui sont en leurs » bailliages, ladite ordonnance de défendre les » vilains sermens, les bordeaux communs, les » jeux de dez, et leur envoira-t-on l'ordon- » nance ; mais la peine d'argent pourra bien estre » muée en peine de corps, selon la qualité de la » personne et la quantité du méfait. »

Philippe de Valois rendit une ordonnance qui rappela la sévérité de Louis IX, lorsqu'il usait de la mutilation.

« Saint-Christophle en Halate, 12 mars 1329.

» Phelippe, par la grace de Dieu, roi de France, » au senechau de Beaucaire ou à son lieutenant, » salut.

» Affin de chastier ceulx qui de Dieu, nostre » créateur, et de la glorieuse vierge, sa mère, » dient paroles vilaines et especialement qui en » jurent ou dient les vilains seremens, nous vou- » lons que tels vilains seremens et teles vilaines

---

» sition jusqu'à notre parlement de la Toussaint, où vous » nous en ferez connaître le détail, ainsi que de ce qui » se sera passé concernant les blasphémateurs. Fait, etc. »

» paroles que non miees ne dites, ne doivent » estre, ne soyent dites, et que cil qui presume- » ront de les dire, en soyent chastiés et punis ; » avons ordonné en delibération de nostre con- » seil, que tele punition en soit faite de ceulx » qui jurent lesdits vilains seremens ou diront » lesdites vilaine paroles, comme s'en suit :

» C'est assavoir que quiconque les jurra ou » dira, pour la premiere fois qu'il en sera surpris » et convaincu, sera mis au pilory devant le pue- » ple, et y demorra de l'eure de prime jusques » à l'eure de midy.

» Et s'il est trouvé ou lieu qu'il le jure ou die » la seconde fois puis ladite premiere punition, » il aura fendu à un fer chaut la baulieure (1) des- » sus, c'est assavoir ce qui est entre le nez et la » baulieure de sous, si que les dens dessoub li » parront parmi la fendue, en tele maniere que » les parties de la dite baulieure ne se pourront » joindre.

» Et se il est trouvé ou sceu qu'il le jure ou die » la tierce fois après las dites deux punitions, la » dite baulieure dessus li sera coupée tout hors à » un razeur ou coutel.

---

(1) Appelée par les Grecs Μύςαξ, d'où nous avons fait le mot moustache.

» Et se aucune persone ot dire ou jurer les dits » vilains seremens et vilaines paroles, et il ne le » va tantost denoncier à la justice, il sera con- » dempné à esmende pecuniere selon sa faculté.

» Si vous mandons que nostre dite ordonance » vous faciés publier et crier en vostre senechau- » cie, si que nuls ne se puissent excuser de igno- » rance. Et mandes aussi à tous hauts justiciers » de vostre dite senechaucie, que ils la fassent » aussy publier et crier en leurs terres, et pu- » nissiez ou fait punir ceulx qui jurront ou diront » lesdits vilains seremens ou vilaines paroles, et » ceulx aussi qui les denoncieront en la maniere » que dit est sans départ.

» Donné à Saint-Christophle en Halate, le » douzième jour de mars, l'an de grace mil trois » cent vingt-neuf. Par le roi en son conseil. »

Une ordonnance du même règne agrava encore les sévérités de la précédente.

« Lisy, 22 février 1347.

» Philipe, par la grace de Dieu, roy de France, » au prevost de Paris, salut.

» Pour que pieça il est venu à nostre cognois- » sance que plusieurs de nostre royaume, ou au- » tres conversans et habitans en iceluy, et non » ayant Dieu avec euls, mais emeuz de mauvais » courage et comme mescognoissans leur crea-

» teur et ses œuvres, ont dit que par plusieurs » foiz et dient par chascun jour plusieurs pa- » roles injurieuses et blasphemes de Dieu nostre » créateur, et de la glorieuse vierge Marie, sa » mère, et de tous saints et saintes, et jurent vi- » lains sermens en tres grande deplaisance de » nous, et ainsi doit estre de tous bons chres- » tiens. Et combien que par plusieurs foiz nous » vous avons mandé et commandé moult estroi- » tement, que punicion fust faite de tous tels » mauvais chrestiens mescognoissans nostre dict » créateur. Et en certaine maniere, vous avez esté » remis et negligens, et encore estes de la dite » punicion faire, dont nous vous reprenons de ne- » gligence, nous qui de tout nostre cuer desirons » que grande punicion et vengeance soit faite de » tous ceux qui ainsi feront, voulons et ordonons » la dite punicion en estre faite en ceste maniere :

» C'est a sçavoir, que celui, ou celle qui de Dieu » ou de vierge Marie dira ou mal jurera le vilain » serment, sera mis pour la premiere fois qu'il » lui adviendra au pillory, et y demeurera depuis » l'heure de prime jusques à l'heure de nonne, et » lui pourra-t-on jeter aux yeux boüe ou autre or- » dure, sans pierre ou autres choses qui le bles- » sent, et après ce demeurera au pain et à l'eau » sans autre chose.

» A la seconde fois, si par adventure il luy ad-» venoit qu'il rechust, nous voulons qu'il soit au » dit pillory au jour de marché solemnel, et qu'on » luy fende la levre de dessus d'un fer chaud, et » que les dens luy apparoissent.

» A la tierce fois, la levre de dessous; et à la » quarte, toute la bas levre.

» Et si par meschance il luy advenoit la quinte » foiz, nous voulons et avons ordonné et ordon-» nons qu'on luy coupe la langue tout outre, si que » des lors en avant il ne puisse dire mal de Dieu » ne d'autre.

» Et en outre avons ordonné et ordonnons que » si aucun oyt dire les dictes mauvaises paroles, » et il ne les venoit dire incontinent, qu'on luy » puisse lever amende sur luy jusques à la somme » de soixante livres, et s'il estait si pauvre qu'il ne » la pust payer pecuniaire, qu'il demeure en pri-» son au pain et à l'eau, jusques à temps que il ait » souffert penitence en la dite prison, qui doit » suffire, satisfaire et valoir la dite amende.

» Si vous mandons et enjoignons estroitement » que nostre presente ordonnance vous faciez » crier et publier sollenellement par tous les lieux » où on a accoustumé faire cris en vostre juris-» diction et ressort; et qu'aucun ne soit si hardis, » après ledit cry, de dire ou proferer les mau-

» vaises paroles dessusdites ou aucunes d'icelles, » et que chascun incontinent qu'il les aura à au- » cun oüy jurer, le revele à justice, sur les peines » dessus divisées : et tous ceuls qui après le dit » cry seront trouvez faisant le contraire, punissez » les sans déport, et toute faveur ostée, par la » maniere cy-dessus eclaircie, et avec ce le faites » sçavoir à tous les hauts justiciers de vostre pre- » vosté, afin qu'ainsi le facent crier et publier en » leur jurisdiction.

» Sachant si defaut y a par vous, ne par euls » aussi, nous en prendrons si grande vengeance, » que les autres y prendront exemple. Si gardez » qu'il n'y ait faute.

» Donné a l'hospital de Lisy, l'an de grace mil » trois cens quarante sept, le vingt deux fevrier.»

Le prévôt de Paris, craignant que ces lois ne tombassent dans l'oubli, les fit publier de nouveau par un crieur juré en 1392.

Charles VI rappela les ordonnances de ses prédécesseurs pour la punition du blasphème, et y ajouta de nouvelles dispositions.

« Paris, 7 mai 1397.—Publié en parlement le 17.

» Charles, etc. Il est venu à nostre cognois- » sance que combien que par noz prédecesseurs » roys de France, ou aucun d'eulx, ait ja pieça

» esté ordonné que tous ceulx qui meuz de mauvais courage et voulenté, et comme mescognoissans nostre et leur créateur et ses œvres, diroient paroles injurieuses et blasphemes de lui, de la glorieuse vierge Marie, sa benoite mere et de ses sains et saintes, et qui jureroient ou feroient le vilain serement, feuzsent miz pour la premiere foiz qu'il leur adviendroit ou pilory, où ilz demourassent dès heure de prime jusques à heure de nonne, et que l'en leur peust getter à eulx boë ou autres ordures, fors pierres ou choses qui les peussent blecier, et après ce demourassent un mois entier en prison au pain et à l'eaue; à la seconde foiz, se par aventure il leur advenoit que à eulx mis ou pilory à jour de marchié ou solennel, l'en fendist la levre dessus à un fer chaud, par maniere que les dens leur parussent; et à la tierze foiz, la levre dessoubz; et à la quarte foiz, tout le baulevre; et se par male eschéance il leur advenoit la quinte foiz, l'en leur coupast la lengue tout outre, si que dès lors en avant ilz ne peussent proceder à teles choses dire; et en oultre, que se aucuns auoient dire ces mauvaises paroles, et ilz ne les venoient annoncer incontinent à justice, que l'en peust lever et prendre de et sur eulx, amende jusqu'à la somme de soixante livres; et s'ilz ne la povoient

» païer pecuniaire, qu'ilz demourassent en prison » au pain et l'eau, jusques à tant que en la dicte » prison ilz eussent souffert penitence equipollent » à la dicte amende; neatmoins nonobstant ce, » pluseurs de nostre royaume et autres conver- » sans et habitans en icellui, non ayant Dieu de- » vant leurs yeulx, mais de leur salut pocurans, » ou non mémoratis, dient les paroles et blasphe- » mes dessus touchez et autres, despitent, renient, » maugreent et font plusieurs grans et abhomi- » nables seremens, en grant irreverence de Dieu, » de la benoite vierge Marie et des sains et saintes, » en grant peril de leur salut, et d'encourir le » dampnement des leurs; lesquelles choses sont » et doivent estre à nous et à tous bons et vrays » catholiques, très desplaisans et detestables; et » pour tant nous desirans de tout nostre cuer y » estre pourvu, et à nostre povoir les fere cesser, » voulons, constituons et ordonnons par la teneur » de ces présentes et par meure délibération,

» Que l'ordonnance cy-dessus exprimée soit » d'oresénavant partout nostre dit royaume tenue » gardée, enterinée et accomplie vigueresement » et sans déport, de point en point, et par la forme » et maniere que dessus est déclairé; et aussi que » tous ceulx qui desormais depiteront, renieront, » maugreeront nostre sauveur, sa tres digne mère

» et les sains et saintes devant diz, autrement que » dessus est touché, ou d'eulx ou, d'aucuns d'i» ceulx feront seremens indeuz et non loisibles, » autres que le vilain serement dessus exprimé, » soient corrigez et puniz par détencion de leurs » personnes en prison fermée, par tel et si long » espace de temps comme les juges en qui la ju» risdiction ce avenra, discerneront et verront » estre expédient, et à faire selon l'exigence du » cas et la qualité des personnes, et que a ces » paines et punicions soïent tous ceulx à qui ce » touchera et pourra toucher, contrains vigue» reusement et sans déport, par toutes voies et » manieres expediens et convenables, et le con» tenu en ces présentes exequté acompli si bien et » si diligemment, qu'il n'y puist intervenir delay » ou defaut.

» Si donnons en mandement à noz amez et feaulx » les gens tenans nostre présent parlement à Paris, » et qui tendront ceulx avenir, au prevost de Pa» ris, et à tous noz autres justiciers ou à leurs » lieuxtenans, qui sont à présent et seront pour le » temps avenir, et à chacun d'eulx, que nostre » présente constitucion et ordennance tiengnent, » gardent, entérinent et acomplissent, et facent » tenir, garder, entériner et acomplir de point en » point sans enfraindre, et toutes faveurs et dé-

» pors cessans, en la mettant et faisant mettre si » dilligemment et convenablement à execucion et » effect, que en leur coulpe ou négligence n'y ait » dilacion ou faute ; car nous nous en prendrions » à eulx.

» Et afin que par tout nostre dit royaume ce » soit notoire, etc.

» *Publicate fuerunt præsentes littere inca- » mera parlamenti, magistris sedentibus pro » tribunali, die* XVIIe *maii*. A. D. 1397. »

Charles VI, prêt à marcher contre le roi d'Angleterre, crut se rendre le ciel propice en ratifiant, par des lettres du 7 septembre 1415, les publications et défenses faites précédemment contre les blasphémateurs, en ajoutant, à titre de nouvelles peines, *que tout blasphémateur paierait pour amende deux livres de cire vierge pour chaque blasphème*. Il chargea la reine, le dauphin, l'inquisiteur de la foi et l'université de procurer l'exécution desdites lettres. Quelques années après, le dauphin, régent du royaume, publia les lettres suivantes :

« Mehun sur Yèvre, 8 octobre 1420.

» Charles, fils de roi de France, régent le » royaume, dauphin de Viennoys, duc de Berry, » Loraine et conte de Poitou, à tous ceulx qui » ces présentes verront, salut.

» Savoir vous faisons que nous ayant en très » grand desplaisance, et non ses causes, la ma- » niere de longtemps accoustumée par tout ce » royaulme, de blasphemer, renoyer, maugréer » et despiter le nom de Dieu, notre createur, et » de la gloriose vierge Marie, sa mere, de sains » et saintes, doubtans ainsi que vraysemblable- » ment est a doupter que a ceste occasion nostre » dit createur, entre autres choses, ait permis à » venir en ce royaulme plusieurs afflictions et » tribulations, et voulens, comme bon catholique, » à nostre povoir oster laditte mauvaise coustume, » et nostre createur et sa benoite mere estre loés » et adorés comme il appartient; avons deffendu » par ordonnance expresse, commandons que au- » cun de quelque estat qu'il soit ne maugroye, re- » noye, despite ou blaspheme doresenavant le » nom de Dieu ne de la gloriose vierge Marie, sa » mere, ne les sains ou saintes, sur peine d'estre » pour premiere fois puny pecuniairement, à l'ar- » bitrage du juge soubs qui il fera ledit renoye- » ment, maugreement, despitement ou blaspheme, » depuis la somme de sinq sols parisis jusques à » la somme de vint sols parisis, à appliquer au sei- » gneur du lieu, en doublant la somme pour la se- » conde fois, et en la triplant pour la tierce; et » pour la quarte et au dessus, d'estre punis cor-

» porellement selon l'enormité du cas et de la ca-
» lité de la personne, à l'arbitrage et discretion
» de justice, en tel maniere que ce soit exemple
» à tous autres, et avecques ce que celuy ou ceulx
» qui seroient présans là ou blasphemeroit comme
» dit est, le nom de Dieu ou de la gloriose vierge
» Marie, sa mere, et des sains et saintes, se ils
» ne le denoncent à justice dedans un jorn ou deux
» au plus tart, soient punis à la moitié desdites
» sommes, et pareillement les justiciers si ils des-
» loyent à leur escient de faire exequter ce que
» dit est.

» Si donnons en mandement par ces présentes
» à tous les justiciers et officiers de ce royaulme,
» ou à leurs lieuxtenens, que nostre présente or-
» donnance ils facent tantost et sans delay crier et
» publier, et doresenavant de mois en mois, par
» tous les lieux acoustumés à faire cris en leurs
» jurisdictions, à ce que aucun n'en puisse pré-
» tendre ygnorance; et icelle ordonnance, tien-
» nent, gardent et exequtent vigoureusement et
» sans depport, facent tenir, garder et exequter
» de point en point, sans enfraindre; et voulons
» que au *vidimus* de ces presentes fait soubs scel
» royal, foy soit adjostée comme à l'original. En
» testemoing de ce, nous avons fait mettre nostre
» scel à ces présentes. Donné, etc.

» Par monseigneur le régent dauphin en son » conseil. »

A peine affermi sur son trône, Charles VII, à l'exemple des rois qui l'avaient précédé, tenta de réprimer le blasphème : il publia son ordonnance de Paris, le 1er décembre 1437. Elle est ainsi conçue :

« Charles, etc. Combien que par aucuns nos » predecesseurs rois de France, de bien long- » temps, et mesmement par feu nostre tres chier » seigneur et pere, au quel Dieu pardoint, ait esté » ordonné que ceux et celles qui meuz de mau- » vais courage diroient mal de Dieu, nostre créa- » teur, ou de la glorieuse vierge Marie, sa mère, » ou jureroient vilain serment, fussent mis pour la » premiere fois qu'il leur adviendroit, ou pilory à » jour de marchié ou aultre solempnel, on leur » fendist la levre de dessus d'ung fer chault; à la » tierce fois, la levre de dessoubz ; et à la quarte » fois tout le baulevre ; et se il leur advenoit la » quinte fois, que l'en leur coupast la langue tout » outre, afin que dès lors en avant ils ne peussent » dire ne proferer teles choses détestables ; et » avecques ce que sur ceulx qui les orroient dire » et proferer, et ne le denonceroient incontinent » à justice, fust pris et levée amende jusques à » la somme de soixante livres; et ceulx qui ne

» pourroient payer amende pecuniaire, feussent » tenus en prison au pain et à l'eau, jusques à ce » qu'ils en eussent souffert penitence convenable: » et en oultre nostre dit feu seigneur et père eust » ordonné en son temps que tous ceulx qui despi- » teroient nostre dit créateur, sa très digne mère » ou les saincts et sainctes, aultrement que dessus » est touchié, ou feroient sermens indeuz et non » loisibles, aultres que le vilain serment dessus » exprimé, seroient corrigiez et punis par déten- » tion de leurs personnes en prison fermée, par » tel et si long temps que les juges en qui juris- » diction de ce adviendroit discerneroient et ver- » roient estre à propos et à faire selon l'exigence » des cas et la qualité des personnes; et que à ces » peines et punitions tous ceulx à qui ce touche- » roit et pourroit touchier, feussent contraincts vi- » gueureusement et sans desport, par toutes voyes » et manières expédiens et convenables; néant- » moins il est venu à nostre cognoissance que plu- » sieurs de nostre dit royaume et aultre conser- » vans et habitans en icelui, mescognoissans leur » créateur, et non ayant memoire de leur salut, » ont dit par plusieurs fois et dient de jour en jour, » de très félon et mauvais courage, plusieurs pa- » roles injurieuses et blasphemes de Dieu, nostre » créateur, de sa glorieuse mère et de ses benois

» saincts et sainctes, et font et jurent vilains ser-
» mens, renient, maugréent, despitent, et font
» plus grans et abominables serments, ou très grant
» péril de leurs ames, et en très grant irrévérences
» de Dieu, de sa très digne mère, et des saincts
» et sainctes, et ou très grant esclande de la foy
» catholique, à nostre très grant desplaisance; et
» s'en sont ensuis et peuvent ensuir plusieurs grans
» esclandes et inconvéniens, se sur ce n'estoit
» pourveu :

» Savoir faisons que nous qui devant toutes
» choses désirons nostre benoist créateur et ré-
» dempteur estre craint et révéré, et aussi sa
» glorieuse mère et ses benoist saincts et sainctes,
» et faire du tout cesser en nostre royaume telles
» choses scandaleuses en la foi chrestienne, et
» préjudiciables au salut de ceulx qui en usent ou
» les font ou profèrent, ainsi que dict est dessus,
» et en suivant la loy divine, et par grant advis et
» meure délibération de plusieurs de ceulx de
» nostre sang et lignage et de nostre grant conseil,
» prélats, princes, barons et autres notables per-
» sonnes, avons ordonné et ordonnons par ces
» présentes, que ceulx ou celles qui doresena-
» vant feront le vilain serment, despiteront, re-
» nieront, maugréeront ou autrement blasphéme-
» ront le nom de Dieu, de sa benoiste mère et de

» ses benois saincts et sainctes, soient punis selon
» les ordonnances de nos dits prédécesseurs et
» des peines dessus exprimées; lesquelles ordon-
» nances nous voulons et ordonnons, au regart
» de ceulx qui feront ainsi le vilain serment, des-
» piteront, renieront, maugréeront et blasphéme-
» ront le nom de Dieu, de sa benoiste mère et des
» saincts et sainctes comme dict est, estre tenues,
» gardées, observées et accomplies, et estre mises
» à exécution sans déport, faveur ou dissimula-
» tion quelconque. Et au regart de ceulx et celles
» qui feront sermens indeuz et non loisibles et dé-
» testables à Dieu et à tous bons chrestiens, au-
» tres que le vilain serment et les despitemens,
» reniemens et maugréemens dessus dicts, nous
» voulons et ordonnons qu'ils soient corrigiez et
» punis par prinse et detention de leurs personnes
» en prison fermée, par tel et si longtemps, et
» aussi d'amende arbitraire, telle comme les juges
» en qui jurisdiction du cas adviendra, discerne-
» ront et verront estre à faire selon l'exigence des
» cas et la qualité des personnes; et s'il leur ad-
» vient la seconde fois, que avecques la peine et
» punition dessus dicte, ils soient contraincts
» donner et offrir publiquement au plus prouchain
» hospital du lieu où le cas et délict sera commis
» et advenu; et se il n'y a hospital, en la plus

» prouchaine église, devant l'image du crucifix, » une livre de cire ou argent à la value, se c'est » en lieu où il n'ait cire, ou plus ou moins à » l'ordonnance des juges comme dict est, selon les » cas et la qualité des personnes. Et en cas que » par ce moyen les délinquans ne se vouldraient » corrigier et abstenir, mais par obstination et » accoustumance persévéreroient à faire, dire et » proférer les dicts sermens détestables, nous » voulons et ordonnons que les délinquans, eu » regart à l'excez et grandeur du délict et à l'état » et qualité des personnes, soient punis de là en » avant selon le teneur des dictes ordonnances de » nos prédécesseurs, sans quelconque espargne, » tellement que tous autres y doient prendre exem- » ple. Si donnons en mandement, etc. ; que ces » présentes ordonnances tiennent, etc., et les fasse » chacun ès mettes de sa jurisdiction et territoire » solempnellement publier par tous les lieux où » l'en a accoustumé à faire criz, et ce par telle » manière que aucuns n'en puissent prétendre » ignorance, et ne soient si hardis, après la dicte » publication, de dire, faire ou proposer les ser- » mens, blasphemes, despitemens, maugréemens » et reniemens dessus dicts ; et que se le cas ad- » vient, chacun qui les aura oys, les dénonce in- » continent à justice, sur les peines dessus dictes,

» en punissant ceulx et celles qui viendront à » l'encontre, toute faveur cessant, selon ce que » dict est dessus, et par telle manière que tous y » doivent prendre exemple.

» Et nous, par ces mesmes lettres, mandons et » commandons à nostre dit prevost de Paris et à » nos dits bailliz et seneschaux, leurs lieutenans, » et à chacun d'eulx, que ils le fassent assavoir à » tous les haulx justiciers de leurs prevostés, se- » neschaussées et bailliages, affin que ainsi le fassent » tenir et garder en leurs juridictions, et des cas » qui en ce seront commis par leurs subjects, fas- » sent faire punition en la manière dessus dicte, en » leur intimant que se faulte y a, nous les en ferons » punir ainsi qu'il appartiendra, et semblablement » nos officiers qui en ce seront tenus et negligens, » en telle maniere que ce sera exemple à tous autres.

» Et pour ce que besoing sera multiplier, etc.

» Donné à Paris, etc., par le roy en son con- » seil. »

Ce prince, par un édit du 14 octobre 1460, apporta encore quelques modifications aux anciennes ordonnances. Cet édit porte « que ceux » qui proféreront des blasphèmes contre Dieu et » la Sainte-Vierge, seront punis pour la première » fois de la prison pendant un mois, au pain et à » l'eau, et condamnés à l'amende de vingt sols, ap-

» plicable moitié au luminaire de l'église du lieu, » et moitié au seigneur; qu'ils soient mis, en cas » de récidive, au jour de marché, ou autre jour » solemnel, au pilory, et la lèvre de dessus fen- » due d'un fer chaud; pour la troisième fois, la » même peine du pilory et la lèvre de dessous » fendue d'un fer chaud; et pour la quatrième, la » langue coupée. Ceux qui les entendront pronon- » cer ces blasphèmes sans les dénoncer à la jus- » tice, condamnez à vingt sols d'amende, appli- » cable comme dessus; sinon, et faute d'avoir » moyen de la payer, punis de prison au pain et à » l'eau pendant un tems convenable. Quant à ceux » qui renieront Dieu, la Vierge et les saints; or- » donne que pour la première fois ils soient con- » damnez à une amende arbitraire, proportionnée » à la qualité et aux biens du coupable; pour la » seconde fois, au double de la première amende, » applicable comme dessus; pour la troisième fois, » au pilory à un jour de feste ou de marché; pour » la quatrième, la langue percée d'un fer chaud, » et s'ils retombent dans le même crime, qu'ils » soient punis comme blasphémateurs. A l'égard » de ceux qui feront des sermens ou juremens il- » licites de Dieu, de la Sainte-Vierge, ou des » saints et saintes, comme en jurant la mort, le » sang, le ventre, la tête, les plaies, et autres

» semblables; ordonne qu'ils soient condamnez » pour la première fois à l'amende de douze de- » niers; la seconde, de deux sols; la troisième, de » quatre sols; la quatrième, de huit sols, et pour » la cinquième fois, qu'ils soient mis en prison au » pain et à l'eau, pour le temps que les juges l'es- » timeront à propos : et s'ils retombent dans la » même faute, qu'ils soient mis au pilory. »

Charles VIII rendit deux ordonnances (28 août 1486 et 3 décembre 1487) qui portent en substance « que toutes personnes, de quelque qualité » qu'elles soient, qui blasphémeront ou renieront » le saint nom de Dieu, et proféreront d'autres » blasphèmes et détestables juremens contre la » Sainte-Vierge et les saints, seront condamnés » pour la première fois à l'amende arbitraire, qui » sera employée en cire pour la paroisse du lieu où » le crime aura été commis; pour la seconde fois, » au double de la première amende; pour la troi- » sième, seront mis au pilory; pour la quatrième, » ils auront la langue percée d'un fer chaud, et » pour la cinquième, plus rigoureusement punis » comme blasphémateurs publics. Ceux qui enten- » dront ces blasphèmes seront tenus de les dénon- » cer dans les vingt-quatre heures; et les juges » qui négligeront d'ordonner la punition portée » contre ces crimes, seront jugés et punis par les

» juges supérieurs à qui la connaissance en appar-
» tiendra. »

Une ordonnance du prévôt de Paris, rendue le 7 septembre 1502, qui défend de jurer et de blasphémer sous les peines portées par les ordonnances, « ordonne à tous ceux qui entendront » proférer des blasphèmes, de les dénoncer » incontinent à la justice, sur peine d'être punis » comme les blasphémateurs. »

Louis XII (ordonnance du 9 mars 1510) voulait que ceux qui blasphémeraient le nom de Dieu, ou qui feraient d'autres vilains sermens contre Dieu, la Vierge et les saints, fussent condamnés, pour la première fois, à une amende arbitraire, en doublant toujours jusqu'à la quatrième fois inclusivement; qu'à la cinquième, outre l'amende, ils fussent mis au carcan depuis huit heures du matin jusqu'à une heure après midi; qu'à la sixième ils eussent la lèvre supérieure *coupée d'un fer chaud et qu'ils fussent menés au pilori;* qu'à la septième, la lèvre inférieure leur fût coupée, et la langue à la huitième (1).

(1) » Pour peu qu'un tigre eût le sens commun, s'écrie » le marquis de Langle dans son Voyage en Espagne, » il n'eût jamais condamné les blasphémateurs à avoir la » langue coupée. Un blasphémateur ne fait tort à per-

Il condamne ensuite en soixante sols parisis d'amende ceux qui, après avoir entendu proférer des blasphèmes, ne viendraient pas les déférer à la justice, ou en une autre amende arbitraire, selon l'âge, qualité et discrétion des personnes.

A l'égard des ecclésiastiques séculiers ou réguliers, il ordonne « qu'ils soient arrêtés par les juges » royaux, et rendus à leurs évêques, et qu'ils » soient tenus, sur le réquisitoire des procureurs » et officiers du roi, d'en faire justice exemplaire. » Il veut encore que cette ordonnance soit publiée » de trois mois en trois mois pour n'être ignorée » de personne, et que les juges qui différeront de » prononcer contre les coupables les peines qu'elle » contient, soient pour la première fois condamnés » par les juges supérieurs à une amende arbitraire, » pour la seconde, interdits de leurs offices pendant » un tems, et pour la troisième, privés de leurs » offices. »

Ces dispositions furent confirmées par un édit de François Ier, du 30 mars 1514. Ce prince, par son ordonnance du 24 juillet 1534, relative à la discipline des troupes qu'il avait fait lever sous le titre de légionnaires, fit « défense aux soldats et à

» sonne : il outrage Dieu, qui a pour se venger la mort » à ses ordres et la foudre à côté de lui. »

» autres gens de troupes, de blasphémer le nom » de Dieu et de la Sainte-Vierge, à peine d'être » mis au carcan pendant six heures pour la première » fois; et s'ils retombaient jusqu'à trois fois dans » ce crime, ordonne de leur percer la langue d'un » fer chaud et de les chasser des légions. »

Deux édits du même roi, des mois de mars 1534 et octobre 1535, renouvelèrent les dispositions des rois ses prédécesseurs. Henri II les confirma ensuite par une déclaration du 5 avril 1546.

Un arrêt du parlement de Paris, en forme de police et de réglement, du 31 mars 1544, renchérit sur les peines déjà rapportées pour les *grands* et *exécrables* blasphèmes qui *renferment*, est-il dit, *une hérésie implicite, et qui exigent, dès la première fois, une très grande punition, à l'égard desquels il est enjoint aux juges royaux ressortissans en la cour, de procéder contre les* DÉLINQUANS, *comme criminels de lèse-majeste divine.*

Ces ordonnances, on le voit, étaient toutes à peu près les mêmes pour le fond. Quelques autres furent encore rendues sous différens règnes pour en recommander l'exécution et en rappeler les dispositions.

L'ordonnance d'Orléans, rendue sous le règne de Charles IX, en janvier 1560, porte, art. 3:

« Commandons très expressément à tous nos juges » garder et observer contre les blasphémateurs du » nom de Dieu, et autres usant de blasphèmes exé- » crables, les ordonnances du feu roi Saint-Louis » et autres rois nos prédécesseurs. »

Une autre loi du même prince, du mois de février 1566, connue sous le nom d'ordonnance de Moulins, statuait, art. 86 :

« Défendons et inhibons très étroitement à tous » nos sujets tous blasphèmes et juremens du nom » de Dieu et autres exécrables, et voulons que » lesdits jureurs et blasphémateurs soient punis » extraordinairement non-seulement de mulctes » pécuniaires, mais de punition corporelle, s'il » y échet, dont nous chargeons l'honneur et cons- » cience de nos juges. »

Le pape Pie V, dans des réglemens faits sur la même matière en 1566, condamne les blasphémateurs à la même peine, et aux galères si c'est la troisième fois qu'ils retombent dans ce crime; il n'inflige qu'une amende pour la première fois, et le fouet par les carrefours pour la seconde, si le coupable est un laïque; s'il est ecclésiastique, ce pontife veut qu'à la troisième fois il soit dégradé et envoyé aux galères. Depuis, la peine la plus ordinaire fut l'amende honorable et le bannissement : « Ad abolendum nefarium et execrabile

» blasphemiæ scelus, quod in antiqua lege Deus » morte puniri mandat, et imperialibus quoque le» gibus præceptum est; nunc autem, propter ni» miam judicum in puniendo segnitiem, vel potius » desuetudinem supra modum invaluit Leonis » decimi, prædecessoris nostri, in novissimo la» terranensi concilio statuta revocantes, decer» nimus ut quicunque laïcus Deum ac dominum » nostrum Jesum-Christum, et gloriosam virginem » Mariam, ejus genitricem, expressè blasphema» verit; pro primâ vice, pænam viginti quinque » ducatorum incurrat; pro secundâ, pæna dupli» cabitur; pro tertiâ, centum ducatos solvet igno» minia notatus, exilio mulctabitur; qui plebeus » fuerit, nec erit solvendo, pro primâ vice ma» nibus post tergum ligatis ante fores ecclesiæ » constituatur per diem integrum; pro secundâ » fustigabitur per urbem; pro tertiâ, et lingua per» forabitur, et mittetur ad triremes.

» Quicunque clericus blasphemiæ crimen admi» serit, pro primâ vice, fructibus unius anni om» nium etiam quorum libet beneficiorum suorum; » pro secundâ, beneficiis ipsis privetur; pro ter» tiâ, omnibus etiam dignitatibus exutus, depona» tur, et in exilium mittatur. Quod si clericus » nullum beneficium habuerit, pœna pecuniariâ » vel corporali, pro primâ vice puniatur; pro se-

» cundâ, carceribus mancipietur; pro tertiâ, de-
» ponatur et ad triremes mittatur.

» Qui reliquos sanctos blasphemaverit, pro
» qualitate blasphemiæ judiciis arbitrio puniatur. »

Le droit canon ne met aucune différence entre les peines ou pénitences imposées à ceux qui ont blasphémé contre Dieu ou contre les saints.

D'après les canons pénitentiaux, les blasphémateurs étaient anciennement déclarés incapables d'être admis aux ordres, et ils étaient assujettis à une pénitence de sept ans.

Une déclaration de Charles IX, donnée à Paris le 24 octobre 1572, porte « que toutes per-
» sonnes, de quelque qualité qu'elles soient, qui
» blasphémeront le saint nom de Dieu, de la
» Vierge et des saints, seront condamnez pour
» la première fois en de grosses amendes, selon
» leur pouvoir et l'énormité du blasphème, ap-
» plicables les deux tiers aux pauvres, et l'autre
» tiers au dénonciateur; que si le blasphémateur
» n'a pas le moyen de payer les amendes, il sera
» puni corporellement; qu'en cas de récidive, l'a-
» mende sera doublée, avec huit jours de prison
» contre le coupable; et pour la troisième fois, la
» langue percée, sans aucune grâce ni rémission. »

Un arrêt du parlement, du 20 décembre 1572,
« fait défenses à toutes personnes de blasphémer

» ou détester le nom de Dieu, de la Vierge et des » saints, à peine, pour la première fois, d'amende » arbitraire ; pour la seconde, d'être attaché au » carcan l'espace de six heures, et pour la troi- » sième, d'avoir la langue ou les lèvres percées. »

Un autre arrêt du parlement, du 12 janvier 1575, « fait défenses de jurer et de blasphémer, » sur peine de punition corporelle ; enjoint à tous » sergens et autres ministres de justice, de prendre » et constituer sur-le-champ prisonniers toutes les » personnes qu'ils trouveront blasphémant, pour » en estre fait punition exemplaire. »

La principale disposition de l'ordonnance de Henri III, rendue à Blois en mai 1579, porte, article 35 :

« Enjoignons très étroitement à tous nos sujets, » sous peine de privation de leurs états, de pro- » céder par exemplaire punition contre les blas- » phémateurs du nom de Dieu et des saints, et » faire garder et entretenir les ordonnances faites » tant par nous que par les rois nos prédécesseurs, » sans dispense de peines contenues en icelles, » pour quelqu'occasion qui puisse être prise ou » alléguée. »

Une déclaration du même prince, du 4 décembre 1581, ordonne « que les blasphémateurs » soient condamnez en cinquante livres d'amende

» pour la première fois, cent livres pour la se-
» conde et huit jours de prison; pour la troisième,
» deux cents livres d'amende et un mois de prison
» au pain et à l'eau. Le tiers de l'amende au roy,
» un autre tiers à la fabrique du lieu, et le troisième
» au dénonciateur; et en cas de récidive, seront
» punis, selon la volonté du roy, de peine plus
» rigoureuse, eu égard à la gravité et à l'énormité
» des paroles qu'ils auront proférées. »

Henri IV, par une déclaration du 6 avril 1594, fit défense « de jurer et blasphémer le nom de
» Dieu, ni de proférer aucun autre jurement ni
» blasphème, sur peine de dix écus d'amende pour
» la première fois, de vingt écus pour la seconde,
» applicable aux pauvres, et pour la troisième, de
» punition corporelle (1).

(1) On trouve, dans une remontrance adressée à ce prince en 1599, par un sieur de Lanagerie, contre les blasphémateurs, qu'il importe de faire revivre toutes les lois les plus sévères portées contre ceux qui commettent ce crime. « Car, dit cet auteur, ne font la plupart
» des hommes non plus de difficulté de blasphémer que
» de manger. L'ire de Dieu a toujours découlé sur les
» royaumes par le canal du blasphème. »

Voici son principal argument pour engager Henri IV à user de sévérité :

« Les fréquentes et ordinaires conspirations que l'on

Une ordonnance de Louis XIII, du 10 novembre 1617, « défendit à tous ses sujets et à tous

---

» fait sur votre vie, sont autant d'*avertissemens* que Dieu » vous envoie pour vous montrer que vous devez avoir » autant de soin de défendre son honneur, qu'il a eu jusques ici de conserver votre vie, et si Votre Majesté » souffre que l'on blasphème contre lui, il permettra que » l'on conspire contre vous ; vous avez sur tous les rois » plus d'expérience de son assistance, d'autant estes-vous » obligé à défendre son honneur. »

Il dit ensuite « qu'il semble que l'ennemi de notre » salut se soit rendu seigneur foncier de nos discours, » ou qu'il ait pris en afferme toutes nos paroles, et que » de trois mots il en tire un blasphème pour son droit. »

Il définit le blasphème de la manière suivante :

« Le blasphème est le crime de lèse-majesté divine, le » mépris de Dieu, l'ame de l'ingratitude, le témoin de » l'impiété, l'éclipse de la dévotion, l'ennemi de la foi, » le scandale de l'église, le tonnerre de la terre, la » frayeur des élus, l'organe de l'Ante-Christ, la mélodie » des enfers, le prix de la vanité, le garant des menteurs, » l'assurance des affronteurs, la parenthèse des superbes, » l'indice de la malice, la mort de la vertu, le sépulchre » de la bienséance, la peste des ames, la gangrène du » péché, la ruine des royaumes, la cause du décret du » ciel contre les princes ; bref, le blasphème est la lie du » calice de l'ire de Dieu et l'alambic qui distille sa malédiction sur nous, et la continuation est l'acte de réprobation. Très heureux est le roi qui chasse ce monstre » de son royaume. »

» autres qui estaient dans ses estats, de jurer et » blasphémer le saint nom de Dieu, de la Sainte-» Vierge et des saints, à peine, pour la première » fois, de cinquante livres d'amende; pour la se-» conde, huit jours de prison et cent livres d'a-» mende; pour la troisième, de deux cents livres » d'amende et un mois de prison au pain et à » l'eau, et en cas de récidive, ordonne qu'ils se-» ront punis corporellement suivant l'énormité » des paroles qu'ils auront proférées; veut que le » tiers des amendes soit adjugé au dénonciateur, » un tiers à la fabrique de la paroisse du roy, et » l'autre tiers au roy. »

Une autre ordonnance de ce monarque, du 7 août 1631, porte les mêmes peines contre les blasphémateurs, et ajoute « que les condamnés » tiendront prison jusques à l'entier payement » des amendes, et que, s'ils n'ont pas le moyen » de les payer, ils seront punis corporellement. »

A chaque règne, on avait jusqu'alors vu renaître ces lois rigoureuses, transmises, pour ainsi dire, avec les joyaux de la couronne, prescrivant toujours la mutilation, l'ignominie, sans qu'aucun roi ait jamais songé à répudier ce funeste héritage.

Il suffit de citer ce que disait un jurisconsulte qui avait l'intention de les légitimer, pour montrer avec quels plats sophismes, quelles pitoyables arguties on envoyait des hommes à la mort. Une absurdité aussi puérile ne serait que ridicule si elle était innocente ; mais quand elle fait couler le sang, qu'elle dresse des échafauds et des bûchers, elle fait horreur :

« Ce n'est pas qu'à la rigueur le blasphémateur » ne mérite la mort, parce que c'est un crime de » lèse-majesté divine..... Or, comme celui qui » commet félonie envers son seigneur perd tout » ce qui relève de ce seigneur, ne s'ensuit-il pas » que la vie de l'homme relevant de Dieu, *in quo* » *vivimus*, *movemur et sumus*, que l'homme la » tenant de lui, il en est indigne et la doit perdre » quand il renie son auteur et son souverain, » quand, selon le Psalmiste, il dit, impie qu'il est, » qu'il n'y a point de Dieu, ou qu'il voudroit qu'il » n'y en eût point..... Disons qu'on ne peut pas » pardonner ni dissimuler les blasphèmes et les » injures qu'on fait à Dieu, et que comme il veut » que nous lui remettions la vengeance de nos in- » jures, il désire aussi que nous embrassions la » vindicte de celles qui le concernent.... C'est un » reproche qu'on ne peut pas faire à nos rois ; ils » ont toujours eu un soin particulier de l'honneur » de Dieu, de la Vierge et des saints (1). »

---

(1) Henrys, Recueil d'Arrêts.

Louis XIV voulut adoucir les ordonnances des siècles précédens ; mais il aurait cru trop faire en s'en éloignant entièrement : au contraire, il en prescrivit l'exécution. Seulement, il voulut que ce supplice horrible qui souille toutes ces lois et la sienne même, ne fût appliqué qu'après un certain nombre de récidives. Déjà, en 1651, il avait publié une déclaration confirmative de l'ordonnance de Louis XII, de l'année 1510. Il en renouvela les dispositions dans sa nouvelle ordonnance, qui est ainsi conçue :

Déclaration du roi, du 30 juillet 1466, registrée le 6 septembre suivant.

« Louis, par la grâce de Dieu, etc., salut. Con- » sidérant qu'il n'y a rien qui puisse davantage » attirer la bénédiction du ciel sur notre personne » et sur notre état, que de garder et faire garder » les commandemens de Dieu inviolablement, et » punir avec sévérité ceux qui s'emportent à cet » excès de mépris, que de blasphémer, jurer et » détester son saint nom, nous aurions, lors de » notre entrée à notre majorité, et à l'imitation » des rois nos prédécesseurs, fait expédier une » déclaration le 7 septembre 1651, enregistrée en » nos cours de parlement, portant défenses sous

» de sévères peines, de blasphémer, jurer, dé-
» tester la divine majesté, et de proférer aucune
» parole contre l'honneur de la très sainte Vierge,
» sa mère, et des saints; mais, ayant appris avec
» déplaisir qu'au mépris de nos défenses, au scan-
» dale de l'église et à la ruine du salut d'aucun de
» de nos sujets, ce crime règne presque partout
» les endroits des provinces de notre royaume,
» ce qui procède particulièrement de l'impunité
» de ceux qui le commettent; nous nous estime-
» rions indignes du titre que nous portons de roi
» très chrétien, si nous n'apportions tous les soins
» possibles pour réprimer un crime si détestable,
» et qui offense et attaque directement, et au pre-
» mier chef, la divine majesté. A ces causes, sça-
» voir faisons, qu'après avoir fait mettre cette
» affaire en délibération en notre conseil, de l'avis
» d'icelui et de notre puissance et autorité royale,
» nous avons, en confirmant et autorisant les or-
» donnances des rois nos prédécesseurs, même
» notre dite déclaration dudit jour 7 septembre
» 1651, défendu et défendons très expressément
» à tous nos sujets, de quelque qualité et condi-
» tion qu'ils soient, de blasphémer, jurer et dé-
» tester le saint nom de Dieu, ni proférer aucunes
» paroles contre l'honneur de la très sainte Vierge,
» sa mère, et des saints; voulons que ceux qui y

» contreviendront soient condamnés, pour la pre-
» mière fois, en une amende pécuniaire selon leurs
» biens, grandeur et énormité du serment et blas-
» phème : les deux tiers de l'amende applicables
» aux hôpitaux des lieux, et où il n'y en aura, à
» l'église, et l'autre tiers au dénonciateur; et si
» ceux qui ont été ainsi punis retombent à faire
» lesdits sermens, seront, pour la seconde, tierce et
» quatrième fois, condamnés en *amende double,*
» *triple et quadruple;* et pour la cinquième fois,
» seront mis au carcan aux jours de fêtes et diman-
» ches ou autres, et y demeureront depuis huit
» heures du matin jusqu'à une heure après midi,
» sujets à toutes injures et opprobres, et en outre
» condamnés à une grosse amende; pour la sixième
» fois, seront conduits et menés au pilori, et au-
» ront la lèvre de dessous coupée; et si, par obs-
» tination et mauvaise coutume invétérée, ils con-
» tinuent, après toutes ces peines, à proférer les
» dits juremens et blasphèmes, voulons et ordon-
» nons qu'ils aient la langue coupée tout juste,
» afin qu'à l'avenir ils ne puissent plus les proférer;
» et en cas que ceux qui se trouveront convaincus
» n'aient pas de quoi payer lesdites amendes, ils
» tiendront prison pendant un mois au pain et à
» l'eau, ou plus long-temps, ainsi que les juges le
» trouveront plus à propos, selon la qualité, énor-

» mité desdits blasphèmes ; sera fait registre par- » ticulier de ceux qui auront été pris et condam- » nés. Voulons que tous ceux qui auront ouï lesdits » blasphèmes, aient à les révéler dans vingt-quatre » heures en suivant, à peine de 300 livres parisis » d'amende, et plus grande s'il y échet. Déclarons » que nous n'entendons comprendre les énormes » blasphèmes qui, selon la théologie, appartiennent » au genre d'infidélité et dérogent à la bonté et » grandeur de Dieu et ses attributs. Voulons que » lesdits crimes soient punis de plus grandes peines » que celles que dessus, à l'arbitrage du juge et selon » leur énormité. Si donnons, etc. »

L'ordonnance du 20 mai 1681 défend à tous soldats de jurer et blasphémer *le saint nom de Dieu, de la Sainte-Vierge et des saints.*

Cette disposition fut renouvelée dans une ordonnance concernant les délits militaires, rendue le 1er juillet 1727, laquelle porte :

« Défend Sa Majesté, en conformité de l'or- » donnance du 20 mai 1686, à tous cavaliers, dra- » gons et soldats, de jurer et blasphémer le saint » nom de Dieu, de la Sainte-Vierge ni des saints, » sous peine, à ceux qui tomberont dans ce crime, » d'avoir la langue percée d'un fer chaud. Voulant, » Sa Majesté, que les officiers de la troupe dont ils

» seront, soient tenus, aussitôt qu'ils en auront » connaissance, de les remettre au prévôt étant à » la suite d'icelle ou au major du régiment, pour » leur faire subir la peine susdite. »

Je vais rapporter quelques exemples de l'application de ces différentes lois par les tribunaux du royaume.

En 1493, un *quidam* ayant proféré un jurement dans l'église St.-Jacques-de-la-Boucherie, fut puni d'une amende de dix sols au profit de l'œuvre. L'auteur qui rapporte ce fait ajoute : Cette somme, si modique pour notre temps, pourrait faire maintenant trois livres ; mais il faut y ajouter l'ignominie dont fut couvert le *quidam* qui avait proféré le jurement.

Le parlement de Toulouse condamna en 1520 un gentilhomme nommé Cadet de Casaux, coupable de meurtre, ravissement de filles, guetteur de chemins, *et d'avoir fait des blasphèmes*, à avoir la langue percée, la tête tranchée et à être mis en quatre parties.

Le parlement de Paris, par arrêt du 8 août 1523, débouta un ermite clerc accusé de plusieurs blasphèmes exécrables, du renvoi qu'il avait demandé devant les juges ecclésiastiques, et le condamna à être mené devant l'église Notre-Dame dans un tombereau où l'on portait les immondices de la ville, y faire amende honorable; ce fait, être conduit au marché aux pourceaux, et y être brûlé vif, après avoir eu la langue coupée.

Un autre arrêt, cité par Papon dans ses arrêts notables, prouve que les blasphémateurs sacriléges étaient privés du droit d'asile et de franchise.

« Le premier jour de juin 1523, fut jugé par » arrêt de Bordeaux que Pierre Pomarel, bour- » reau dudit lieu, prisonnier et accusé d'avoir » blasphémé contre l'honneur de Dieu et de sa » très sainte mère, ayant brisé la prison et gagné » le couvent de Notre-Dame de Carmele, ne joui- » rait de franchise. »

Voici encore quelques exemples de la punition des blasphémateurs pris dans cet arrêtiste.

« Par l'ordonnance, les blasphémateurs doivent » être punis, jusques à la quatrième fois inclusive- » ment, par amende pécuniaire, et à la cinquième, » pilorisés et mulctés d'amende arbitraire, et à » faute de la pouvoir payer, mis prisonniers au » pain et à l'eau, à l'arbitre du juge; et à la sixième, » la lèvre de dessus cautérisée; et à la septième, » la lèvre de dessous, tellement que les dents » soient apparentes; et à la huitième, la langue » coupée. Ce néantmoins si atrocement et par vi- » laines et injurieuses paroles l'on détracte de

» Dieu et de sa très sacrée mère, et des saints et » saintes de paradis, *uno impetu* par blasphèmes » intolérables, la peine de mort y est : et selon » ce fut jugé par arrêt de Bordeaux le 20 juin de » l'an 1530, par lequel un nommé Philippe Huant, » dit Gyraudem, fut condamné, après avoir eu » *la langue coupée*, A ÊTRE BRULÉ VIF ; et depuis, » l'an suivant, par un autre arrêt, fut un autre blas» phémateur convaincu d'avoir prononcé paroles » atroces et injurieuses contre l'honneur de Notre» Dame, décapité après la langue première coupée. »

Ainsi, les blasphémateurs pouvaient être et étaient quelquefois punis de mort, après avoir subi la mutilation toujours arbitrairement.

En 1542, le parlement de Toulouse condamna divers particuliers, les uns à avoir le fouet et la langue percée, deux à avoir la langue coupée, et les autres à être brûlés vifs.

En 1545, un arrêt du parlement de Paris condamna un particulier à mort pour blasphèmes proférés contre l'honneur de *Dieu*, du *Saint-Sacrement* et de la *Sainte-Vierge*.

Le même parlement condamna, en 1546, cinquante individus de la religion prétendue réformée, accusés d'avoir blasphémé le *très saint sacrement* de l'autel en la ville de Meaux, quatorze à être ars et brûlés vifs, après avoir subi la torture ordinaire, un à être pendu sous les aisselles, et le reste des accusés à être fustigés et à faire amende honorable un cierge à la main.

Un commissaire du Châtelet ayant eu avis qu'un crocheteur de son quartier, nommé Maurice Pleissart, était un blasphémateur d'habitude, en informa. Le 2 janvier 1558, il fut condamné à l'audience de police à tenir prison pendant deux jours, au pain et à l'eau, et à vider la ville dans huit jours. Une autre sentence du 27 juillet de l'année suivante, condamna le maître d'un cabaret, ayant pour enseigne *la Cloche*, en seize sols parisis d'amende, pour avoir blasphémé, et défenses lui furent faites de récidiver, à peine de punition corporelle.

Laroche-Flavin rapporte qu'une femme fut condamnée, le 30 août 1569, pour avoir blasphémé, à faire amende honorable devant la porte de l'église, un jour de dimanche, et à avoir la langue percée; et inhibitions et défenses à elle et à toutes autres d'user de semblables blasphèmes contre le nom et l'honneur de Dieu et la *cour céleste*, sous peine, la première fois, d'avoir la langue percée, d'être plongées dans la rivière à la cage, et pour la deuxième, d'être pendues et étranglées.

Le parlement de Bretagne condamna, le 6 septembre 1570, un nommé Jean Rolland, blasphémateur, pour la première fois, à faire amende honorable, à être fouetté et tous ses biens confisqués. Un arrêt réglementaire du même parlement, punissait les blasphémateurs, pour la première fois, du pilori, et pour la deuxième, de l'amputation de la langue. Il ordonnait de plus la peine de mort contre ceux qui seraient convaincus de blasphèmes qui iraient jusqu'à l'infidélité et dérogeraient à la bonté et à la grandeur de Dieu.

Un autre arrêt du parlement de Paris, de 1578, condamna deux blasphémateurs à faire amende honorable, ensuite à être pendus et puis brûlés avec leur procès, les blasphèmes étant exécrables. Le même parlement condamna, le 27 janvier 1599, le nommé Nicolas Lemesle à faire amende honorable, à avoir la langue percée d'un fer chaud, les deux lèvres fendues, et au bannissement du royaume à perpétuité, pour avoir proféré des blasphèmes exécrables contre le saint nom de Dieu et de la sainte vierge Marie.

La licence du quinzième siècle et les troubles arrivés en France et dans la religion, faisaient tolérer des confrairies où l'on cherchait moins à honorer Dieu par un culte religieux, qu'à se procurer des jeux et des divertissemens profanes. Les choses furent portées à un tel excès dans la paroisse de

Bocé, en Anjou, qu'on y représenta dans l'église, pendant la célébration de la grand'messe, une espèce de farce remplie d'insolences et d'impiétés, qui devinrent des espèces de blasphèmes par les circonstances du temps et du lieu. L'affaire ayant été poursuivie criminellement et portée au parlement, il y fut rendu un arrêt, le 21 juin 1600, conçu à peu près en ces termes :

« La cour a condamné Jean Benaut à faire amende » honorable, nu tête, en chemise, la corde au col, » devant la principale porte de l'église de Bocé, » tenant en ses mains une torche de cire ardente » du poids de deux livres, et là, à genoux, dire » et déclarer que témérairement et méchamment, » en habit de fou et déguisé, il a dit et proféré » dans ladite église de Bocé, pendant la célébration » de la grand'messe, les blasphèmes et paroles » déshonnêtes, et commis les insolences impiétés » et dérisions mentionnées audit procès, dont il » se repent, et à demander pardon et merci à Dieu, » au roi et à la justice; ce fait, pendu et étranglé » à une potence, laquelle, à cet effet, sera dressée » au principal carrefour dudit lieu de Bocé, et » après, son corps brûlé et réduit en cendres, etc. »

En 1607, un savetier de Paris fut condamné à être pendu pour blasphèmes.

Un arrêt semblable fut prononcé contre un

bourreau de Romorantin, pour avoir juré le saint nom de Dieu en jouant aux cartes et aux quilles.

Arrêt du 8 mars 1655, confirmatif de la sentence rendue au siége de la connétablie et maréchaussée de France, à la table de marbre du Palais, à Paris, contre Claude Poulain, dit Saint-Amour de Thorigny, condamné à être tiré de la prison de Senlis à jour de marché, et conduit nu en chemise, la torche au poing, la corde au cou, attaché sur une claie au cul d'un tombereau, au-devant de la porte de la principale église de Senlis, et là, faire amende honorable, puis être conduit au marché pour y être pendu et étranglé, son corps et son procès brûlés et réduits en cendres, et les cendres jetées au vent, comme blasphémateur du saint nom de Dieu et de la Sainte-Vierge. Exécuté audit Senlis, le 13 mars 1655.

Un autre arrêt du parlement de Paris, du 16 juin 1655, confirmatif de la sentence du bailli de Saint-Marcel-lez-Paris, contre Pierre Mercier, dit Maison-Rouge, tavernier, demeurant au marché aux pourceaux, condamné pour avoir blasphémé le saint nom de Dieu étant prisonnier pour dettes dans ladite prison de Saint-Marcel, à faire amende honorable, nu en chemise, la torche au poing, la corde au cou, devant la principale porte de l'église Saint-Marcel; ce fait, mené et conduit audit marché aux Chevaux pour y être pendu et étranglé, son corps mort brûlé et réduit en cendres, et les cendres jetées au vent.

Un arrêt réglementaire du 6 juillet 1655, fit défenses à toutes personnes de jurer le saint nom de Dieu, sous les peines portées par la déclaration du roi et arrêts ci-devant rendus.

Le 13 mars 1655 le parlement rendit un arrêt qui infirma la sentence du bailli de Saint-Germain-des-Prés, rendue contre Louis Juppin, dit Va-du-Cul, porteur de hotte, par laquelle il n'était condamné qu'à être mis au carcan pendant six heures, et en conséquence condamne ledit Juppin à être fustigé nu de verges par tous les carrefours du faubourg Saint-Germain, puis mis au carcan, ayant écriteaux devant et derrière, portant ces mots : *Jureur du saint nom de Dieu.*

Un prisonnier du Fort-l'Évêque fut condamné, en 1657, à faire amende honorable la corde au cou, et aux galères à perpétuité, pour avoir juré le saint nom de Dieu.

Dans la même année on condamna un laquais à être pendu pour juremens et blasphèmes.

En 1658, un protestant fut condamné, en la chambre de l'édit, à une amende honorable et au bannissement pour cinq ans, pour avoir tenu des propos impies contre Dieu, contre l'église et contre les prêtres.

Le 7 août 1660, un nommé *Batelier* et autres défaillans de la religion réformée, furent condamnés à être pendus et étranglés, après avoir fait amende honorable, pour avoir outrageusement blasphémé le nom de la Sainte-Vierge.

Un autre protestant fut condamné à mort par arrêt du parlement de Grenoble, en 1663, pour avoir blasphémé contre la pureté de la Sainte-Vierge.

Le 23 juin 1665, un protestant nommé Viger fut condamné à faire amende honorable en chemise, puis à être pendu, étranglé, également pour avoir blasphémé contre l'honneur de la très sainte Vierge.

Il y avait diversité de peine et de supplice, selon que l'offense envers la divinité, la Vierge ou les saints, paraissait plus ou moins grave.

En 1666, un vigneron fut condamné pour blasphèmes exécrables contre le saint nom de Dieu, à une amende honorable, à avoir la langue percée, et à un bannissement perpétuel du royaume.

L'année suivante, en 1667, deux mendians enfermés à l'hôpital de Bicêtre, furent condamnés à être pendus et brûlés avec leurs procès, pour blasphèmes exécrables.

En 1681, un protestant fut condamné à une amende honorable et à un bannissement de cinq ans, pour blasphèmes proférés contre le saint sacrement et contre les saints, et pour avoir parlé avec mépris de la religion catholique, apostolique et romaine.

Par arrêt du parlement de Paris, du 12 mai 1685, le nommé Ruemini, sommelier du gouverneur de Douai, pour avoir proféré des blasphèmes exécrables, étant prisonnier au Châtelet pour d'autres faits, fut condamné à faire amende honorable au-devant de la principale porte de l'église de Paris, avec écriteau devant et derrière, portant ces mots, *blasphémateur et impie exécrable*, à avoir ensuite la langue percée d'un fer chaud et aux galères à perpétuité.

La même année, en la chambre de Rouen, un protestant, pour avoir blasphémé contre la Sainte-Vierge, a été condamné en l'amende honorable et à une amende pécuniaire de trois cents livres.

Un particulier fut condamné, en 1719, à l'amende honorable en figure, à avoir la langue percée et aux galères perpétuelles.

En 1720, deux particuliers furent condamnés à avoir la langue coupée et à être brûlés vifs avec leurs procès, pour blasphèmes exécrables. Un semblable arrêt fut rendu en 1724.

En 1729, Joseph Pinard, *convaincu de juremens et blasphèmes, et d'avoir aussi, en différentes fois, proféré des exécrations abominables contre la sacrée personne de Dieu, a été condamné à faire amende honorable, ayant écriteau,* etc., et à l'instant avoir la langue percée d'un fer chaud; ce fait, mené ès galères pour cinq ans.

A Orléans, en 1748, un autre blasphémateur contre le saint nom de Dieu, la sainte Eucharistie et la Sainte-Vierge, fut condamné à faire amende honorable, à avoir la langue coupée, et ensuite à être pendu.

A une époque où la civilisation et la philosophie adoucissaient les mœurs et demandaient la réforme des lois, une condamnation vint répandre l'épouvante.

Toute la France frémit encore de l'arrêt rendu le 4 juin 1766 contre des jeunes gens d'Abbeville, et notamment contre le chevalier de La Barre, qui expia, par une mort cruelle et ignominieuse, les prétendus blasphèmes qu'il avait proférés. Une plume illustre, guidée par la philosophie et l'humanité, raconte ainsi cette terrible aventure :

Relation de la mort du chevalier de La Barre, par M. Cassen (1)*, avocat au conseil du Roi, à M. le Marquis de Beccaria, écrite en* 1766.

Il semble, Monsieur, que toutes les fois qu'un génie bienfaisant cherche à rendre service au genre humain, un démon funeste s'élève aussitôt pour détruire l'ouvrage de la raison.

---

(1) Cet ouvrage est de Voltaire. Il avait été d'abord imprimé séparément, ensuite dans les Questions sur l'Encyclopédie, article *Justice*, sous le titre de Lettre de M. Cassen à M. le Marquis de Beccaria.

Voici l'avertissement placé en tête de cet écrit par les éditeurs de l'édition de Kehl :

Nous nous permettrons quelques réflexions sur l'horrible événement d'Abbeville, qui, sans les courageuses réclamations de M. de Voltaire et de quelques hommes de lettres, eût couvert d'opprobre la nation française aux yeux de tous les peuples de l'Europe qui ont secoué le joug des superstitions monacales.

Il n'existe point en France de loi qui prononce la peine de mort contre aucune des actions imputées au chevalier de La Barre.

L'édit de Louis XIV contre les blasphémateurs, ne décerne la peine d'avoir la langue coupée qu'après un nombre de récidives qui est presque moralement impossible ; il ajoute que *quant aux blasphèmes énormes qui, selon la théologie, appartiennent au genre de l'infidélité, les juges pourront punir même de mort.*

1° Cette permission de tuer un homme n'en donne

A peine eûtes-vous instruit l'Europe par votre excellent livre sur les délits et les peines, qu'un homme, qui se dit jurisconsulte, écrivit contre

---

pas le droit, et un juge qui, autorisé par la loi à punir d'une moindre peine, prononce la peine de mort, est un assassin et un barbare.

2° C'est un principe de toutes les législations qu'un délit doit être constaté; or, il n'est point constaté au procès qu'aucun des prétendus blasphèmes du chevalier de La Barre appartiennent, *suivant la théologie*, *au genre d'infidélité*. Il fallait une décision de la Sorbonne, puisqu'il est question dans l'édit de prononcer *suivant la théologie*, comme il faut un procès-verbal de médecins dans les circonstances où il faut prononcer *suivant la médecine*.

Quant au *bris d'images*, en supposant que le chevalier de La Barre en fût convaincu, il ne devait pas être puni de mort. Une seule loi prononce cette peine; c'est un édit de pacification donné par le chancelier de l'Hospital sous Charles IX, et révoqué bientôt après. En jugeant de l'esprit de cette loi par les circonstances où elle a été faite, par l'esprit qui l'a dictée, par les intentions bien connues du magistrat humain et éclairé qui l'a rédigée, on voit que son unique but était de prévenir les querelles sanglantes que le zèle imprudent de quelque protestant aurait pu allumer entre son parti et celui des partisans de l'église romaine. La durée de cette loi devait-elle s'étendre au-delà des troubles qui pouvaient en excuser la dureté et l'injustice? C'est à peu près comme si on punissait de mort un homme qui est sorti d'une ville

vous en France. Vous aviez soutenu la cause de l'humanité, et il fut l'avocat de la barbarie. C'est peut-être ce qui a préparé la catastrophe du jeune

---

sans permission, parce que, cette ville étant assiégée il y a deux cents ans, on a défendu d'en sortir sous peine de mort, et que cette loi n'a point été abrogée.

D'ailleurs la loi porte, *et autres actes scandaleux et séditieux*, et non pas scandaleux *ou* séditieux ; donc, pour qu'un homme soit dans le cas de la loi, il faut que le scandale qu'il donne soit aggravé par un acte séditieux, qui est un véritable crime. Ce n'est pas le scandale que le vertueux l'Hospital punit par cette loi, c'est un acte séditieux qui était alors une suite nécessaire de ce scandale. Ainsi, lorsque l'on punit dans un temps de guerre une action très légitime en elle-même, ce n'est pas cette action qu'on punit, mais la trahison qui, dans ce moment, est inséparable de cette action.

Il est donc trop vrai que le chevalier de La Barre a péri sur un échafaud parce que les juges n'ont pas entendu la différence d'une particule disjonctive à une particule conjonctive.

La maxime de Zoroastre, *dans le doute abstiens-toi*, doit être la loi de tous les juges ; ils doivent, pour condamner, exiger que la loi qui prononce la peine soit d'une évidence qui ne permette pas le doute, comme ils ne doivent prononcer sur le fait qu'après des preuves claires et concluantes.

Le dernier délit imputé au chevalier de La Barre, celui des *bris d'images*, n'était pas prouvé ; l'arrêt prononce *véhémentement suspecté*. Mais si on entend ces

chevalier de La Barre, âgé de dix-neuf ans, et du fils du président d'Etallonde, qui n'en avait pas encore dix-huit.

---

mots dans leur sens naturel, tout arrêt qui les renferme ordonne un véritable assassinat; ce ne sont pas les gens *soupçonnés* d'un crime, mais ceux qui en sont *convaincus*, que la société a le droit de punir. Dira-t-on que ces mots, *véhémentement suspecté*, indiquent une véritable preuve, mais moindre que celle qui fait prononcer que l'accusé est *atteint et convaincu?* Cette explication indiquerait un système de jurisprudence bien barbare; et si on ajoutait qu'on punit un homme, moitié pour une action dont il est convaincu, moitié pour celle dont on dit qu'il est véhémentement suspecté, ce serait une confusion d'idées bien plus barbare encore.

Observons que dans ce procès criminel, non-seulement les juges ont interprété la loi, usage qui peut être regardé comme dangereux, mais qu'ils ont donné à cette interprétation secrète un effet rétroactif en l'appliquant à un crime commis antérieurement, ce qui est contraire à tous les principes du droit public; que la question de l'interprétation de la loi n'a pas été jugée séparément de la question sur le fait; qu'enfin cette interprétation d'une loi, dans le sens de la rigueur, pouvait, suivant cette manière de procéder, être décidée par une pluralité de deux voix, et l'a été réellement d'un cinquième. Et l'on s'étonnerait encore qu'indépendamment de toute idée de tolérance, de philosophie, d'humanité, de droit naturel, un tel jugement ait soulevé tous les hommes éclairés d'un bout de l'Europe à l'autre!

Avant que je raconte cette horrible aventure, qui a indigné l'Europe entière (excepté peut-être quelques fanatiques ennemis de la nature humaine), permettez-moi de poser deux principes que vous trouverez incontestables.

1° Quand une nation est encore assez plongée dans la barbarie pour faire subir aux accusés le supplice de la torture, c'est-à-dire pour leur faire souffrir mille morts au lieu d'une, sans savoir s'ils sont innocens ou coupables, il est clair au moins qu'on ne doit point exercer cette énorme fureur contre un accusé, quand il convient de son crime, et qu'on n'a plus besoin d'aucune preuve.

2° Il est aussi absurde que cruel de punir les violations des usages reçus dans un pays, les délits commis contre l'opinion régnante, et qui n'ont opéré aucun mal physique, du même supplice dont on punit les parricides et les empoisonneurs.

Si ces deux règles ne sont pas démontrées, il n'y a plus de lois, il n'y a plus de raison sur la terre; les hommes sont abandonnés à la plus capricieuse tyrannie, et leur sort est fort au-dessous de celui des bêtes.

Ces deux principes établis, je viens, Monsieur, à la funeste histoire que je vous ai promise.

Il y avait dans Abbeville, petite cité de Picardie, une abbesse, fille d'un conseiller d'état très estimé ; c'était une dame aimable, de mœurs très régulières, d'une humeur douce et enjouée, bienfaisante, et sage sans superstition.

Un habitant d'Abbeville, nommé Belleval, âgé de soixante ans, vivait avec elle dans une grande intimité, parce qu'il était chargé de quelques affaires du couvent ; il était lieutenant d'une espèce de petit tribunal qu'on appelait l'*élection*, si on peut donner le nom de tribunal à une compagnie de bourgeois uniquement préposés pour régler l'assise de l'impôt appelé la taille. Cet homme devint amoureux de l'abbesse, qui ne le repoussa d'abord qu'avec sa douceur ordinaire, mais qui fut ensuite obligée de marquer son aversion et son mépris pour ses importunités trop redoublées.

Elle fit venir chez elle dans ce temps-là, en 1754, le chevalier de La Barre, son neveu, petit-fils d'un lieutenant-général des armées, mais dont le père avait dissipé une fortune de plus de quarante mille livres de rente : elle prit soin de ce jeune homme comme de son fils, et elle était près de lui faire obtenir une compagnie de cavalerie ; il fut logé dans l'extérieur du couvent, et madame sa tante lui donnait à souper, ainsi qu'à quelques jeunes gens de ses amis. Le sieur Belleval, exclu de ces soupers, se vengea en suscitant à l'abbesse quelques affaires d'intérêt.

Le jeune La Barre prit vivement le parti de sa tante, et parla à cet homme avec une hauteur qui le révolta entièrement. Belleval résolut de se venger; il sut que le chevalier de La Barre et le jeune d'Étallonde, fils du président de l'élection, avaient passé devant une procession sans ôter leurs chapeaux; c'était au mois de juillet 1765. Il chercha dès ce moment à faire remarquer cet oubli momentané des bienséances comme une insulte préméditée faite à la religion. Tandis qu'il ourdissait secrètement cette trame, il arriva malheureusement que le 9 Auguste de la même année, on s'aperçut que le crucifix de bois posé sur le pont neuf d'Abbeville était endommagé, et l'on soupçonna que des soldats ivres avaient commis cette insolence impie.

Je ne puis m'empêcher de remarquer ici qu'il est peut-être indécent et dangereux d'exposer sur un pont ce qui doit être révéré dans un temple catholique; les voitures publiques peuvent aisément le briser ou le renverser par terre. Des ivrognes peuvent l'insulter au sortir d'un cabaret, sans savoir même quels excès ils commettent. Il faut remarquer encore que ces ouvrages grossiers, ces crucifix de grand chemin, ces images de la vierge Marie, ces Enfans-Jésus, qu'on voit dans des niches de plâtre au coin des rues de plusieurs villes, ne sont pas un objet d'adoration tels qu'ils le sont dans nos églises : cela est si vrai, qu'il est permis de passer devant ces images sans les saluer. Ce sont des monumens d'une piété mal éclairée; et, au jugement de tous les hommes sensés, ce qui est saint ne doit être que dans le lieu saint.

Malheureusement l'évêque d'Amiens, étant aussi évêque d'Abbeville, donna à cette aventure une célébrité et une importance qu'elle ne méritait pas. Il fit lancer des monitoires; il vint faire une procession solennelle auprès de ce crucifix, et on ne parla dans Abbeville que de sacriléges pendant une année entière. On disait qu'il se formait une nouvelle secte qui brisait tous les crucifix, qui jetait par terre toutes les hosties, et les perçait à coups de couteau. On assurait qu'elles avaient répandu beaucoup de sang. Il y eut des femmes qui crurent en avoir été témoins. On renouvela tous les contes calomnieux répandus contre les Juifs dans tant de villes de l'Europe. Vous connaissez à quel excès la populace porte la crédulité, et le fanatisme toujours encouragé par les moines.

Le sieur Belleval, voyant les esprits échauffés, confondit malicieusement ensemble l'aventure du crucifix et celle de la procession, qui n'avaient aucune connexité. Il rechercha toute la vie du chevalier de La Barre : il fit venir chez lui valets, servantes, manœuvres ; il leur dit d'un ton d'inspiré qu'ils étaient obligés, en vertu des monitoires, de révéler tout ce qu'ils avaient pu apprendre à la charge de ce jeune homme ; ils répondirent tous qu'ils n'avaient jamais entendu dire que le chevalier de La Barre eût la moindre part à l'endommagement du crucifix.

On ne découvrit aucun indice touchant cette mutilation, et même alors il parut fort douteux que le crucifix eût été mutilé exprès. On commença à croire (ce qui était assez vraisemblable) que quelque charrette chargée de bois avait causé cet accident.

« Mais, dit Belleval à ceux qu'il voulait faire parler, si vous n'êtes pas sûrs que le chevalier de La Barre ait mutilé un crucifix en passant sur le pont, vous savez au moins que cette année, au mois de juillet, il a passé dans une rue avec deux de ses amis, à trente pas d'une procession, sans ôter son chapeau. Vous avez ouï dire qu'il a chanté une fois des chansons libertines, vous êtes obligés de l'accuser sous peine de péché mortel. »

Après les avoir ainsi intimidés, il alla lui-même chez le premier juge de la sénéchaussée d'Abbeville. Il y déposa contre son ennemi ; il força ce juge à entendre les dénonciations.

La procédure une fois commencée, il y eut une

foule de délations. Chacun disait ce qu'il avait vu ou cru voir, ce qu'il avait entendu ou cru entendre. Mais quel fut, Monsieur, l'étonnement de Belleval, lorsque les témoins qu'il avait suscités lui-même contre le chevalier de La Barre, dénoncèrent son propre fils comme un des principaux complices des impiétés secrètes qu'on cherchait à mettre au grand jour! Belleval fut frappé comme d'un coup de foudre : il fit incontinent évader son fils; mais, ce que vous croirez à peine, il n'en poursuivit pas avec moins de chaleur cet affreux procès.

Voici, Monsieur, quelles sont les charges.

Le 13 Auguste 1765, six témoins déposent qu'ils ont vu passer trois jeunes gens à trente pas d'une procession; que les sieurs de La Barre et d'Etallonde avaient leurs chapeaux sur la tête, et le sieur Moisnel le chapeau sous le bras.

Dans une addition d'information, une Elisabeth Lacrivel dépose avoir entendu dire à un de ses cousins, que ce cousin avait entendu dire au chevalier de La Barre qu'il n'avait pas ôté son chapeau.

Le 26 septembre, une femme du peuple nommée Ursule Gondalier, dépose qu'elle a entendu dire que le chevalier de La Barre, voyant une image de saint Nicolas en plâtre chez la sœur Marie, tourière du couvent, il demanda à cette tourière si elle avait acheté cette image pour avoir celle d'un homme chez elle.

Le nommé Beauvalet dépose que le chevalier de La Barre a proféré un mot impie en parlant de la vierge Marie.

Claude, dit Sélincour, témoin unique, dépose que l'accusé lui a dit que les commandemens de Dieu ont été faits par des prêtres; mais à la confrontation l'accusé soutient que Sélincour est un calomniateur, et qu'il n'a été question que des commandemens de l'Eglise.

Le nommé Héquet, témoin unique, dépose que l'accusé lui a dit ne pouvoir comprendre comment on avait adoré un dieu de pâte. L'accusé, dans la confrontation, soutient qu'il a parlé des Egyptiens.

Nicolas La Vallée dépose qu'il a entendu chanter au chevalier de La Barre deux chansons libertines de corps-de-garde. L'accusé avoue qu'un jour, étant ivre, il les a chantées avec le sieur d'Étallonde sans savoir ce qu'il disait, que dans cette chanson on appelle à la vérité sainte Marie-Madeleine putain, mais qu'avant sa conversion elle avait mené une vie débordée : il est convenu d'avoir récité l'*Ode à Priape* du sieur Piron.

Le nommé Héquet dépose encore, dans une

addition, qu'il a vu le chevalier de La Barre faire une petite génuflexion devant les livres intitulés, *Thérèse philosophe*, *la Tourière des Carmélites*, et *le Portier des Chartreux*. Il ne désigne aucun autre livre; mais, au récolement et à la confrontation, il dit qu'il n'est pas sûr que ce fût le chevalier de La Barre qui fit ces génuflexions.

Le nommé Lacour dépose qu'il a entendu dire à l'accusé *au nom du c..*, au lieu de dire au nom du père, etc. Le chevalier, dans son interrogatoire sur la sellette, a nié ce fait.

Le nommé Pétignot dépose qu'il a entendu l'accusé réciter les litanies du c.., telles à peu près qu'on les trouve dans Rabelais, et que je n'ose rapporter ici. L'accusé le nie dans son interrogatoire sur la sellette : il avoue qu'il a en effet prononcé c.., mais il nie tout le reste.

Voilà toutes les accusations portées contre le chevalier de La Barre, le sieur Moisnel, le sieur d'Étallonde, Jean-François Douville de Maillefer, et le fils du nommé Belleval, auteur de toute cette tragédie.

Il est constaté qu'il n'y avait eu aucun scandale, puisque La Barre et Moisnel ne furent arrêtés que sur des monitoires lancés à l'occasion de la mutilation du crucifix, mutilation scandaleuse et publique, dont ils ne furent chargés par aucun témoin. On rechercha toutes les actions de leur vie, leurs conversations secrètes, des paroles échappées un an auparavant; on accumula des choses qui n'avaient aucun rapport ensemble, et en cela même la procédure fut très vicieuse.

Sans ces monitoires, et sans les mouvemens violens que se donna Belleval, il n'y aurait jamais eu de la part de ces enfans infortunés ni scandale, ni procès criminel : le scandale public n'a été que dans le procès même.

Le monitoire d'Abbeville fit précisément le même effet que celui de Toulouse contre les Calas : il troubla les cervelles et les consciences. Les témoins, excités par Belleval, comme ceux de Toulouse l'avaient été par le capitoul David, rappelèrent dans leur mémoire des faits, des discours vagues, dont il n'était guère possible qu'on pût se rappeler exactement les circonstances ou favorables ou aggravantes.

Il faut avouer que, s'il y a des cas où un monitoire est nécessaire, il y en a beaucoup d'autres où il est très dangereux. Il invite les gens de la lie du peuple à porter des accusations contre les personnes élevées au-dessus d'eux, dont ils sont toujours jaloux. C'est alors un ordre intimé par l'église de faire le métier infâme de délateur. Vous êtes menacés de l'enfer si vous ne mettez pas votre prochain en péril de sa vie.

Il n'y a peut-être rien de plus illégal dans les tribunaux de l'inquisition, et une grande preuve de l'illégalité de ces monitoires, c'est qu'ils n'émanent point directement des magistrats; c'est le pouvoir ecclésiastique qui les décerne. Chose étrange, qu'un ecclésiastique, qui ne peut juger à mort, mette ainsi dans la main des juges le glaive qu'il lui est défendu de porter!

Il n'y eut d'interrogés que le chevalier et le sieur Moisnel, enfant d'environ quinze ans. Moisnel, tout intimidé et entendant prononcer au juge le mot d'attentat contre la religion, fut si hors de lui qu'il se jeta à genoux et fit une confession générale, comme s'il eût été devant un prêtre. Le chevalier de La Barre, plus instruit et d'un esprit plus ferme, répondit toujours avec beaucoup de raison, et disculpa Moisnel dont il avait pitié. Cette conduite, qu'il eut jusqu'au dernier moment, prouve qu'il avait une belle ame. Cette preuve aurait dû être comptée pour beaucoup aux yeux de juges intelligens, et ne lui servit de rien.

Dans ce procès, qui a eu des suites si affreuses, vous ne voyez que des indécences et pas une action noire; vous n'y trouvez pas un seul de ces délits qui sont des crimes chez toutes les nations; point de brigandage, point de violence, point de lâcheté, rien de ce qu'on reproche à ces enfans ne serait même un délit dans les autres communions chrétiennes. Je suppose que le chevalier de La Barre et M. d'Étallonde aient dit que l'on ne doit pas adorer un dieu de pâte, c'est précisément et mot à mot ce que disent tous ceux de la religion réformée.

Le chancelier d'Angleterre prononcerait ces mots en plein parlement sans qu'ils fussent relevés par personne. Lorsque milord Lokart était ambassadeur à Paris, un habitué de paroisse porta furtivement l'eucharistie dans son hôtel à un domestique malade qui était catholique; milord Lokart, qui le sut, chassa l'habitué de sa maison; il dit au cardinal Mazarin qu'il ne souffrirait pas cette insulte. Il traita en propre terme l'eucharistie de dieu de pâte et d'idolatrie. Le cardinal Mazarin lui fit des excuses.

Le grand archevêque Tillotson, le meilleur prédicateur de l'Europe, et presque le seul qui n'ait pas déshonoré l'éloquence par de fades lieux communs ou par de vaines phrases fleuries, comme Cheminais, ou par de faux raisonnemens, comme Bourdaloue; l'archevêque Tillotson, dis-je, parle précisément de notre eucharistie comme le chevalier de La Barre. Les mêmes paroles respectées dans milord Lokart à Paris, et dans la bouche de milord Tillotson à Londres, ne peuvent donc être en France qu'un délit local, un délit de lieu et de tems, un mépris de l'opinion vulgaire, un discours échappé au hasard devant une ou deux personnes; n'est-ce pas le comble de la cruauté de punir ces discours secrets du même supplice dont on punirait celui qui aurait empoisonné son père et sa mère, et qui aurait mis le feu aux quatre coins de sa ville?

Remarquez, je vous en supplie, combien on a deux poids et deux mesures. Vous trouverez dans la vingt-quatrième lettre persane de Montesquieu, président à mortier du parlement de Bordeaux, de l'Académie française, ces propres paroles: « Ce magicien s'appelle le pape; tantôt il fait croire » que trois ne font qu'un, tantôt que le pain qu'on » mange n'est pas du pain, et que le vin qu'on boit » n'est pas du vin; » et mille autres traits de cette espèce.

M. de Fontenelle s'était exprimé de la même manière dans sa relation de Rome et de Genève, sous le nom de Mero et d'Enegu. Il y avait dix mille fois plus de scandale dans ces paroles de MM. de Fontenelle et de Montesquieu, exposées par la lecture aux yeux de dix mille personnes, qu'il n'y en avait dans deux ou trois mots échappés au chevalier de La Barre devant un seul témoin, paroles perdues dont il ne restait aucune trace. Les discours secrets doivent être regardés comme des pensées ; c'est un axiome dont la plus détestable barbarie doit convenir.

Je vous dirai plus : il n'y a point en France de loi expresse qui condamne à mort pour des blasphèmes. L'ordonnance de 1666 prescrit une amende pour la première fois, le double pour la seconde, etc., et le pilori pour la sixième récidive.

Cependant les juges d'Abbeville, par une ignorance et une cruauté inconcevables, condamnèrent le jeune d'Etallonde, âgé de dix-huit ans, 1° à souffrir le supplice de l'amputation de la langue jusqu'à la racine ; ce qui s'exécute de manière que si le patient ne présente pas la langue lui-même, on la lui tire avec des tenailles de fer, et on la lui arrache.

2° On devait lui couper la main droite à la porte de la principale église.

3° Ensuite il devait être conduit dans un tombereau à la place du marché, être attaché à un poteau avec une chaîne de fer, et être brûlé à petit feu. Le sieur d'Etallonde avait heureusement épargné par la fuite à ses juges l'horreur de cette exécution.

Le chevalier de La Barre étant entre leurs mains, ils eurent l'humanité d'adoucir la sentence, en ordonnant qu'il serait décapité avant d'être jeté dans les flammes; mais, s'ils diminuèrent le supplice d'un côté, ils l'augmentèrent de l'autre en le condamnant à subir la question ordinaire et extraordinaire, pour lui faire déclarer ses complices; comme si des extravagances de jeune homme, des paroles dont il ne reste pas le moindre vestige, étaient un crime d'état, une conspiration. Cette étonnante sentence fut rendue le 28 février de l'année 1766.

La jurisprudence de France est dans un si grand chaos, et conséquemment l'ignorance des juges est si grande, que ceux qui portèrent cette sentence se fondèrent sur une déclaration de Louis XIV, émanée, en 1682, à l'occasion des prétendus sortiléges et des empoisonnemens réels commis par la Voisin, la Vigoureux, et les deux prêtres nommés le Vigoureux et le Sage. Cette ordonnance de 1682 prescrit à la vérité la peine de mort pour le *sacrilége joint à la superstition*; mais il n'est question dans cette loi que de magie et de sortilége; c'est-à-dire, ceux qui, en abusant de la crédulité du peuple, et en se disant magiciens, sont à la fois profanateurs et empoisonneurs. Voilà la lettre et l'esprit de la loi; il s'agit dans cette loi de faits criminels, pernicieux à la société, et non pas de vaines paroles, d'imprudences, de légèreté, de sottises commises sans aucun dessein prémédité, sans aucun complot, sans même aucun scandale public.

Les juges de la ville d'Abbeville péchaient donc visiblement contre la loi autant que contre l'humanité, en condamnant à des supplices aussi épouvantables que recherchés un gentilhomme et un fils d'une très honnête famille, tous deux dans un âge où l'on ne pouvait regarder leur étourderie que comme un égarement qu'une année de prison aurait corrigé. Il y avait même si peu de corps de délit, que les juges, dans leur sentence, se servent de termes vagues et ridicules employés par le petit peuple, *pour avoir chanté des chansons abominables et exécrables contre la vierge Marie, les saints et saintes*. Remarquez, Monsieur, qu'ils n'avaient chanté ces *chansons abominables et exécrables contre les saints et saintes* que devant un seul témoin qu'ils pouvaient récuser légalement. Ces épithètes sont-elles de la dignité de la magistrature? Une ancienne chanson de table n'est après tout qu'une chanson. C'est le sang humain légèrement répandu, c'est la torture, c'est le supplice de la langue arrachée, de la main coupée, du corps jeté dans les flammes, qui est *abominable et exécrable.*

La sénéchaussée d'Abbeville ressortit au parlement de Paris. Le chevalier de La Barre y fut transféré : son procès y fut instruit. Dix des plus célèbres avocats de Paris signèrent une consultation, par laquelle ils démontrèrent l'illégalité des procédures, et l'indulgence qu'on doit à des enfans mineurs, qui ne sont accusés ni d'un complot ni d'un crime réfléchi ; le procureur-général, versé dans la jurisprudence, conclut à casser la sentence d'Abbeville ; il y avait vingt-cinq juges, dix acquiescèrent aux conclusions du procureur-général, mais des circonstances singulières, que je ne puis mettre par écrit, obligèrent les quinze autres à confirmer cette sentence étonnante, le 5 juin de cette année 1766.

Est-il possible que dans une société qui n'est pas sauvage, cinq voix de plus sur vingt-cinq suffisent pour arracher la vie à un accusé, et très souvent à un innocent ! Il faudrait dans un tel cas de l'unanimité ; il faudrait au moins que les trois quarts des voix fussent pour la mort : encore, en ce dernier cas, le quart des juges qui mitigeraient l'arrêt devrait, dans l'opinion des cœurs bien faits, l'emporter sur les trois quarts de ces bourgeois cruels qui se jouent impunément de la vie de leurs concitoyens, sans que la société en retire le moindre avantage.

La France entière regarda ce jugement avec horreur. Le chevalier de La Barre fut renvoyé à Abbeville pour y être exécuté. On fit prendre aux archers qui le conduisaient des chemins détournés ; on craignait que le chevalier de La Barre ne fût délivré sur la route par ses amis ; mais c'était ce qu'on devait souhaiter plutôt que craindre.

Enfin, le premier juillet de cette année, se fit dans Abbeville cette exécution trop mémorable : cet enfant fut d'abord appliqué à la torture. Voici quel est ce genre de tourment :

Les jambes du patient sont serrées entre des ais ; on enfonce des coins de fer ou de bois entre les ais et les genoux ; les os en sont brisés. Le chevalier s'évanouit, mais il revint bientôt à lui, à l'aide de quelques liqueurs spiritueuses, et déclara, sans se plaindre, qu'il n'avait point de complices.

On lui donna pour confesseur et pour assistant un dominicain, ami de sa tante l'abbesse, avec lequel il avait souvent soupé dans le couvent. Ce bon homme pleurait, et le chevalier le consolait. On leur servit à dîner ; le dominicain ne pouvait manger : « Prenons un peu de nourriture, lui dit » le chevalier, vous aurez besoin de force autant » que moi pour soutenir le spectacle que je vais » donner. »

Le spectacle en effet était terrible; on avait envoyé de Paris cinq bourreaux pour cette exécution. Je ne puis dire en effet si on lui coupa la langue et la main; tout ce que je sais, par les lettres d'Abbeville, c'est qu'il monta sur l'échafaud avec un courage tranquille, sans plainte, sans colère et sans ostentation; tout ce qu'il dit au religieux qui l'assistait se réduit à ces paroles : « Je » ne croyais pas qu'on pût faire mourir un jeune » gentilhomme pour si peu de chose. »

Il serait devenu certainement un excellent officier : il étudiait la guerre par principes; il avait fait des remarques sur quelques ouvrages du roi de Prusse et du maréchal de Saxe, les deux plus grands généraux de l'Europe.

Lorsque la nouvelle de sa mort fut reçue à Paris, le nonce dit publiquement qu'il n'aurait point été traité ainsi à Rome, et que, s'il avait avoué ses fautes à l'inquisition d'Espagne ou de Portugal, il n'eût été condamné qu'à une pénitence de quelques années.

Je laisse à votre humanité et à votre sagesse le soin de faire des réflexions sur un événement si affreux, si étrange, et devant lequel tout ce qu'on nous conte des prétendus supplices des premiers chrétiens doit disparaître. Dites-moi quel est le plus coupable, ou un enfant qui chante deux chansons réputées impies dans sa seule secte, et innocentes dans tout le reste de la terre, ou un juge qui ameute ses confrères pour faire périr cet enfant indiscret par une mort affreuse !

Le sage et éloquent marquis de Vauvenargues a dit : « Ce qui n'offense pas la société n'est pas du ressort de la justice. » Cette vérité doit être la base de tous les codes criminels : or, certainement, le chevalier de La Barre n'avait pas nui à la société en disant une parole imprudente à un valet, a une tourière, en chantant une chanson. C'étaient des imprudences secrètes dont on ne se souvenait plus ; c'étaient des légèretés d'enfant, oubliées depuis plus d'une année, et qui ne furent tirées de leur obscurité que par le moyen d'un monitoire qui les fit révéler ; monitoire fulminé pour un autre objet, monitoire qui forme des délateurs, monitoire tyrannique, fait pour troubler la paix de toutes les familles.

Il est si vrai qu'il ne faut pas traiter un jeune homme imprudent comme un scélérat consommé dans le crime, que le jeune M. d'Etallonde, condamné par les mêmes juges à une mort encore plus horrible, a été accueilli par le roi de Prusse et mis au nombre de ses officiers; il est regardé par tout le régiment comme un excellent sujet : qui sait si un jour il ne viendra pas se venger de l'affront qu'on lui a fait dans sa patrie.

L'exécution du chevalier de La Barre consterna tellement tout Abbeville, et jeta dans les esprits une telle horreur, que l'on n'osa pas poursuivre le procès des autres accusés.

Vous vous étonnez sans doute qu'il se passe tant de scènes si tragiques dans un pays qui se vante de la douceur de ses mœurs, et où les étrangers mêmes venaient en foule chercher les agrémens de la société; mais je ne vous cacherai point que, s'il y a toujours un certain nombre d'esprits indulgens et aimables, il reste encore dans plusieurs autres un ancien caractère de barbarie que rien n'a pu effacer : vous retrouverez encore ce même esprit qui fit mettre à prix la tête d'un cardinal premier ministre, et qui conduisait l'archevêque de Paris, un poignard à la main, dans le sanctuaire de la justice. Certainement la religion était plus outragée par ces deux actions que par les étourderies du chevalier de La Barre; mais voilà comme va le monde : *Hic pretium sceleris tulit, hic diadema.*

Quelques juges ont dit que, dans les circonstances présentes, la religion avait besoin de ce funeste exemple; ils se sont bien trompés, rien ne lui a fait plus de tort; on ne subjugue pas ainsi les esprits, on les indigne et on les révolte.

J'ai entendu dire malheureusement à plusieurs personnes qu'elles ne pouvaient s'empêcher de détester une secte qui ne se soutenait que par des bourreaux. Ces discours publics et répétés m'ont fait frémir plus d'une fois.

On a voulu faire périr par un supplice réservé aux empoisonneurs et aux parricides, des enfans accusés d'avoir chanté d'anciennes chansons blasphématoires, et cela même a fait prononcer plus de cent mille blasphèmes. Vous ne sauriez croire, Monsieur, combien cet événement rend notre religion catholique-romaine exécrable à tous les étrangers. Les juges disent que la politique les a forcés à en user ainsi. Quelle politique imbécille et barbare! ah! quel crime horrible contre la justice de prononcer un jugement par politique, surtout un jugement de mort! et encore de quelle mort!

L'attendrissement et l'horreur qui me saisissent ne me permettent pas d'en dire davantage.

J'ai l'honneur d'être, etc.

Arrêt du parlement de Paris contre le sieur de La Barre.

« Vu par la cour, la grand'chambre assemblée, » le procès fait par le lieutenant criminel de la sé- » néchaussée de Ponthieu à Abbeville, à la requête » du substitut du procureur-général du roi audit » siége, demandeur et accusateur contre Jean- » François Lefebvre de La Barre, et Charles-Fran- » çois-Marcel Moisnel, défendeurs et accusés, » prisonniers ès-prisons de la Conciergerie du Pa- » lais à Paris, et encore contre Gaillard d'Etal- » londe, Jean-François d'Ouville de Maillefer, et » Pierre-François de Maisniel de Saveuse, aussi » défendeurs et accusés, absens et contumax; les- » dits Jean-François Lefebvre, chevalier de La » Barre, et Charles-François-Marcel Moisnel, ap- » pelans de la sentence contre eux rendue sur ledit » procès, le 28 fév. 1766, par laquelle la contumace » aurait été déclarée valablement instruite contre » Gaillard d'Etallonde, accusé et contumax, et en » adjugeant le profit d'icelle, il aurait été déclaré » duement atteint et convaincu d'avoir, par impiété » et de propos délibéré, passé le jour de la Fête- » Dieu dernière, A VINGT-CINQ PAS DU SAINT-SA- » CREMENT que l'on portait à la procession des » religieux de Saint-Pierre de ladite ville, SANS » OTER SON CHAPEAU, qu'il avait sur la tête, et

» SANS SE METTRE A GENOUX ; d'avoir voulu acheter, au sieur Beauvarlet, un crucifix de plâtre » qui était dans sa chambre, et d'avoir dit que » c'était pour le BRISER ET FOULER AUX PIEDS ; » d'avoir proféré des BLASPHÈMES ÉNORMES ET » EXÉCRABLES contre Dieu, mentionnés au procès ; » d'avoir chanté publiquement et différentes fois » deux chansons impies remplies de *blasphèmes* » *les plus énormes*, *les plus abominables et exécrables contre Dieu*, *la sainte Eucharistie*, *la* » *Sainte-Vierge*, *les saints et saintes*, mentionnés au procès ; d'avoir enfin, un des jours de » l'été dernier, DONNÉ DES COUPS DE CANNE AU » CRUCIFIX qui était alors placé sur le pont neuf » de ladite ville : pour réparation de quoi, condamné à faire amende honorable devant le crucifix placé sur ledit pont, et devant la principale » porte de l'église royale et collégiale de Saint-Vulfranc, de ladite ville, où il serait mené et » conduit par l'exécuteur de la haute-justice, dans » un tombereau ; et là, étant à genoux, nu-tête » et nu-pieds, ayant la corde au col, écriteaux » devant et derrière, portant ces mots : *Impie*, » *blasphémateur et sacrilége exécrable et abominable*, tenant en ses mains une torche de cire » jaune, ardente, du poids de deux livres, dire et » déclarer à haute et intelligible voix, que mé-

» chamment et par impiété il a passé devant le
» Saint-Sacrement sans ôter son chapeau et sans se
» mettre à genoux; a proféré les blasphèmes contre
» Dieu, mentionnés au procès; a chanté les chan-
» sons remplies de blasphèmes exécrables et abo-
» minables contre Dieu, la sainte Eucharistie, la
» Sainte-Vierge, les saints et saintes, mentionnés
» au procès; et a donné des coups de canne sur
» le crucifix qui était placé sur le pont neuf de la-
» dite ville; dont il se repent, demande pardon à
» Dieu, au roi et à justice; et audit dernier lieu,
» avoir la langue coupée et le poing coupé sur un
» poteau qui sera planté devant ladite porte de
» ladite église; ce fait, conduit dans ledit tombe-
» reau, dans la place publique et principal marché
» de ladite ville, pour y être attaché, avec une
» chaîne de fer, à un poteau qui y sera à cet effet
» planté, et brûlé vif, son corps réduit en cendres,
» et icelles jetées au vent; tous ses biens acquis
» et confisqués au profit du roi, ou à qui il appar-
» tiendra, sur iceux préalablement pris la somme
» de deux cents livres d'amende envers ledit sei-
» gneur roi, au cas que confiscation n'eût lieu à
» son profit; et serait ladite sentence, en ce qui
» regardait ledit Gaillard d'Etallonde, accusé con-
» tumax, par effigie en un tableau qui serait atta-
» ché, par l'exécuteur de la haute-justice, à un

»poteau qui serait à cet effet planté sur ladite »place; en ce qui touchait Jean-François Le-»febvre, chevalier de La Barre, il aurait été dé-»claré duement atteint et convaincu d'avoir, par »impiété, et de propos délibéré, passé le jour de »la Fête-Dieu dernière à vingt-cinq pas du Saint-»Sacrement, que l'on portait à la procession des »religieux de Saint-Pierre de ladite ville, sans »avoir ôté son chapeau qu'il avait sur la tête, et »sans se mettre à genoux; d'avoir proféré les »blasphèmes énormes et exécrables contre Dieu, »la sainte Eucharistie, la Sainte-Vierge, la religion »et les commandemens de Dieu et de l'Eglise, »mentionnés au procès; d'avoir chanté les deux »chansons impies et remplies de blasphèmes les »plus énormes, les plus exécrables et abominables »contre Dieu, la sainte Eucharistie, la Sainte-»Vierge, les saints et saintes, mentionnés au pro-»cès; d'avoir rendu des marques de respect et »d'adoration aux livres infâmes et impurs qui »étaient placés sur une planche dans sa chambre, »en faisant des génuflexions en passant devant, et »disant que l'on devait faire des génuflexions »lorsque l'on passait devant le tabernacle; d'avoir »profané le signe de la croix, en faisant ce signe, »en se mettant à genoux, et prononçant les termes »impurs mentionnés au procès; d'avoir profané

» le mystère de la consécration du vin, l'ayant » tourné en dérision, en prononçant à voix à demi- » basse, et à différentes reprises, dessus un verre » de vin qu'il tenait à la main, les termes impurs » mentionnés au procès, et bu ensuite le vin; » d'avoir profané les bénédictions en usage dans » l'église chez les chrétiens, en faisant des croix » et des bénédictions avec la main sur différentes » choses, en prononçant les termes impurs men- » tionnés au procès; d'avoir enfin proposé au » nommé Peignot, qui servait la messe, et étant » auprès de lui, au bas de l'autel, de bénir les » burettes en prononçant les paroles impures men- » tionnées au procès; pour réparation de quoi, » condamné à faire amende honorable devant la » principale porte de l'église royale et collégiale » de Saint-Vulfranc de ladite ville d'Abbeville, où » il serait mené et conduit par l'exécuteur de la » haute justice dans un tombereau; et là, étant à » genoux, nu-tête et nu-pieds, ayant la corde » au cou, écriteaux devant et derrière, portant » ces mots : *Impie*, *blasphémateur et sacrilége* » *exécrable et abominable*, et tenant en ses mains » une torche de cire jaune, ardente, du poids de » deux livres, dire et déclarer à haute et intelli- » gible voix, que *méchamment et par impiété il* » *a passé de propos délibéré devant le Saint-*

» *Sacrement sans ôter son chapeau et sans se* » *mettre à genoux, et proféré les blasphèmes* » *contre Dieu, la Sainte-Vierge, la religion et* » *les commandemens de Dieu et de l'Eglise,* » *mentionnés au procès; et chanté les deux* » *chansons remplies de blasphèmes exécrables et* » *abominables contre Dieu, la sainte Eucharis-* » *tie, la Sainte-Vierge, et les saints et saintes,* » *mentionnés au procès, et à rendre des marques* » *de respect et d'adoration à des livres infâmes,* » *et profané le signe de la croix, le mystère de* » *la consécration du vin, et les bénédictions en* » *usage dans l'église et chez les Chrétiens, dont* » *il se repent, en demande pardon à Dieu, au* » *roi et à justice;* et audit lieu *avoir la langue* » *coupée;* ce fait, conduit dans ledit tombereau, » dans la place publique et principal marché de » ladite ville, pour, sur un échafaud qui y serait » à cet effet dressé, avoir *la tête tranchée*, et être » *son corps mort et sa tête jetés au feu dans un* » *bûcher ardent pour y être réduits en cendres,* » *et les cendres jetées au vent;* et avant l'exécu- » tion, serait ledit Lefebvre de La Barre appliqué » à la question ordinaire et extraordinaire, pour » avoir par sa bouche la vérité d'aucuns faits ré- » sultans du procès, et la révélation de ses com- » plices; tous ses biens acquis et confisqués au roi

» ou à qui appartiendra, sur iceux préalablement » pris la somme de deux cents livres d'amende en» vers ledit seigneur roi, au cas que la confiscation » n'eût lieu à son profit; aurait sursis à faire droit » sur les accusations intentées contre Charles-» François-Marcel Moisnel; et avant d'adjuger le » profit de la contumace contre Pierre-François » Maisniel de Saveuse, accusé contumax, il aurait » pareillement été sursis à faire droit sur les accu» sations contre eux intentées jusqu'à l'entière exé» cution de ladite sentence contre ledit Lefebvre » de La Barre, en conséquence de l'ordonnance » étant au bas du réquisitoire, demeureraient » joints au procès; ce faisant, que le *Dictionnaire* » *philosophique portatif*, faisant partie desdits » livres qui ont été déposés au greffe de ladite sé» néchaussée, serait jeté par l'exécuteur de la » haute-justice dans le même bûcher où serait jeté » le corps dudit Lefebvre de La Barre, et en même » tems ouïs et interrogés en la cour lesdits Jean-» François de La Barre et Charles-François Mois» nel, sur leurs dites causes d'appel à eux imposées » et faits résultant du procès; ouï le rapport de » de M. Claude Pellot, tout considéré:

» La cour, grand'chambre assemblée, dit qu'il » a été bien jugé par le lieutenant criminel d'Abbe» ville, mal et sans grief appelé par ledit Lefebvre

» de La Barre, et l'amendera; ordonne en consé» quence que le *Dictionnaire philosophique por-» tatif*, qui a été apporté au greffe criminel de la » cour, sera, avec les autres livres, rapporté au » greffe criminel de ladite sénéchaussée d'Abbe» ville. Faisant droit sur l'appel interjeté par ledit » Charles-François-Marcel Moisnel de la même » sentence, a mis et met l'appellation au néant, or» donne que ladite sentence *sortira son plein et » entier effet;* à l'égard dudit Charles-François » Moisnel, le condamne à l'amende ordinaire. Or» donne pareillement que le présent arrêt sera im» primé, publié et affiché partout où sera besoin, » notamment en la ville d'Abbeville; et pour faire » mettre le présent arrêt à exécution, renvoie » lesdits Jean-François Lefebvre, et Charles-» François-Marcel Moisnel, prisonniers par-de» vant ledit lieutenant criminel de la sénéchaussée » de Ponthieu à Abbeville. Fait en parlement, la » grand'chambre assemblée, le 4 juin 1766. »

Une autre espèce de blasphème, selon notre ancienne législation, est celui qui attaque la religion. C'était un crime public que de la décrier ouvertement, surtout par des livres ou des libelles. La déclaration du 16 avril 1757 porte, article 1er, « que ceux qui seront convaincus d'a» voir composé, fait composer ou imprimer des

» écrits tendans à ATTAQUER LA RELIGION, à » émouvoir les esprits, à donner atteinte à l'au» torité du roi et à troubler l'ordre et la tranquil» lité de l'état, seront punis de mort. »

Enfin la révolution vint abolir toutes ces barbaries ; la loi garda le silence sur ce qu'on avait jusqu'alors qualifié de blasphème. Seulement le code pénal de 1791 prononça des peines purement correctionnelles « contre ceux qui auraient ou» tragé les objets d'un culte quelconque, soit dans » les lieux destinés à l'exercice de ce culte, ou ses » ministres en fonctions, ou interrompu par un » trouble public les cérémonies religieuses de » quelque culte que ce soit. »

Et l'article 262 du code pénal de 1810 consacre les mêmes dispositions ; il punit les contrevenans d'une amende de 16 francs à cinq cents francs, et d'un emprisonnement de quinze jours à six mois.

Deux souverains avaient déjà donné un grand exemple sur la fin du dix-huitième siècle. L'impératrice de Russie avait adopté dans ses états les principes de Montesquieu, et le grand-duc de Toscane punissait le blasphème par la prison ou par tout autre châtiment relatif aux lois de la police.

CHAPITRE III.

Du Sacrilége proprement dit.

Chez les Juifs, d'après l'Ancien-Testament, un homme coupable de sacrilége devait être lapidé et brûlé. Il est dit, au livre II des Machabées, que Lysimachus commit plusieurs sacriléges dans les temples, qu'il dépouilla de leurs vases d'or.

Les Israélites n'avaient point de bourreau en titre. Les sentences de mort devaient être exécutées par tout le peuple, ou par les accusateurs du coupable, ou par les parens de l'homicidé, si la condamnation était pour homicide, ou par d'autres personnes semblables, selon les circonstances. Le prince donnait souvent à ceux qui étaient auprès de lui, et surtout aux jeunes gens, la commission d'aller mettre quelqu'un à mort. On en trouve de nombreux exemples dans l'Ecriture, et loin qu'il y eût aucune infamie attachée à ces exécutions, chacun se faisait un mérite d'y avoir part.

Le même crime n'était pas toujours puni du même supplice; tantôt ils coupaient un corps avec des scies, le broyaient sous des chariots armés de fer, le taillaienten pièces avec des haches ou des couteaux, les jetaient dans les fourneaux où cuit la brique; tantôt ils plongeaient le criminel dans des chaudières bouillantes, versaient dans sa bouche du plomb fondu, l'écrasaient sous des épines, sous des pieds d'animaux, le précipitaient dans un fleuve ou l'engloutissaient dans la cendre.

A Babylone, le coupable de sacrilége était dévoué aux plus affreux tourmens. Parfois on le précipitait dans une fournaise embrasée : tel fut le sort des jeunes Israélites qui refusèrent d'adorer la statue de Nabuchodonosor; parfois aussi on le jetait dans une poêle ardente, tel Achab, fils de Colias. On recourait tour-à-tour à des chaudières bouillantes, à des branches d'arbres érigées en bûcher, et au plomb fondu dans le corps du criminel, après lui avoir fait ouvrir la bouche par un bâillement forcé, en entourant son cou d'un linge qu'on serrait des deux côtés.

Le peuple d'Egypte se jetait sur celui qui tuait par mégarde un chat ou un ichneumon ; après l'avoir bien tourmenté, il le massacrait sans aucune forme de procès. Diodore cite plusieurs de ces faits, et un, entr'autres, dont il fut témoin pendant son séjour en Egypte.

Chez les anciens Perses, sectateurs de Zoroastre, il n'était pas permis de frapper les chiens, dont l'approche chassait le diable rodant sur la terre après minuit. Quiconque en tuait un, devait donner aux trois ordres de la nation, le prêtre, le soldat et le laboureur, les instrumens de sa profession. Celui qui ne pouvait faire ce don, devait creuser des rigoles propres à abreuver les pâturages voisins, et fermer ces pâturages de haies, ou donner sa fille ou sa sœur en mariage à un saint homme. Il est rigoureusement prescrit dans le Zenda-Vesta d'essayer plusieurs remèdes sur les infidèles adorant les esprits créés par Arimane; il prononce la peine de mort contre ceux qui y manqueraient.

Les Athéniens punissaient de mort le sacrilége, et privaient le coupable des honneurs de la sépulture. Des citoyens étaient condamnés à périr pour avoir fait tomber un gland de la forêt des héros, ou pour avoir tué un oiseau consacré à Esculape. Une feuille d'or était tombée de la couronne de Diane, un enfant la ramassa; il était si jeune qu'il fallut mettre son discernement à l'épreuve: on lui présenta de nouveau la feuille d'or, avec des dés, des hochets et une grosse pièce d'argent. L'enfant s'étant jeté sur cette pièce, les juges déclarèrent qu'il avait assez de raison pour être coupable, et le firent mourir.

On trouve chez les anciens un grand nombre

de sacriléges célèbres par leur impunité, parce qu'ils furent commis par des rois ou des conquérans; mais les prêtres eurent toujours le soin de répandre et d'accréditer la croyance que les dieux outragés s'étaient vengés eux-mêmes. Ainsi, on dit que dans le sac de Carthage, un impie ayant osé dépouiller la statue d'Apollon de ses vêtemens d'or, le dieu se vengea si sévèrement que les mains du sacrilége tombèrent en pièces.

Les sacriléges de Denys le tyran restèrent impunis. Il pilla le temple de Proserpine à Locres; il enleva la pesante robe d'or de Jupiter Olympien, sous prétexte qu'elle était trop lourde en été et trop froide en hiver.

A la prise de Milet, les soldats d'Alexandre entrèrent insolemment dans le temple de Cérès pour le piller. La déesse irritée les aveugla aussitôt.

Erysichton ayant mis la coignée à un arbre consacré à Cérès, cet arbre versa du sang. Le sacrilége fut puni par une soif insatiable.

Dans l'ancien droit romain, on appelait sacrilége le vol ou larcin des choses sacrées; mais les empereurs Gratien et Valentinien lui donnèrent beaucoup plus d'étendue. Ils ont compris sous ce nom tout crime commis contre la loi de Dieu, soit par ignorance, soit par mépris. Le sacrilége était puni de mort, ou par le feu, ou par l'exposition aux bêtes.

Suivant le droit canon, il y a trois manières de commettre le sacrilége. Ce crime a lieu, 1° quand on vole une chose sacrée dans un lieu sacré; 2° quand on vole une chose sacrée dans un lieu qui n'est pas sacré; 3° quand on vole dans un lieu sacré une chose profane, telle qu'un tronc, un chandelier, des cierges, etc.

Les Guèbres, ces infortunés descendans des sectateurs de Zoroastre, punissaient de mort le profanateur qui soufflait le feu sacré avec la bouche ou un soufflet.

A Juida, comme en Egypte, c'est un crime capital d'outrager volontairement le serpent sacré. Un nègre ou un blanc qui aurait la témérité de présenter son bâton pour le frapper, serait mis en pièces par les habitans du pays. Les bêtes ne sont pas moins comprises dans la défense que les hommes, et si quelqu'une d'entre elles avait le malheur de tuer un serpent, le roi ne manquerait pas aussitôt de rendre un arrêt foudroyant qui ordonnerait la destruction entière de toute l'espèce. En 1697, un porc qui avait été tourmenté par un de ces dieux, se jeta dessus et le dévora. Les prêtres ayant porté leur plainte au roi contre le sacrilége, ce prince ordonna aussitôt d'exterminer tous les porcs du pays, et cet ordre sanglant fut exécuté malgré les plaintes des particuliers, qui réclamaient le droit sacré de propriété. L'édit de proscription contre les porcs est renouvelé tous les ans à l'époque où les serpens sacrés font leurs petits.

Les Péruviens, adorateurs du soleil, attachaient une grande importance à la garde du feu sacré. On chargeait des vierges de ce soin, et si l'une d'elles manquait à son vœu de chasteté, elle était réputée sacrilége; on l'enterrait vive et on pendait son amant. On punissait d'un crime si énorme la femme du coupable, ses enfans, ses serviteurs, ses parens, tous les habitans de la ville où il demeurait, jusqu'aux enfans à la mamelle, et on rasait la ville de fond en comble.

Chez les Natchez, le prêtre qui laissait éteindre le feu sacré était puni de mort.

L'Indien du Malabar qui répand, par mégarde ou à dessein, du sang sur les terres sacrées, ne peut éviter la mort. La sévérité va si loin, que s'il prend la fuite on exécute à sa place son plus proche parent.

Les Lapons regardent comme un sacrilége de toucher aux restes des offrandes offertes à leurs divinités.

Chez les Siamois on fait subir un supplice

horrible aux personnes convaincues d'irréligion et de profanation. Le coupable est garrotté, et sa tête, placée sur des charbons ardens, est brûlée à petit feu. Un autre châtiment moins affreux consiste en un certain nombre d'incisions qu'on fait à la tête, et dont le nombre est fixé par la sentence. Au défaut de preuves écrites ou testimoniales, l'accusé est quelquefois soumis aux épreuves de l'eau et du feu. La dernière est la plus rigoureuse: on creuse une fosse longue de huit pieds et on la remplit de charbons ardens; l'accusé, les pieds nus, doit la parcourir trois fois; si ses pieds n'offrent aucune brûlure, il est renvoyé triomphant; dans le cas contraire, il est déclaré coupable. Le délateur et l'accusé sont également soumis à l'épreuve de l'eau: on plante deux colonnes au fond de l'eau; celui qui y reste le plus long-tems est déclaré innocent. On a quelquefois recours à une troisième épreuve; les prêtres y président. Ils font avaler à l'accusateur et à l'accusé des pilules qui provoquent le vomissement: celui chez qui elles agissent plus promptement est considéré comme coupable.

En Sibérie, les Ostiacs adorent des idoles placées dans une contrée qui leur est consacrée. L'Ostiac croirait commettre un sacrilége s'il portait une main profane sur les végétaux qui y croissent, s'il y chassait ou s'il y pêchait, et il endurerait plutôt les tourmens de la soif que de boire de l'eau des ruisseaux qui l'arrosent. La principale de ces idoles est placée dans un vallon sacré, soigneusement gardé par des Ostiacs qui en défendent l'approche aux étrangers.

La loi des Frisiens considérait les vols faits dans les temples comme des sacriléges, qu'elle punissait de la manière suivante : *Qu'on conduise les voleurs sur le bord de la mer, qu'on les châtre, et qu'ils soient immolés aux dieux dont ils ont violé les temples.*

Les lois pénales de la superstition défendent presque toujours des actions indifférentes en elles-mêmes. Ainsi, c'est un crime capital chez les Tartares de mettre un couteau dans le feu, de fendre du bois près du foyer, de s'appuyer contre un fouet, de battre un cheval avec sa bride, ou de rompre un os avec un autre, de répandre à terre quelque liqueur, d'uriner dans sa maison. Toutes ces choses sont considérées comme des souillures, des profanations, des sacriléges.

Les Manacicas, peuple du Brésil, adoraient trois divinités appelées *Tinimaacas*. Selon leur croyance, ces divinités habitaient un sanctuaire qui n'était accessible qu'au principal *mapono*, ou prêtre; tout autre qui aurait osé y pénétrer aurait été regardé comme coupable de profanation et de sacrilége, et puni de mort.

En Espagne, en Portugal!.... Il suffit de nommer l'inquisition, chargée de punir les crimes de religion dans ces deux royaumes, pour faire connaître les supplices qui étaient infligés à ceux que l'on supposait coupables de ces crimes.

Pour étendre la persécution contre les Juifs (1), on leur imputait un grand nombre de sacriléges et de crimes, comme, par exemple, d'enlever les enfans des chrétiens et de les crucifier le Vendredi-Saint. Le Saint-Office ne manquait jamais de les faire dévorer par les flammes sous les prétextes les plus absurdes; mais il usait presque toujours d'indulgence pour les profanations commises par les ecclésiastiques.

Une singulière imposture, une imposture sacrilége, servit à propager l'inquisition, ce qui sauva le coupable de la peine rigoureuse qu'il avait méritée.

---

(1) Dans les temps ordinaires, les chrétiens étaient dans l'usage, pendant la semaine-sainte ou le jour de Pâques, de les poursuivre à coups de pierres dans les rues, d'en lancer au moins contre leurs portes et leurs maisons. Dans quelques villes, pendant les jours saints, on faisait entrer un Juif dans l'église, afin de lui appliquer solennellement un vigoureux soufflet.

Vers l'an 1543, Jean Perès de Saavedra, moine espagnol, parvint, en s'exerçant au métier de faussaire, à forger des bulles apostoliques, des ordonnances royales et des lettres-de-change. Par ce moyen il devint commandeur de l'ordre militaire de Saint-Jacques, dont il toucha les revenus. Bientôt, à l'instigation d'un jésuite, il rédigea une bulle apostolique et de prétendues lettres de Charles-Quint, le tout ayant pour but l'établissement de l'inquisition dans le royaume de Portugal sur le plan de celle d'Espagne. Saavedra était dans cette bulle désigné comme légat *à latere*. Aussitôt il s'entoura d'un cortége convenable à un cardinal envoyé du saint-siége; partout il donna des bénédictions et se fit baiser la main. A Badajoz, à Séville, le peuple accourut au-devant de lui. Enfin il alla à Lisbonne, fut reçu avec les marques du plus profond respect, et y installa l'inquisition. Il parcourut tous les diocèses; mais comme il avait continué de se procurer de l'argent au moyen de fausses pièces, tout se découvrit; l'inquisiteur général d'Espagne, Tabera, le fit arrêter; le saint-office le condamna à dix années de galères. Toutes les nominations qu'il avait faites furent conservées, et l'inquisition qu'il avait établie en Portugal fut jugée nécessaire et maintenue.

En Corse, il est souvent arrivé que le sacrement de l'Eucharistie a été employé pour donner la mort. On a vu des ennemis s'approcher de la sainte table, afin de communier en signe de réconciliation, et l'un d'eux saisir le moment où le sacrement était administré à l'autre pour le frapper et l'étendre à ses pieds d'un coup de poignard.

En France, il y avait sacrilége toutes les fois qu'il y avait profanation des choses saintes ou consacrées à Dieu, qu'il y eût en même tems vol ou qu'il n'y en eût pas. Ainsi c'était un sacrilége de profaner la sainte Eucharistie, les vases sacrés, les saintes huiles, les fonts baptismaux; de contrefaire, dans des débauches, les mystères de la religion; de mutiler, d'abattre les images consacrées à Dieu, à la Sainte-Vierge et aux saints; de commettre des impiétés dans une église, dans un cimetière ou tout autre lieu béni; en un mot, de faire à dessein tout ce qui peut tourner au mépris de la religion.

On brûlait ceux qui avaient manqué de respect à la statue d'un saint; on fouettait ceux qui ne vénéraient pas les reliques.

On était sacrilége lorsqu'on touchait les vases et les châsses sacrés sans être prêtre. La dissection du corps humain fut même long-tems regardée comme un sacrilége.

C'était encore un sacrilége de fabriquer ou falsifier des lettres de prêtrise, et de célébrer la messe sans être revêtu d'un caractère sacré.

On regardait comme coupables de sacriléges les prêtres qui séduisaient leurs pénitentes, les personnes qui commettaient des excès contre les personnes consacrées à Dieu, comme les ecclésiastiques et les religieuses. Le rapt de ces dernières et les habitudes charnelles qu'on avait avec elles, étaient réputés sacrilége.

La peine du sacrilége dépendait des circonstances du crime, du lieu, du tems et de la qualité de l'accusé. L'édit du mois de juillet 1682 punissait ce crime de mort lorsqu'il était joint à la superstition et à l'impiété. Avant cet édit, il n'y avait pas de loi particulière applicable au sacrilége, mais une tradition, une jurisprudence des arrêts, qui prenaient le principe de leur sévérité dans le droit romain.

Lorsque le sacrilége était au premier chef, par l'abus des saintes hosties, ou lorsqu'on les foulait aux pieds, le coupable était puni de mort par le feu; à cette peine on joignait celle de l'amende honorable, du poing coupé et de la confiscation des biens. La même peine était prononcée contre le profanateur des vases sacrés et des fonts baptismaux.

Les accusations de sacrilége furent long-tems

une arme dont se servit la politique : c'était le crime de tous ceux à qui on ne pouvait pas en reprocher d'autres. Le mot de sacrilége retentissait de toutes parts dans le monde. Les papes en effrayaient les rois ; les rois en accusèrent quelquefois les papes; et les peuples, accoutumés au spectacle des supplices qui étaient réservés aux coupables, semblaient avoir pour le crime même toute l'horreur que devaient inspirer ces sanglantes expiations. Les rois de France, en recevant l'onction sainte, exceptaient du pardon les coupables de lèse-majesté divine, et par conséquent les blasphémateurs et les sacriléges.

On accusait les Juifs, livrés à tous les genres de persécution, de sacriléges absurdes. Le fait suivant, recueilli par M. Dulaure, a été, malgré son invraisemblance, un sujet d'excitation pour le fanatisme.

En 1290, une femme de Paris avait, pour la somme de trente sous, mis quelques vêtemens en gage chez un Juif nommé Jonathas. Elle vint lui demander ces vêtemens pour les porter le jour de Pâques, promettant de les lui rendre ensuite. Le Juif lui répondit que si elle consentait à lui apporter le pain de l'Eucharistie, il lui rendrait son gage sans argent. La femme y consentit, et lui porta le jour de Pâques l'hostie consacrée. Celui-ci, à coups de canif, perça cette hostie ; il en vit sans effroi couler du sang en abondance; puis il prit un clou et l'enfonça à coups de marteau dans l'hostie; il la jeta au feu; elle voltigea au-dessus des flammes; il la plongea dans une chaudière d'eau bouillante, qu'elle rougit de son sang sans en recevoir nul dommage. Le fils de Jonathas, témoin de ces actes étranges, voyant des chrétiens aller à la messe, leur dit: *C'est en vain que vous allez adorer votre Dieu, mon père l'a tué.* Une voisine, sous prétexte de demander du feu, pénétra dans cette maison. Jonathas lui laissa, sans difficulté, recueillir l'hostie dans sa robe: elle la porta au curé de Saint-Jean-en-Grève. L'évêque de Paris fit arrêter Jonathas, qui avoua, dit-on, le fait. Ce prélat voulut le convertir, le juif s'y refusa, et il fut brûlé vif.

Voici la relation d'une profanation absolument semblable, arrivée à Bruxelles:

«En 1369, un Juif fort riche, nommé Jonathas, » habitant d'Enghien, gagna par argent un autre » Juif nommé Jean de Louvain, qui s'était fait » chrétien, pour lui livrer quelques hosties consa- » crées, ce qu'il promit de faire. Après s'être ar- » rêté en plusieurs églises, il jugea celle de Sainte- » Catherine la plus commode pour favoriser son » entreprise. Ce Juif y étant entré, brisa le taber- » nacle, où il prit un ciboire avec seize hosties

» consacrées, et les porta à Enghien à Jonathas. » Celui-ci, ravi d'avoir entre ses mains le Dieu » des chrétiens, appela sa femme et son fils et les » autres Juifs, qui renversèrent le ciboire avec » ces hosties sur une table, se moquant de la pré- » sence réelle du vrai Dieu; mais peu de tems » après Jonathas fut tué dans son jardin par des » gens inconnus. Sa veuve et son fils portèrent » les hosties à Bruxelles, et les mirent entre les » mains des Juifs qui y demeuraient, lesquels s'é- » tant assemblés le jour du vendredi-saint en leur » synagogue, qui est à présent la chapelle dite du » comte de Salazar, versèrent les hosties sur une » table et les percèrent indignement de plusieurs » coups de couteau. Il en coula d'abord beaucoup » de sang, ce qui les mit en telle épouvante qu'ils » cherchèrent le moyen de s'en défaire. Ils s'avi- » sèrent donc de traiter avec une femme de leur » nation, qui s'était faite chrétienne, afin qu'elle » les portât à Cologne pour les mettre entre les » mains des Juifs de cette ville; mais elle eut la nuit » des craintes et des scrupules qui l'obligèrent » d'aller de grand matin déclarer à son curé, qui » était celui de la chapelle, tout ce qui venait » d'arriver. Le duc de Wenceslas, informé de » cet horrible sacrilége, fit prendre tous ces scélé- » rats et les fit brûler vifs près de la grosse tour,

» après les avoir fait tenailler à tous les carrefours » de la ville : ce qui fut exécuté la veille de l'As- » cension l'an 1370. Il institua, pour éterniser la » mémoire de ce grand miracle, une procession an- » nuelle ; on y porte trois de ces hosties, qui ont » été conservées dans l'église de Sainte-Gudule, » dans la chapelle du Saint-Sacrement-des-Mira- » cles. » (1)

Il n'y a de vrai, dans ces deux récits d'une ressemblance si frappante, que le supplice de ces malheureux Juifs.

Sous le règne de Philippe-le-Bel, en 1312, on accusa les Templiers. Le pape interrogea lui-même soixante-douze chevaliers ; des inquisiteurs, des commissaires délégués procédèrent partout contre les autres. Deux cents témoins les accusèrent de renier Jésus-Christ en entrant dans l'ordre, de cracher sur la croix, d'adorer une tête dorée montée sur quatre pieds. Selon ces témoins, le novice baisait le profès qui le recevait à la bouche, au nombril et à des parties qui paraissaient peu destinées à cet usage, et jurait de s'abandonner à ses confrères : voilà les griefs conservés par les informations.

On fit subir les tortures les plus cruelles à plus

(1) Délices des Pays-Bas.

de cent chevaliers ; on en brûla vifs cinquante-neuf en un jour près de l'abbaye de Saint-Antoine de Paris. Le grand-maître, Jean de Molay, et Guy, frère du dauphin d'Auvergne, deux des principaux seigneurs de l'Europe, l'un par sa dignité, l'autre par sa naissance, furent aussi jetés vifs dans les flammes, non loin de l'endroit où est à présent la statue équestre du roi Henri IV. Ils moururent en invoquant en vain la vengeance céleste contre leurs persécuteurs.

En 1313, l'empereur Henri VII mourut, à ce qu'on croit, victime d'un empoisonnement sacrilége. Un dominicain mêla, dit-on, du poison dans le vin consacré. Les empereurs communiaient alors sous les deux espèces, en qualité de chanoines de Saint-Jean-de-Latran. Frère Bernard Politien de Montepulciano fut accusé de ce crime. Les dominicains obtinrent, trente ans après, du fils de Henri VII, Jean, roi de Bohême, des lettres qui les déclaraient innocens. Il est triste d'avoir eu besoin de ces lettres.

En 1400, un Juif fut condamné à être brûlé pour avoir craché sur une image de la Vierge.

Un historien de Provence (le père Bougerel), rapporte un fait qui peint très bien ce que peut produire sur des esprits faibles l'idée de venger la divinité. Un Juif, accusé d'avoir outragé la

Sainte-Vierge, fut condamné à être écorché. Des chevaliers masqués, le couteau à la main, montèrent sur l'échafaud et en chassèrent l'exécuteur, pour venger eux-mêmes l'honneur de la Sainte-Vierge..... Je ne veux point, ajoute Montesquieu, prévenir les réflexions du lecteur.

En 1414, on coupa le poignet à un jeune Parisien qui avait eu l'impiété d'ôter à la statue de saint Eustache un baudrier de soie que les comtes d'Armagnac y avaient mis; et à la fin de ce même siècle, on plaça honorablement dans l'église des Jacobins, dans celle des Cordeliers, et dans quelques autres, le portrait du saint martyr Jacques-Clément.

Le pape Jean XXIII fut, en 1415, condamné et déposé par le concile de Constance. On l'accusait d'avoir vendu les bénéfices et des reliques, d'avoir empoisonné le pape son prédécesseur, d'avoir fait massacrer plusieurs personnes. L'impiété la plus licencieuse, la débauche la plus outrée, la sodomie, le blasphème, lui furent imputés.

On raconte que le 3 juillet 1418, un soldat, Suisse de nation, qui sortait d'un cabaret où il avait perdu son argent au jeu, frappa, dans son désespoir, d'un coup de couteau une image de la Vierge placée au coin de la rue aux Ours et de celle Salle-au-Comte. Le coup fit jaillir de cette statue de pierre du sang en abondance. Le soldat fut pris, attaché à un poteau en face de la Vierge qu'il avait blessée, et fut frappé, depuis six heures du matin jusqu'au soir, avec une telle barbarie, que ses entrailles lui sortaient du corps. On lui perça la langue avec un fer chaud, et ensuite on le jeta au feu. C'est, dit-on, en mémoire de ce crime et de l'épouvantable supplice du criminel, que les habitans de la rue aux Ours promenaient autrefois un mannequin qu'ils jetaient ensuite au feu.

On voit par les chroniques de Louis XI (1), qu'en l'an 1460 « fut faicte justice et grande exe-» cution audit lieu de Paris, de plusieurs poures » et indigentes créatures, comme de larrons, sa-» criléges, pipeurs et crocheteurs. Et pour lesdits » cas, plusieurs en furent battus au cul de la char-» rette pour leurs jeunes âges et premier méfaict, » et les autres, pour leur mauvaise coutume et » persévérance, furent pendus et estranglez au gi-» bet de Paris nommé Montigny, nouvelle crée » et establi pour la grande vieillesse, ruyne et » décadence du précédent et ancien gibet de Mont-» faucon. »

---

(1) Connues sous le nom de Chronique scandaleuse. L'auteur s'appelait Jean Castel

Les dominicains de Berne, ayant à cœur de prouver par des miracles que la conception de la Vierge n'était pas immaculée, ce que les cordeliers soutenaient, imaginèrent quelques mascarades pour tromper un imbécille nommé Jetzer, qui était un de leurs frères lais. Un moine, déguisé en vierge Marie, lui apparut accompagné de deux anges robustes et vigoureux, qui, afin de lui imprimer les stigmates de Jésus-Christ pour preuve de sa mission, lui enfoncèrent des clous dans les pieds et dans les mains, après l'avoir préalablement attaché. Mais dans une seconde apparition, Jetzer reconnut la voix du sous-prieur sous le masque qui le cachait : il cria, et menaça de tout révéler. Les moines résolurent de l'empoisonner; ils saupoudrèrent une hostie de sublimé corrosif. Jetzer ne put l'avaler; il s'enfuit hors de l'église en criant aux empoisonneurs et aux sacriléges. Les coupables furent livrés au bras séculier. Quatre de ces moines furent brûlés à Berne à la porte de Marsilly, le 31 mai 1509.

Sous le règne de Louis XII, un écolier nommé Hemon de la Fosse, natif d'Abbeville, à force de lire et d'admirer les auteurs grecs et latins, devint assez fou pour se persuader qu'il n'était pas possible que la religion d'aussi grands génies qu'Homère, Cicéron, Virgile, ne fût pas la vraie.

Le 25 août 1505, étant entré dans la Sainte-Chapelle, il arracha l'hostie des mains du prêtre au moment de l'élévation, en disant: *Quoi! toujours cette folie!* Il fut arrêté et mis en prison. Quelques représentations qu'on lui fît, il persista à soutenir que Jupiter était le souverain dieu de l'univers, et qu'il n'y avait pas d'autre Paradis que les Champs-Elysées. On le fit brûler à petit feu, après qu'on lui eut percé la langue et coupé le poing; et l'on emporta comme une relique, au trésor de la Sainte-Chapelle, le pavé où ce malheureux jeune homme avait jeté la sainte hostie. On ajoute qu'à la procession solennelle que fit le clergé en réparation de ce sacrilége, deux bœufs que l'on conduisait à la boucherie de l'Hôtel-Dieu, et qui se trouvèrent à la porte de la petite paroisse de Saint-Pierre, se mirent à genoux aussitôt qu'ils aperçurent le Saint-Sacrement, pour confondre deux calvinistes qui ne voulaient pas s'agenouiller devant l'hostie, et qu'en mémoire de ce miracle, on sculpta au-dessus du portail les deux bœufs qui s'y voyaient encore il y a cinquante ans. Au reste, dit Piganiol, ces histoires-là ne sont pas de foi divine, ni même de foi humaine. Les bonnes gens disaient que c'était à cause de ce miracle et de ces deux figures de bœufs que cette église s'appelait Saint-Pierre-aux-Bœufs; mais elle portait ce nom et ces figures avant le seizième siècle, parce que c'était la paroisse des bouchers. (1)

Cinquante ans après, un jeune novice des Bernardins, voulant éclaircir ses doutes sur l'immortalité de l'ame, se jeta dans un puits : on l'en tira vivant encore et on le surveilla très exactement. Ne sachant alors comment exécuter son projet, il se ressouvint du jeune homme qui avait outragé l'hostie de la Sainte-Chapelle, et il en fit autant dans l'église Sainte-Geneviève. Ses désirs furent satisfaits : on lui coupa le poing, on le pendit par son cou, et on le brûla publiquement, à son grand contentement, tant il était aise de voir terminer ses inquiétudes.

En 1525, Jean Leclerc, partisan de la réforme, dans la ville de Meaux, avait déchiré une bulle relative à la vente des indulgences, bulle affichée à la porte de l'église de cette ville, et à laquelle il en substitua une autre, écrite dans un esprit différent. Lui et ses complices furent conduits à Paris, et là, par la main du bourreau, fouettés pendant trois jours ; ensuite reconduits, fustigés de nouveau et marqués au front avec un fer rougi au feu. Jean Leclerc, après cette exécution, se

(1) Sauval, Félibien et Lobineau ; Saint-Foix, Piganiol de la Force.

retira à Rosai, puis à Metz, où, entraîné par son zèle pour sa nouvelle croyance, il rompit quelques statues de saints, et fut martyrisé. On lui tenailla les deux bras, on lui coupa le poing, on lui arracha le nez, puis on le fit brûler vif et à petit feu.

Le 31 mai 1528, on mutila une image de pierre représentant la vierge Marie, placée au coin des rues des Rosiers et des Juifs. Ce sacrilége fut solennellement réparé par de nombreuses processions. François Ier, à la place de cette image mutilée, en posa lui-même une d'argent, que des voleurs enlevèrent en 1545. On la remplaça par une figure de bois, brisée en 1551. L'évêque de Paris en fit remettre une en marbre qui depuis fut encore détruite. Ces brisemens d'images, attribués aux réformés, servirent de motifs pour activer la persécution.

Voici des exemples pris dans un ancien arrêtiste :

« François de Sus, convaincu d'avoir donné » deux ou trois coups de dague contre un crucifix » en papier, de cœur malin, fut, par arrêt de Bor- » deaux, condamné à avoir la main coupée et la tête » après (1).

» Il arriva de même à un Juif qui avait jeté par

---

(1) Papon, Arrêts notables.

» la fenêtre un plein pot de pissat sur une croix » qu'un chrétien portait à la procession.

» Au parlement de Bordeaux, un prisonnier, » convaincu d'avoir dérobé la custode où était la » sainte hostie du précieux corps de Dieu, et d'a- » voir mis la coupe sous l'un de ses pieds pour la » rompre et mettre en pièces, afin de plus aisé- » ment l'emporter, et de l'un de ses sabots et sou- » liers de bois, l'avoir forcée à grands coups, fut » condamné à mort et dernier supplice, par arrêt » prononcé le 17 mars 1527; et le pareil fut jugé » par arrêt dudit lieu, contre un nommé Pala- » mèdes de Poy, appelant du juge de Pons, le 12 » septembre 1538.

» Deux jeunes enfans ayant dérobé et pris un » calice d'argent avec sa platine, le jour du jeudi- » saint, dedans le repositoire dressé pour le pré- » cieux corps de Dieu en l'église, où l'on va le jour » et la nuit pour l'adorer, par arrêt du 12 mai 1528, » furent condamnés à être, par deux divers et pro- » chains samedis, battus de verges par les carre- » fours; deux jours de dimanche suivant lesdits » jours de samedi, assister à toute la grand'messe » en chemise, à genouils, la torche ardente au poing » et la corde au col; et lors de l'élévation du pré- » cieux corps de Dieu, crier hautement merci à » Dieu; et à faire refaire le calice rompu, et à l'aug-

» menter d'un marc, et bannis de la sénéchaussée
» de Bazas.

» Le jour de sainte Marie-Madelaine, une fête
» baladouëre, un ivrogne ayant une épée nue en
» la main par la coutume de la danse, donna un si
» grand coup d'épée contre l'image de notre ré-
» dempteur Jésus-Christ, qu'il lui coupa la moitié
» du visage et des cheveux, fut, par arrêt de Bor-
» deaux, donné le 21 janvier 1534, pour avoir
» été trouvé qu'il était ivre, excusé de la peine de
» mort et condamné à être battu de verges, et sans
» cela il était raisonnable qu'il mourût. »

« L'an 1548 et le 22 décembre, un nommé
» Étienne Rochette, dit Jarnosse, convaincu d'a-
» voir mis en pièces un crucifix et rompu les bras
» à deux ou trois images des saints en l'église
» Saint-Julien de Pomiers, en Forest, fut condam-
» né, par arrêt de Paris, à être guindé et étranglé,
» et après son corps estre brûlé et mis en cendres
» devant ladite église, sans avoir égard à ce qu'il
» n'était arresté, mais aliéné de son sens, et ce
» pour la gravité du fait. »

Ces exemples prouvent,

1° Que les divers tribunaux du royaume admettaient ou rejetaient arbitrairement les excuses qui auraient pu amener une modération dans la peine;

2° Qu'à cet égard la pénalité n'était pas uniforme en France.

En 1548 on brûla vif, dans le parvis de Notre-Dame, un crieur de vieille ferraille qui avait abattu la tête d'une statue de la Vierge.

Un fou entra l'épée à la main dans l'église de Notre-Dame, en 1550, et voulut abattre pareillement une image de Marie; mais il en fut empêché par des chanoines, qui lui firent fendre la langue, et le brûlèrent ensuite charitablement devant l'église qu'il avait violée.

Un historien raconte « qu'un pauvre homme, » quoiqu'il fût cagneu, d'un petit entendement; » lequel ayant été autrefois marguillier en l'église » de Toulouse, et ne pouvant être payé de quelque » reste qui lui était dû, ayant un jour trouvé la » porte ouverte, emporta la custode et l'hostie » comme gage de sa dette; mais le paiement qu'il » en reçut fut que, voyant que la ville en était » troublée, quoiqu'il l'eût bien dévotement ap- » portée, ainsi qu'il le confessa volontairement, il » fut brûlé vif, lui faisant accroire qu'il était de la » religion. » Le même auteur rapporte encore » qu'au bourg de Saint-Severin, près de Bordeaux, » en 1559, on trouva une croix rompue, ce qui se » trouva quelque tems après avoir été fait par

» quelques mariniers anglais ; il en survint grande » rumeur, et fut le lendemain réparée cette croix, » avec procession générale ; de quoi non content » encore, un nommé Delanta, abbé de Sainte-» Croix, attira par trahison, en sa maison, un riche » marchand de Bordeaux nommé Feugères, feignant » de le vouloir advertir, par amitié, qu'on le soup-» çonnait du brisement de cette croix ; sur quoi » ayant répondu le marchand quelques paroles sur » l'idolatrie de la croix, le bon abbé fit ensorte » que le président Ruffignac, qui ne se souciait ni » de la croix ni du crucifix, mais qui haïssait au-» tant l'Évangile qu'il était adonné à toute vilenie, » le fit saisir au lit le lendemain, et ayant eu sa » confession, le fit brûler, non sans être bâil-» lonné, de peur qu'il ne parlât. »

En 1565, un jour de Fête-Dieu, pendant que la procession était en marche dans la ville de Lyon, une pierre qu'on crut voir partir du collége de la Trinité, tomba sur le prêtre qui portait le Saint-Sacrement. Le peuple entra avec fureur dans le collége, massacra Barthélemi Aneau, qui en était le principal. Les auteurs de ce massacre restèrent impunis. On ne fit aucune information ultérieure sur l'attentat sacrilége ; mais le collége fut mis entre les mains des jésuites.

Un arrêt du parlement de Paris, rendu le 17

février 1632, condamna deux écoliers de la religion réformée à faire amende honorable devant la sénéchaussée de Saumur, pour avoir communié dans l'église de Notre-Dame des Ardilliers, la nuit de Noël, et en outre au bannissement et en une amende de douze cents livres tournois.

En 1642, quelques particuliers de la religion réformée volèrent un ciboire contenant des hosties consacrées, dans l'église de Couché, diocèse d'Autun. Voici comment Filleau rapporte, dans ses décisions catholiques, leur procès, leur condamnation, leur prétendue conversion et leur supplice. Son récit, où il s'est complu à décrire d'exécrables horreurs avec une joie séraphique, est un monument qui atteste tout ce dont est capable le fanatisme religieux.

« Ce sacrilége, dit-il, fut suivi d'un autre par » la profanation de plusieurs petites hosties qu'ils » versèrent sur la nappe de l'autel, et d'une grande » consacrée qu'ils rompirent en plusieurs pièces » et les épanchèrent avec mille irrévérences dans » le cimetière des religionnaires, comme s'ils » eussent voulu enterrer tout vif celui duquel ils » n'avaient pu offenser la vie glorieuse et immor- » telle au saint sacrement de l'autel.

» A l'ouverture de l'église, les catholiques, tout » effrayés et dans un juste ressentiment de l'ou-

» trage fait au Dieu qu'ils adorent, après des empressemens nompareils pour trouver ce sacré trésor, enfin ils le découvrirent et assistèrent processionnellement M. le curé, qui alla ramasser, avec les respects dus à la divinité, ces perles précieuses, foulées aux pieds des animaux immondes; son courage invincible pour la querelle de son maître, et son zèle joint à celui de ses paroissiens, ne pouvant être satisfait si on ne réparait l'outrage d'un Dieu foulé aux pieds par le châtiment des coupables, les obligea de recourir à la justice....

» Les accusés furent condamnés à être appliqués à la question pour un plus parfait éclaircissement des indices et conjectures de ce crime.

» Comme la justice est fort exacte et entière dans cette ville, aussi la question y est très rigoureuse, puisque le feu, qui est le plus actif des agens de la nature, en est l'instrument; elle se pratique par le moyen des escarpins fort déliés que l'on applique aux pieds du criminel; après les avoir au préalable oints et remplis d'huile et de graisse, on les approche d'un grand feu allumé, dans une situation qu'ils ne peuvent reculer ni se défendre de son ardeur.

» Le premier qui fut appliqué se nommait Frenoy dit Jamets, un jeune homme de trente ans,

» fort bien fait et de bonne mine, qui depuis quatre » mois était retourné de Hollande; l'on ne peut » dire la constance de courage, qui au commen- » cement chancelait en vue du feu, qui causait de » l'horreur dans tous ses sens, mais avant que » d'en ressentir la chaleur il invoqua l'assistance » de la très glorieuse Vierge, mère de Dieu, comme » si c'eût été un prélude du reste de sa conversion, » puisque de cœur et de bouche il confessait l'in- » vocation de la Vierge et des saints, qui est un » article des plus controversés de sa secte; cette » mère de miséricorde, qui est le refuge des pé- » cheurs et des affligés, ne manqua pas au besoin » à ce misérable, car à l'imitation de son cher fils, » qui guérissait les corps pour rendre saines les » ames, elle tempéra si doucement les ardeurs du » feu, assoupit les sens du patient de telle sorte, » qu'il semblait triompher des flammes et de leur » activité..... Il est pour la deuxième fois appliqué » à la question; le feu ne manque point de faire » son effet, quoique au milieu de cette gêne le pa- » tient demeure immobile sans aucun témoignage » de douleur. »

Après s'être étendu longuement sur ce prétendu miracle, il ajoute : « Ce qui a été couché dans le » procès-verbal pour servir de reproche éternel à » ceux de sa secte qui déshonorent la sainte mère

» de Dieu par leurs blasphèmes, et pour faire pa- » raître la vérité de ce miracle.

» Car les deux autres patiens témoignèrent la » douleur qu'ils en ressentaient par des cris et des » efforts si violens, que l'un défit les cordes dont » il était lié..... Le dernier des criminels, nommé » Naulot, en eut une si grande appréhension de » cette torture, que volontairement il confessa le » crime.

» Cette confession est merveilleuse qui se doit » encore attribuer à la mère de Dieu et à la dévo- » tion et intégrité des juges, qui dans une affaire » si embarrassée, où on ne pouvait agir que par » conjectures, implorèrent son assistance et de- » mandèrent des lumières à celui-là même qui était » le sujet de ces procédures. Les complices, con- » frontés et convaincus, le jugement s'ensuivit, et » la sentence de mort fut prononcée, par laquelle » Naulot et Bouquereau, qui n'avaient servi en ce » malheureux sacrilége que pour faire le guet pen- dant que les autres dérobaient le saint-ciboire, » furent condamnés à être pendus, Maizières et » Jamets à être rompus tout vifs, et leur corps » brûlé après la mort, et leur cendre jetée au » vent. »

On croit qu'il ne reste plus à ces malheureux qu'à subir leur condamnation; ils étaient réservés pour une autre espèce de torture. Des hommes, des prêtres du Dieu de paix, qui leur ordonne d'avoir horreur du sang, vont s'attacher à eux, et les tourmenter pour les convertir, même après que la barre du bourreau aura brisé leurs membres.

«Avant que leur sentence leur fût prononcée, » deux pères capucins et deux pères jésuites, ani- » més d'un saint zèle, se transportèrent dans la pri- » son pour essayer de ramener ces brebis égarées » au bercail de l'église. Les voilà tous quatre dans » le champ de bataille pour combattre les puis- » sances de l'enfer qui tenaient ces ames captives.»

Le père gardien des capucins s'adressa à l'un des sacriléges nommé Maizieres, qui entra en fureur et menaça de le frapper de ses fers.... Enfin, pour échapper aux persécutions de ce convertisseur, il s'élança hors de son cachot, se traînant sur les genoux, *ne pouvant se tenir à pied à raison de la violence de la question.... Les vieilles habitudes en sa religion le rendirent inflexible comme le fer et obstiné comme un démon.*

Benjamin Frenoy, dit Jamets, déjà favorisé d'un miracle de la Vierge, fit un simulacre de résistance et céda ensuite, « ce qu'il fit en abjurant » son erreur entre les mains d'un père jésuite, et » lui confessant ses péchés à un recoin de la basse- » cour. A ce changement inespéré, les catholiques

» sont remplis de joie, l'on voit une allégresse sur » le visage de tous ceux qui sont présens à cette » confession, l'on n'entend que mille actions de » grâces à Dieu..... »

L'autre jésuite fut moins heureux auprès de Bouquereau, *il semblait parler à un rocher et semer ses paroles sur l'arène.* Naulot ne céda pas non plus aux efforts du capucin; « mais l'évêque » d'Autun ayant appris que ces quatre hérétiques » avaient été appliqués à la question du feu, et » condamnés ensuite comme convaincus de sacri- » lége, accourt à la prison pour empêcher que les » flammes temporelles qui avaient commencé de » les brûler ne les fissent passer aux éternelles. »

Ce prélat combattit tour-à-tour chacun de ces incrédules, il s'enferma avec Naulot, resta long-temps auprès de lui, puis sortit *comme un beau soleil, et victorieux il s'écria : il est à nous.*

Enfin, les uns sont mis sur une charrette, les autres marchent la corde au cou, le crucifix en main. « Vous eussiez dit, voyant tout cet appareil » funeste, que l'on menait l'hérésie en triomphe, » captive sous la puissance de l'Eglise, puisqu'elle » lui rendit hommage la torche au poing par l'a- » mende honorable qu'elle lui fit en la personne de » ces quatre criminels, devant l'église et l'image » de la Sainte-Vierge. »

Naulot expira le premier attaché à la potence, après lui Bouquereau. Maizieres, qui persistait dans l'hérésie, est conduit au pied de la potence par l'évêque d'Autun, qui « *lui fait lever les yeux* » *vers ses deux complices qui étaient pendus*, » où Dieu semblait manifester la différence qu'il y » avait en l'autre vie, par celle qui paraissait en » leurs cadavres; car Naulot, qui était mort en » bon catholique, paraissait plutôt mortifié que » mort; à peine voyait-on l'extrémité de sa langue » entre ses lèvres, les yeux doucement fermés, » et d'autre posture qui ne marquait rien d'une » mort violente; Bouquereau, au contraire, pa- » raissait si laid, qu'il causait de l'horreur aux re- » gardans, et donnait par la laideur de son corps » des marques sensibles de la cruauté que le démon » exerçait déjà sur son ame. Bientôt le malheureux » se convertit et expire sous la barre. Benjamin » Frenoy s'assit sur la croix où il devait être rompu, » lui-même s'attacha les pieds avec des cordes qui » venant à crever les vessies élevées par la chaleur » de l'huile et de la graisse qui l'avaient brûlé à la » question, lui causaient une extrême douleur; » enfin il tira des larmes d'amour et de joie de tous » les assistans, qui le voyaient mourir si chrétien- » nement. »

Filleau termine son récit en faisant remarquer

à ceux de la religion réformée, « que Dieu se sert » du sacrilége pour leur faire adorer ce qu'ils ont » profané, et des supplices les plus rigoureux, » comme sont le gibet et la roue, pour quitter une » religion prétendue qu'ils confessent n'avoir pro- » fessé que pour le libertinage et l'impunité des » crimes. »

On frémit quand on pense que l'homme qui faisait usage de cette logique meurtrière, était revêtu de la toge des magistrats.

Un arrêt du parlement de Paris, du 18 mai 1645, condamna François Langlois, de la religion réformée, à faire amende honorable, nu en chemise, la corde au cou, et tenant en ses mains une torche ardente du poids de deux livres, à avoir le poing coupé, à être brûlé vif et ses cendres jetées au vent, pour avoir rompu et brisé une hostie consacrée entre les mains d'un prêtre, dans l'église de Saint-Hilaire de Chartres. L'arrêt fut exécuté dans cette dernière ville

En 1647, Jean Lecomte, cocher de la duchesse de Guise, fut condamné à être brûlé vif par arrêt du parlement de Paris, pour avoir volé le saint-ciboire de l'église de Saint-Jean en Grève, et en avoir mangé les hosties.

Par sentence de la cour présidiale de La Rochelle, du 13 juin 1648, Pierre Jarrige, prêtre apostat, fut condamné par contumace à être pendu et à faire amende honorable, pour avoir célébré la messe depuis son apostasie, et s'être ainsi rendu coupable de sacrilége.

Dans la nuit du 26 au 27 juin 1660, des jeunes gens calvinistes de la ville d'Aimet en Provence, firent une procession grotesque qui rappelle la fête des ânes et celle des fous. Ils arrivèrent, escortant un âne coiffé d'un bonnet carré, près d'une croix plantée depuis peu. Un d'entre eux se mit à imiter toutes les cérémonies de la messe, et éleva au lieu d'hostie un couvercle de ferblanc, et un pot d'étain au lieu de calice. Le clergé fit une procession pour réparer cette profanation. La croix fut bénie de nouveau. On appliqua les coupables à la torture. Cinq sur vingt-quatre qui avaient été mis en jugement, furent condamnés à être pendus et étranglés; les autres furent condamnés à différentes peines.

N'aurait-on pas dû considérer comme des sacriléges ces processions scandaleuses faites par des hommes nus en chemises, et qui dégénéraient presque toujours en orgies nocturnes? et cette fête des fous, qui durait depuis le jour de Noël jusqu'à celui des Rois? Pendant ces nouvelles saturnales, un évêque, nommé pour la circonstance et sacré *ad hoc*, devant lequel on portait la mître, la crosse et la croix, donnait la bénédiction au peuple. Ce prélat factice allait prendre place dans le siége épiscopal: on célébrait la grand'messe. Les ecclésiastiques, le visage barbouillé de noir et vêtus en baladins, dansaient au milieu du chœur en chantant des chansons obscènes. On mangeait sur l'autel des boudins et des saucisses; on y jouait aux cartes et aux dés; on faisait respirer au prêtre célébrant la fumée de quelques morceaux de vieux souliers qui brûlaient dans l'encensoir. Bientôt l'église devenait le théâtre de tous les blasphèmes, de toutes les profanations, de toutes les indécences qu'il est possible d'imaginer. A la fête de l'âne, on en amenait un devant l'autel, et on lui chantait pour antienne: «*Amen*, *amen*, *asine*; eh! eh! »sire âne! eh! eh! sire âne!»

Puis on entonnait l'hymne de l'âne:

Orientis partibus,
Adventavit asinus
Pulcher et fortissimus.

Eh! sire âne! çà, chantez,
Belle bouche rechignez,
Vous aurez du foin assez.

Une fille représentant la mère de Dieu allant en Egypte, montée sur un âne et tenant un enfant entre ses bras, conduisait une longue procession; et à la fin de la messe, au lieu de dire *ite*, *missa est*, le prêtre se mettait à braire trois fois de toutes ses forces, et le peuple répondait par les mêmes cris.

Les personnes qui célébraient la messe sans être prêtres, étaient punies de mort, ou des galères perpétuelles, ou du bannissement perpétuel, selon les circonstances.

On punissait de la peine de mort le vol d'une chose sacrée commis dans une église ; on y joignait la peine du feu quand il y avait profanation.

Par arrêt du 18 octobre 1533, rapporté par Imbert, le nommé Charles de Saint-Vincent fut condamné à être pendu pour avoir volé un ciboire dans l'église de Saint-Etienne d'Auxerre.

Le parlement de Paris, par arrêt du 4 mai 1714, condamna un prêtre à faire amende honorable et à être ensuite brûlé, pour avoir volé des calices et des ciboires. La même cour condamna, par arrêt du 10 janvier 1781, Anastase Morel à faire amende honorable au-devant de la principale porte de l'église cathédrale d'Amiens, ayant écriteau devant et derrière, portant ces mots : *Voleur de vases sacrés avec effraction et profanation ;* ensuite à être conduit par l'exécuteur de la haute-justice sur la place du grand marché de la même ville, pour y avoir le poing coupé et ensuite y être brûlé vif.

L'article 1er de la déclaration du 4 mai 1724, portait que ceux qui se trouveraient convaincus de vols ou larcins faits dans les églises, ensemble leurs complices et *suppôts*, fussent condamnés, savoir : les hommes, aux galères à tems ou à perpétuité, et les femmes, à être flétries d'une marque en forme de V, et renfermées à tems ou pour leur vie dans une maison de force : le tout sans préjudice de la peine de mort, selon l'exigence des cas.

Suivant la déclaration du roi, du 27 janvier 1651, les vols d'église, quoique simples, faits par des soldats ou autres gens de guerre, devaient être punis de mort. Une ordonnance militaire du 1er avril 1737, portait:

« Quiconque aura dérobé en tems de paix ou » pendant la guerre, soit dans le royaume ou en » pays ennemi, calices, ciboires ou autres biens » d'église, sera pendu et étranglé; et si par les » circonstances du vol il y avait profanation des » choses sacrées, il sera condamné au feu. »

Il y eut de nombreux exemples de ces crimes pendant les troubles civils de la France. En 1649, un vicaire de Pompignac alla à Bordeaux pour porter plainte sur un sacrilége commis par les partisans du duc d'Epernon. Le parlement l'entendit les chambres assemblées. Il déposa sur le bureau un sac dans lequel étaient quatre lampes, une burette, une partie d'un chandelier, un soleil, une custode et plusieurs autres vases sacrés, qu'il avait rachetés de quelques soldats. En faisant l'inventaire de ces objets, on s'aperçut qu'il y avait encore dans le ciboire des particules. A l'instant le parlement se mit à genoux pour adorer le mystère de la foi; puis il ordonna à cet ecclésiastique de se revêtir d'un surplis et d'une étole, et de déposer la custode dans la chapelle du palais, où la compagnie le suivit, ayant la tête découverte et des cierges à la main. On envoya ensuite chercher le curé de Saint-Pierre, qui transporta le corps de J. C. pour le consommer le lendemain. Le parlement ordonna que, puisque les vicaires-généraux ne voulaient point prêter leur ministère pour punir par les voies de droit ces impiétés, l'évêque le plus proche prendrait connaissance de cette affaire (1).

---

(1) Anciennement les juges d'église condamnaient à diverses peines corporelles, comme au fouet et au pilori. Ils avaient à cet effet, dans leur enceinte, des échelles au haut desquelles on faisait monter les condamnés. On leur mettait une mître de papier sur la tête : on appelait cela prêcher, mîtrer. Il y avait une échelle de cette espèce au parvis de Notre-Dame. A une époque plus rapprochée de nous, la peine la plus grave que les juges

A l'époque où la révolution française était dominée par le fanatisme de l'irréligion, tous les temples furent dévastés, les reliques brûlées; ainsi la châsse de Sainte-Geneviève fut livrée aux flammes à Paris, sur la place de Grève, la Sainte-Ampoule fut brisée et foulée aux pieds par le conventionnel Rühl, au milieu de la place publique de Reims, sur le piédestal de la statue de Louis XV.

---

d'église pussent infliger, était celle de la prison perpétuelle. Les juges temporels des seigneurs appartenant à l'église, pouvaient infliger toutes sortes de peines corporelles; mais si le condamné était marqué d'un fer chaud, ce devait être aux armes du roi, et non à celles de l'évêque ou abbé.

L'église, par elle-même, n'a droit qu'à une autorité » spirituelle; « mais, dit l'abbé de Fleuri, tous les autres » pouvoirs dont les ecclésiastiques ont été en possession, » et le sont encore en quelques lieux, ne laissent pas de » leur être légitimement acquis, par la concession ex- » presse ou tacite des souverains. Comme on leur a donné » des héritages, des terres et même des seigneuries, on » a bien pu leur donner le droit de juger des différends, » de condamner à des amendes, d'avoir des prisons, des » appariteurs, des officiers, et d'imposer des peines cor- » porelles, plutôt par manière de correction que de sup- » plice; et l'église a autant de raison de conserver ces » droits que les autres biens temporels. »

L'abbé Fleuri indique l'écueil à éviter.

CHAPITRE IV.

Du manquement de respect à l'égard des ministres du culte.

Chez tous les peuples les ministres de la religion ont été l'objet du plus profond respect; mais souvent sous la condition qu'ils rempliraient avec exactitude tous les devoirs que leur impose le caractère sacré dont ils sont revêtus.

Les prêtres indiens qui habitent entre Carthagène et Panama, sont particulièrement obligés de garder une chasteté inviolable. Celui qui serait convaincu d'y avoir manqué serait lapidé ou brûlé impitoyablement.

Les Indiens de Carnate ont un si grand respect pour leur *gourou*, ou docteur, qu'ils se prosternent devant lui et le considèrent comme leur père. Ils regardent comme un crime énorme et irrémissible le bramicide ou meurtre d'un brame, et l'adultère commis avec la femme du *gourou*.

Les gens d'église sont en grande estime parmi les Turcs; les émirs, qu'on peut placer dans ce nombre, se disent descendans du prophète Mahomet : ils jouissent des plus grands priviléges. Un particulier qui frapperait un émir aurait sur-le-champ la main coupée comme sacrilége. Le muphti, que les Musulmans disent être l'image vivante du prophète, a des priviléges qui en font presque l'égal du grand-seigneur, et cependant il a été quelquefois puni du dernier supplice. Amurat IV en condamna un à être broyé vif dans un mortier de marbre ; ce prince fut le premier des sultans qui ait osé inventer ce genre de supplice. Il disait fort gravement à ce sujet, que *les têtes que leur dignité exempte du tranchant de l'épée doivent être brisées par le pilon.*

Il est défendu aux prêtres de la Corée de rien manger qui ait eu vie ; s'ils transgressent cette loi ils sont punis de la bastonnade.

Les bramines ont la prérogative de ne pouvoir être punis de mort pour quelque crime que ce soit, mais on peut leur crever les yeux. Tuer un bramine est un péché dont il est presque impossible d'obtenir la rémission. Quiconque a eu le malheur d'en tuer un, est condamné par le védam à douze ans de pélerinage, à demander l'aumône, et à prendre sa nourriture dans le crâne du bramine tué. Le terme étant expiré, il doit bâtir un temple en l'honneur d'Eswara, et faire beaucoup d'aumônes.

Les Russes ont, à leur manière, beaucoup de vénération pour leurs *papas*. Ces prêtres portent sur la tête une petite calotte appelée *skuffia*, qui est la première marque de leur dignité ecclésiastique. Elle est si respectée des Moscovites, que pour battre et insulter impunément un prêtre, il faut auparavant la lui ôter, et la lui remettre ensuite soigneusement.

En France, les ecclésiastiques étaient, sous l'ancienne législation, pourvus de grands priviléges. La déclaration du 5 juillet 1696 fit défenses d'emprisonner les prêtres et autres ecclésiastiques pour dettes et choses civiles. Le trente-deuxième canon du concile d'Agde, tenu en 506, prononce l'excommunication contre les laïques qui intenteraient quelques procès à un ecclésiastique. Tous les règlemens et les conciles recommandèrent aux ecclésiastiques une grande pureté de mœurs, et S. Lucius, pape, leur défendit d'aller seuls au domicile d'une femme. Aux états du Languedoc, en 1303, le tiers-état fit de grandes plaintes sur certaines jeunes femmes que les curés retenaient auprès d'eux, sous le nom de commères; afin de faire cesser ces scandales, il leur fut défendu d'avoir chez eux des personnes du sexe qu'elles ne fussent âgées au moins de cinquante ans; et le concile de Bordeaux, tenu en

1583, décerna plusieurs peines contre les ecclésiastiques qui, après en avoir été avertis, persisteraient à retenir chez eux des femmes capables de faire naître des soupçons sur leur conduite. Mais les lois, en leur prescrivant ces règles de conduite pour qu'ils inspirassent le respect, punissaient sévèrement ceux qui leur prodiguaient les insultes ou les mauvais traitemens, et dans ce cas on considérait si l'ecclésiastique était ou non dans l'exercice de ses fonctions : dans le premier cas, tout excès ou attentat contre sa personne était considéré comme sacrilége.

Les tribunaux eurent souvent occasion de punir des injures, des outrages, et même des voies de fait contre les ecclésiastiques.

Un nommé Guillaume Levrard, dit le Rance, s'étant livré à des juremens et à des injures dans l'église contre un sieur Sibert, curé de St.-Ouen de Mimbré, et doyen rural de Frenai, fut condamné par arrêt du 5 juillet 1680, au blâme, et à une amende honorable envers le sieur Sibert, à dix livres d'amende envers le roi, à cent livres d'aumône envers la fabrique de St-Ouen, et à tous les dépens.

Par sentence de la chambre criminelle du Châtelet de Paris, du 4 septembre 1781, confirmée par arrêt, Françoise Bertin, fille majeure, fut condamnée à être attachée au carcan dans la principale place du village du Tillet, et au bannissement pendant neuf ans, pour manque de respect, excès, violences et voies de fait par elle commis envers le vicaire de la paroisse du Tillet, au moment où il se disposait à dire la messe, et commençait à se revêtir de ses habits sacerdotaux.

Un évêque de Cahors ayant été insulté et maltraité par des hérétiques pendant qu'il disait la messe, les évêques ses successeurs eurent depuis le privilége d'officier avec des gantelets, une épée et des pistolets chargés sur l'autel.

En Corse, où la vengeance enfreint également et la religion et les lois, on a vu souvent des prêtres frappés même par d'autres prêtres, et ceux qui avaient quelque chose à craindre de leurs ennemis, célébrer la messe avec deux pistolets sur l'autel, entourés de leurs parens ou amis armés.

Un témoin oculaire rapporte qu'en 1741 il a vu un particulier donner des coups de bâton à un prêtre dans l'église cathédrale d'Ajaccio.

CHAPITRE V.

Du trouble apporté au Service divin.

Les personnes qui troublaient le service divin, ou entraient dans les temples sans respect et d'une manière immodeste, étaient considérées dans quelques occasions comme sacriléges.

Une loi des empereurs romains Honorius et Arcadius, de l'an 390, rendue contre les donatistes, qui affectaient d'entrer dans les églises des catholiques pendant le service divin et d'y commettre plusieurs violences, ordonna que si quelques personnes tombaient dans ce sacrilége d'entrer avec violence dans l'église ou d'y commettre quelque action qui fît injure aux ecclésiastiques, aux lieux saints ou au service divin, il serait permis à chacun de les dénoncer et de les poursuivre comme criminels publics; qu'après le procès instruit par le magistrat, elles seraient condamnées à une peine capitale, sans attendre que l'évêque s'en plaignît.

En 1476, Galéas Sforze fut assassiné dans la cathédrale de Milan, le jour de Saint-Etienne.

Les assassins prièrent saint Etienne et saint Ambroise à haute voix de leur donner assez de courage pour assassiner leur souverain. L'empoisonnement, l'assassinat, joints à la superstition, caractérisaient alors les peuples de l'Italie.

Le pape Sixte IV crut que pour dominer en Italie, il fallait qu'il exterminât les Médicis. Un banquier florentin établi à Rome, nommé Pazzi, ennemi des deux frères, proposa au pape de les assassiner. Le cardinal Raphaël Riario fut envoyé à Florence pour diriger la conspiration, et Salviati, archevêque de Florence, en dressa tout le plan. Le prêtre Stéphano, attaché à cet archevêque, se chargea d'être un des assassins. On choisit la solennité d'une grande fête dans l'église de Santa-Reparata pour égorger les Médicis et leurs amis, comme les assassins du duc Galéas Sforze avaient choisi la cathédrale de Milan et le jour de Saint-Etienne pour massacrer ce prince au pied de l'autel. Le moment de l'élévation de l'hostie fut celui qu'on prit pour le meurtre, afin que le peuple, attentif et prosterné, ne pût en empêcher l'exécution. En effet, dans cet instant même Julien de Médicis fut tué par un frère de Pazzi et par d'autres conjurés. Le prêtre Stéphano blessa Laurent, qui eut assez de force pour se retirer dans la sacristie.

« Quand on voit un pape, dit Voltaire, un ar-
» chevêque, un prêtre méditer un tel crime, et
» choisir pour l'exécution le moment où leur Dieu
» se montre dans le temple, on ne peut douter
» de l'athéisme qui régnait alors. Certainement,
» s'ils avaient cru que leur créateur leur apparais-
» sait sous le pain sacré, ils n'auraient osé lui in-
» sulter à ce point. Le peuple adorait ce mystère;
» les grands et les hommes d'état s'en moquaient:
» toute l'histoire de ce tems-là le démontre. Ils
» pensaient comme on pensait à Rome du tems de
» César; leurs passions concluaient qu'il n'y a
» aucune religion. Ils faisaient tous ce détestable
» raisonnement: Les hommes m'ont enseigné des
» mensonges, donc il n'y a point de Dieu. Ainsi
» la religion naturelle fut éteinte dans presque tous
» ceux qui gouvernaient alors, et jamais siècle ne
» fut plus fécond en assassinats, en empoisonne-
» mens, en trahison, en débauches monstrueuses. »

En France, depuis Charlemagne jusqu'à Louis XIV, diverses ordonnances ont recommandé le plus grand respect pour les églises et les ministres du culte, laissant presque toujours aux magistrats le soin de punir les contrevenans selon la gravité du cas. Une ordonnance de Louis-le-Débonnaire donnait aux prêtres le droit de les châtier ainsi qu'ils le jugeraient à propos.

L'article 39 de l'ordonnance de Blois défend à toutes personnes de se promener dans les églises pendant le service divin, et enjoint aux huissiers et sergens de constituer prisonniers ceux qui contreviendraient à cette défense. Une autre ordonnance, du mois de février 1726, renouvela l'exécution des édits et déclarations concernant les indécences qui se commettent dans les églises, et ordonna aux lieutenans de police d'y tenir la main.

En 1558, Spifame, évêque de Nevers, soupçonné de partager les opinions de Calvin, fut outragé un jour qu'il officiait pontificalement. En donnant la communion il disait, au lieu de *accipe corpus*, *recevez le corps : accipe figuram corporis, recevez la figure du corps*. Le doyen François Bourgoing, transporté d'indignation, lui appliqua un vigoureux soufflet en s'écriant : *mentiris impudentissime, vous mentez impudemment*. Le scandale de cette scène détermina cet évêque à embrasser la réforme. Après avoir perdu son évêché, il tomba dans la misère et fut contraint de se mettre meunier. C'est de là qu'est venu le proverbe, *d'évêque devenir meunier*. Ayant eu ensuite le dessein de trahir les réformés, il eut la tête tranchée en 1565.

Les jésuites établis dans la ville de Brest voulurent se mettre en possession d'une église récemment bâtie, et placée sous l'invocation de Saint-Louis. Leurs prétentions furent d'abord repoussées ; mais ils élevèrent bientôt autel contre autel, et l'on eut dans la demeure du saint des saints le scandale affreux d'une lutte sacrilége entre ces pères et les pasteurs légitimes de Brest. Le premier juin 1703, ils célébrèrent la messe dans cette nouvelle paroisse, entourés de baïonnettes menaçantes. Le lendemain, ils se présentèrent de nouveau pour y officier ; le maire, les échevins et quelques habitans, accompagnés de deux notaires et des officiers de justice, tentèrent vainement de s'y opposer par la voie des protestations. Tandis que l'on verbalisait, un jésuite, suivi de trente hommes dont les fusils étaient chargés à balle, et de deux lieutenans de place, pénétrèrent dans l'intérieur du temple. Le peuple voulut les suivre : on l'écarta de tous côtés par des coups de crosse si violens que plusieurs s'en plaignirent avec amertume en poussant des cris et en versant des larmes de douleur. Les prêtres de la paroisse essayèrent de s'avancer pour ramener la paix mais ils furent repoussés et maltraités.

L'excès de la violence fut tel qu'un soldat mit en joue le prêtre qui disait en ce moment la messe au grand autel, et l'eût infailliblement tué, si dans ce moment le sieur Keranmoal, marguillier, n'eût précipitamment relevé le bout du fusil. Les habitans restés dans l'église en furent chassés à coups de canne. Le curé de la paroisse, le sieur Ronan, vieillard respectable, âgé de soixante-quinze ans, dont trente s'étaient écoulés à Brest dans l'exercice des fonctions curiales, et plusieurs autres prêtres, furent injuriés, menacés et frappés, et l'on ne sait jusqu'où se fût porté l'audace des pères jésuites, si l'on n'avait pas enfin trouvé le moyen d'y mettre de justes bornes. Ils s'assurèrent pendant quelque tems l'impunité par leurs intrigues et leur crédit ; mais enfin leur usurpation ayant été mise au grand jour, ils furent forcés de quitter la ville, et de porter ailleurs leur esprit de domination (1).

Le 22 août 1782, le nommé Guillaume Mallet, relieur, fut condamné par sentence du Châtelet, à être blâmé pour avoir, étant ivre, troublé par des grimaces et des gestes indécens l'office divin, le jour de Pâques, dans l'église de Saint-Hilaire, avoir usé de violence envers le suisse de la paroisse, qui voulait le faire sortir, avoir renversé ce suisse et lui avoir occasioné la fracture de la rotule.

Deux chanoines de la cathédrale d'Ajaccio, en

---

(1) Dauvin, Histoire de Brest.

Corse, unis par des liens de parenté, eurent une querelle dans l'église, au pied de l'autel, parce que l'un d'eux, qui allait donner la bénédiction du Saint-Sacrement, avait commencé les litanies que l'autre prétendait avoir droit de commencer lui-même : ils se donnèrent réciproquement des coups de couteau, et la cérémonie fut ainsi interrompue.

La loi du 22 juillet 1791 condamnait à une amende ne pouvant excéder 500 livres, et à un emprisonnement ne pouvant excéder un an, ceux qui auraient outragé les objets d'un culte quelconque, ou ses ministres en fonctions, ou interrompu les cérémonies religieuses.

CHAPITRE VI.

De la violation des sépultures dans un lieu consacré.

Dans tous les temps et chez tous les peuples on a respecté la cendre des morts.

Chez les Romains, ceux qui enlevaient ou dépouillaient les cadavres étaient punis du dernier supplice.

La profanation d'un cimetière était la plus grande de toutes les injures chez les Indiens de l'Amérique septentrionale.

Dans l'origine, c'eût été une profanation d'enterrer dans les églises, ou même dans le terrain qui en dépendait. Saint Grégoire-le-Grand, dans les permissions qu'il accordait pour bâtir des églises, avait soin de spécifier expressément, *Pourvu qu'on soit bien assuré qu'aucun corps n'a été inhumé dans cet endroit*. La vanité des seigneurs et la cupidité des prêtres firent bientôt enfreindre cette règle.

En France, sous l'ancienne législation, le violement des sépulcres était puni arbitrairement;

mais lorsque ce crime était commis dans une église ou dans un cimetière, il participait du sacrilége, et il devenait plus grave lorsqu'il était accompagné d'effraction et de vol.

La loi salique porte, que celui qui aura déterré ou dépouillé un corps mort après sa sépulture, sera banni de son pays, sans y pouvoir jamais rentrer qu'il n'ait satisfait les parens du défunt. Il est défendu de donner au vagabond, pendant ce tems-là, ni retraite ni de quoi vivre; défense qui s'étend, comme dans la loi gombette, à sa propre femme. Les richesses qu'on enfermait dans les tombeaux avec les corps, étaient la cause de ces attentats; on fut même obligé dans la suite, pour les prévenir, d'affranchir des esclaves, à condition qu'ils garderaient les sépulcres de leurs anciens maîtres.

Grégoire de Tours raconte qu'un voleur ayant voulu piller les richesses qu'on avait enterrées avec saint Hélie, évêque de Lyon, sans avoir l'intention de voler le corps, le cadavre du saint se leva, se jeta sur le voleur, et le tint embrassé jusqu'au lendemain. Lorsqu'on surprit le larron en flagrant délit, on le condamna à être pendu, mais le saint ne le lâchait point: on comprit sa bonne intention et on fit grâce au voleur. Incontinent le mort le laissa libre et il s'amenda.

Charlemagne, dans ses capitulaires, veut que les laïcs violateurs de sépulcres soient punis de la peine de l'infamie, ainsi que de la confiscation de la moitié de leurs biens, et que les clercs soient punis par l'exil perpétuel et dégradés.

Le corps du maréchal d'Ancre, après son assassinat, fut inhumé dans l'église Saint-Germain-l'Auxerrois. Voici ce que rapporte une relation du tems sur la violation de sépulture qui s'ensuivit.

« La clémence et débonnaireté du roi permit » qu'on donnât la sépulture à celui qui avait cons- » piré contre sa propre personne et contre son » état : il est donc nuitamment porté à Saint-Ger- » main-l'Auxerrois, et enterré sous les orgues. Le » lendemain quelques-uns l'ayant sçu, font un gros » de gens, entrent dans l'église, et déterrent avec » les ongles le corps de ce rodomont, qui allait de » pair avec les princes, et qui ne se promettait rien » moins que de les exterminer tous, par trahisons, » poisons, magies, charmes ou sorcelleries.

» Quelques remontrances qu'on put faire à ceux » qui le déterrèrent, qu'on ne devait point troubler » le repos des morts, ils parachevèrent leur entre- » prise, et brisèrent avec un chenet, faute d'autres » outils, sa bière, rompirent le linceul qui l'enve- » loppait, le dépouillèrent de sa chemise, de ma-

» nière que tous ses membres et sa turpitude
» parurent à nu. Cette assemblée se grossit à vue
» d'œil, et tellement qu'on estime qu'il se rassem-
» bla plus de quatre mille, tant hommes que gar-
» çons et petits enfans, qui marchèrent en forme
» de bataille, le traînèrent parmi la fange jusqu'au-
» près d'une potence, qui avait été placée à sa sua-
» sion au commencement du Pont-Neuf. On traîna
» devant lui son linceul, qui n'était que d'une
» grosse toile de chanvre, et sa chemise après : ils
» le pendirent à cette potence, et l'un de la troupe
» fit les mêmes actions sur son corps attaché que
» l'exécuteur de la haute-justice fait sur ceux qu'il
» pend : on lui coupa les parties vergogneuses, les
» oreilles et le nez, puis on le dépendit. Tous ceux
» qui passaient pardevant ce spectacle étaient mal-
» traités s'ils ne criaient *vive le roy !* comme faisait
» cette multitude; quelques personnes se trou-
» vèrent en danger pour ne l'avoir pas fait aussitôt
» qu'il leur avait été enjoint. Ce cadavre, ainsi mu-
» tilé et démembré, fut mené devant la statue
» équestre de Henri-le-Grand d'heureuse et res-
» pectable mémoire, où on alluma du feu dans le-
» quel on le flamba. De là, pour continuer ses
» obsèques et funérailles, on le traîna dans le faux-
» bourg Saint-Germain, où on lui fit faire amende
» honorable par un protocole qui parlait pour lui,

» devant l'hôtel de monsieur le prince. Chacun fait » des acclamations sur lui et le maudit; et là où » cette multitude fait pause l'air retentit de *vive le* » *roy*, chacun des passans jette des pierres sur » cette charogne désanimée, et de la boue; elle est » battue, exécrée et maudite.

» Elle est ramenée devant son logis, joignant le » Louvre, où on lui fait pareils honneurs qu'au » fauxbourg Saint-Germain; de là on la promène » par toutes les places publiques et par les rues de » la ville : ceux qui assistent à ce remarquable con- » voi ont épées et bâtons, portent coterets, fagots » et bottes de paille pour le faire brûler. Pour ses » trophées, et en mémoire des victoires qu'il avait » remportées en ses batailles imaginaires, étaient » devant lui portés des bouchons ou mays de ta- » verne, des enseignes de brasseries, et l'un de ses » témoins dans une cage. On vient à la Grève, où » sont ordinairement punis les criminels de lèze- » majesté; là on brûle une partie de ce qui restait » de ce colosse d'orgueil et de présomption, une » partie est jetée dans la rivière, et l'autre, à demi- » havie et brûlée, est traînée, avec irrision de tout » le peuple, à Montfaucon. Voilà le beau mausolée, » les obsèques et funérailles de très-illustre coyon » Conchino Conchini. »

Des religieux de l'abbaye de Saint-Wast de Moreuil ayant exhumé le corps des seigneurs de Créqui, pour voler les plombs, un arrêt du 11 février 1711 condamna l'un de ces religieux à être conduit par l'exécuteur de la haute-justice, nu en chemise, la corde au cou, tenant en ses mains une torche de cire ardente, du poids de deux livres, devant la principale entrée de l'église de Saint-Wast, et là, étant à genoux, dire et déclarer à haute et intelligible voix, que méchamment et comme mal avisé il a profané dans ladite église les sépulcres et les tombeaux des anciens seigneurs de Créqui, volé et vendu le plomb de six cercueils, dont il se repent, en demande pardon à Dieu, au roi, à justice et auxdits de Créqui : ordonna qu'il serait célébré un service solennel, auquel assisterait le religieux, en son habit ordinaire, étant à genoux, ayant en ses mains un cierge du poids d'une livre, et qu'ensuite il serait conduit aux galères pour trois ans. Par le même arrêt l'abbé, un autre religieux et un maçon, furent mandés en la chambre de la Tournelle, où l'abbé et le maçon furent blâmés, et l'autre religieux admonesté. Le maçon fut de plus condamné à assister, nu-tête et à genoux, au service solennel, et en trois livres d'amende, l'abbé en dix livres d'amende, et l'autre religieux à aumôner trois livres au pain des prisonniers.

Un arrêt rendu antérieurement, en 1708, avait prononcé des peines infamantes contre plusieurs vassaux qui avaient violé le sépulcre du comte de Beaujeu, lieutenant-général.

En 1793, la convention fit détruire les sépultures royales de Saint-Denis. Les ossemens des monarques furent jetés, sans pompe et sans honneurs, dans une fosse creusée à cet effet, et mêlés avec les squelettes des derniers de leurs sujets. Les bons et les mauvais princes, les héros et les chastes reines, tous furent confondus dans cette proscription qui les frappait dans le sein même de la mort. Philippe-Auguste et Charles IX, Louis XI et Henri IV, furent précipités sans distinction. Duguesclin même ne fut pas respecté, et, dit un grand écrivain, « le premier monarque » que les envoyés de la justice divine rencon- » trèrent, fut ce Louis, si fameux par l'obéissance » que les nations lui portaient; il était encore tout » entier dans son cercueil. En vain, pour défendre » son trône, il parut se lever avec la majesté de » son siècle, et une arrière-garde de huit siècles » de rois; en vain son geste menaçant épouvante les » ennemis des morts, lorsque, précipité dans une » fosse commune, il tomba sur le sein de Marie de » Médicis, tout fut détruit.... Les petits enfans se » sont joués avec les os des puissans monarques.»

Turenne seul échappa, par une espèce de caprice, à cette confusion sacrilége. Les cendres de ce grand capitaine furent déposées au cabinet d'histoire naturelle.

CHAPITRE VII.

Violation de la confession. — Séduction de pénitentes.

Selon quelques anciens criminalistes, le prêtre qui révèle ce qui lui a été confié sous le sceau de la confession, se rend coupable de sacrilége ; et pour cela il n'est pas nécessaire qu'il ait expressément trahi le secret de la confession ; mais il suffit qu'il ait, par quelque signe ou quelque parole, donné lieu à la révélation du secret. En pareille matière, la moindre indiscrétion est un crime. *Careat omninò ne verbo aut signo aut alio quovismodo aliquatenùs prodeat peccatorem* (concile de Latran).

La peine canonique d'une pareille prévarication était la déposition du confesseur et sa détention à perpétuité dans un monastère. *Qui peccatum in penitentiali judicio sibi detectum præsumpserit revelare non solum à sacerdotali officio deponendum decernimus, verum etiam agendum perpetuam pœnitentiam in arctum monasterium detrudendum.*

La peine séculière était plus ou moins rigoureuse, suivant les circonstances. Il y a des exemples de condamnations à mort, lorsque le confesseur a été convaincu d'avoir abusé du secret de la confession par *malignité évidente*.

Nicolas Bouchol, confesseur des religieuses de l'abbaye de Saussaie, atteint et convaincu d'avoir abusé du secret de la confession de ces religieuses, fut condamné à être pendu et brûlé, et ses cendres jetées au vent.

Quelques auteurs ont cependant prétendu qu'il était permis au confesseur de révéler la confession, surtout quand il s'agissait de l'aveu du crime de lèse-majesté au premier chef.

On considérait aussi comme coupable de sacrilége, les prêtres abusant de la confession pour séduire leurs pénitentes. En France, ils étaient punis de mort, ou des galères perpétuelles, ou du bannissement perpétuel, selon les circonstances.

En Espagne, où ce crime est assez fréquent, l'inquisition l'apaisait plutôt qu'elle ne le punissait, par la crainte du scandale. On trouve cependant dans les archives de ce tribunal un procès rentrant dans l'espèce, dont les circonstances méritent d'être rapportées.

Sous le règne de Philippe II, un capucin, seul confesseur de toutes les femmes d'une communauté de la ville de Carthagène, au nombre de dix-sept, s'était fait regarder par elles comme un saint homme et un prophète. Persuadé de l'ascendant qu'il avait acquis sur ses pénitentes, il tint à chacune d'elles le discours suivant :

« Notre Seigneur Jésus-Christ a eu la bonté de » se laisser voir à moi dans l'hostie consacrée au » moment de l'élévation, et il m'a dit : Presque » toutes les ames que tu diriges dans ce béguinage » me sont agréables, parce qu'elles ont un véri- » table amour pour la vertu, et qu'elles s'efforcent » de marcher vers la perfection ; mais surtout à » une telle (*ici le directeur nommait celle à qui » il parlait*). Son ame est si parfaite, qu'elle a déjà » vaincu toutes ses affections terrestres, à l'excep- » tion d'une seule, la sensualité, qui la tourmente » beaucoup, parce que l'ennemi de la chair est » puissant sur elle à cause de sa jeunesse, de sa » force et des grâces naturelles qui l'excitent vi- » vement au plaisir ; c'est pourquoi, afin de ré- » compenser sa vertu et pour qu'elle s'unisse par- » faitement à mon amour et qu'elle me serve avec » une tranquillité dont elle ne jouit pas, et qu'elle » mérite cependant par ses vertus, je te charge » de lui accorder en mon nom la dispense dont » elle a besoin pour son repos, en lui disant qu'elle » peut satisfaire sa passion, pourvu que ce soit

»expressément avec toi; et qu'afin d'éviter tout »scandale, elle garde sur ce point le secret le »plus rigoureux avec tout le monde, sans en »parler à personne, pas même à un autre confes-»seur, parce qu'elle ne péchera point avec la dis-»pense du précepte que je lui accorde à cette »condition, pour la sainte fin de voir cesser toutes »ses inquiétudes et pour qu'elle fasse tous les jours »de nouveaux progrès dans les voies de la sain-»teté.»

L'une de ces pénitentes, âgée de vingt-cinq ans, étant tombée dangereusement malade, demanda un autre confesseur; elle lui révéla tout. Elle déclara ensuite devant l'inquisition qu'elle avait eu pendant trois ans un commerce criminel avec son confesseur; qu'elle n'avait point cru à la vérité de la révélation; mais qu'elle avait feint d'être la dupe de ce subterfuge, afin de pouvoir satisfaire ses propres désirs. Sur les dix-sept béates, treize avaient eu commerce avec ce confesseur: les quatre autres étaient vieilles ou laides. Le prêtre coupable fut envoyé à Madrid. Interrogé par le saint-office, il répondit que sa conscience ne lui reprochait rien. On lui dit qu'il était incroyable que Jésus-Christ lui eût apparu dans l'hostie, et que, dans tous les cas, le miracle s'était opéré autant en faveur des treize pénitentes jeunes et belles, comme en faveur des laides et des vieilles. Il répondit que Dieu avait apparu à Abraham, et que, comme parle l'écriture, *le Saint-Esprit souffle où il veut*. Enfin, la crainte d'un châtiment sévère lui fit avouer son hypocrisie et sa luxure. Il avait mérité la mort comme sacrilége, séducteur et parjure; on le condamna seulement à faire abjuration *de levi* et à subir un emprisonnement de cinq années dans un couvent de son ordre. Il ne survécut que trois ans à son jugement.

Voici ce que dit Voltaire sur la révélation de la confession :

« Jaurigny et Balthasard Gérard, assassins du » prince d'Orange Guillaume Ier, le dominicain » Jacques Clément, Châtel, Ravaillac, et tous les » autres parricides de ce tems-là, se confessèrent » avant de commettre leurs crimes. Le fanatisme, » dans ces siècles déplorables, était parvenu à un » tel excès, que la confession n'était qu'un enga- » gement de plus à consommer leur scélératesse : » elle devenait sacrée, par cette raison que la con- » fession est un sacrement. Strada dit lui-même » que Jaurigny *non ante facinus aggredi susti-* » *nuit, quam expiatam necis animam apud do-* » *minicanum sacerdotem cœlesti pane firmave-* » *rit.* » Jaurigny n'osa entreprendre cette action sans avoir fortifié par le pain céleste son ame purgée par la confession aux pieds d'un dominicain.

« On voit dans l'interrogatoire de Ravaillac, » que ce malheureux, sortant des feuillans et voulant entrer chez les jésuites, s'était adressé au » jésuite D'Aubigni; qu'après lui avoir parlé de » plusieurs apparitions qu'il avait eues, il montra » à ce jésuite un couteau sur la lame duquel un » cœur et une croix étaient gravés, et qu'il dit ces » propres mots au jésuite : Ce cœur indique que » le cœur du roi doit être porté à faire la guerre » aux huguenots.

» Peut-être, si D'Aubigny avait eu assez de zèle » et de prudence pour faire instruire le roi de ces » paroles, peut-être, s'il avait dépeint l'homme » qui les avait prononcées, le meilleur des rois » n'aurait pas été assassiné.

» Le 20 auguste de l'année 1610, trois mois » après la mort de Henri IV, dont les blessures » saignaient dans le cœur de tous les Français, l'a» vocat-général Servin, dont la mémoire est encore » illustre, requit qu'on fît signer aux jésuites les » quatre articles suivans :

» 1° Que le concile est au-dessus du pape;

» 2° Que le pape ne peut priver le roi d'aucun » de ses droits par l'excommunication;

» 3° Que les ecclésiastiques sont entièrement » soumis au roi comme les autres;

» 4° Qu'un prêtre qui sait par la confession une » conspiration contre le roi ou l'état, doit la révé- » ler aux magistrats.

» Le 22, le parlement rendit un arrêt par lequel » il défendait aux jésuites d'enseigner la jeunesse » avant d'avoir signé ces quatre articles; mais la » cour de Rome était alors si puissante, et celle » de France si faible, que cet arrêt fut inutile.

» Un fait qui mérite d'être observé, c'est que » cette même cour de Rome, qui ne voulait pas » qu'on révélât la confession quand il s'agissait de » la vie des souverains, obligeait les confesseurs » à dénoncer aux inquisiteurs ceux que leurs pé- » nitentes accusaient en confession de les avoir sé- » duites et d'avoir abusé d'elles. Paul IV, Pie IV, » Clément VIII, Grégoire XV, ordonnèrent ces » révélations. C'était un piége bien embarrassant » pour les confesseurs et pour les pénitentes. C'é- » tait faire d'un sacrement un greffe de délations » et même de sacriléges; car, par les anciens ca- » nons, et surtout par le concile de Latran, tenu » sous Innocent III, tout prêtre qui révèle une » confession, de quelque nature que ce puisse » être, doit être interdit et condamné à une prison » perpétuelle.

» Mais il y a bien pis : voilà quatre papes, aux » seizième et dix-septième siècles, qui ordonnent » la révélation d'un péché d'impureté, et qui ne » permettent pas celle d'un parricide. Une femme » avoue ou suppose dans le sacrement, devant un » carme, qu'un cordelier l'a séduite ; le carme doit » dénoncer le cordelier. Un assassin, un fanati- » que, croyant servir Dieu en tuant son prince, » vient consulter un confesseur sur ce cas de cons- » cience : le confesseur devient sacrilége s'il sauve » la vie à son souverain.

» Cette contradiction absurde et horrible est » une suite malheureuse de l'opposition conti- » nuelle qui règne depuis tant de siècles entre les » lois ecclésiastiques et les lois civiles. Le citoyen » se trouve pressé dans cent occasions entre le » sacrilége et le crime de haute trahison, et les rè- » gles du bien et du mal sont ensevelies dans un » chaos dont on ne les a pas encore tirées.

» La confession de ses fautes a été autorisée de » tout tems chez presque toutes les nations. On » s'accusait dans les mystères d'Orphée, d'Isis, » de Cérès, de Samothrace. Les Juifs faisaient l'a- » veu de leurs péchés le jour de l'expiation solen- » nelle, et ils sont encore dans cet usage. Un pé- » nitent choisit son confesseur, qui devient son » pénitent à son tour, et chacun, l'un après l'autre,

» reçoit de son compagnon trente-neuf coups de » fouet pendant qu'il récite trois fois la formule de » confession, qui ne consiste qu'en treize mots, » et qui, par conséquent, n'articule rien de par- » ticulier.

» Aucune de ces confessions n'entra jamais dans » les détails, aucune ne servit de prétexte à ces » consultations secrètes que des pénitens fanati- » ques ont faites quelquefois pour avoir droit de » pécher impunément; méthode pernicieuse, qui » corrompt une institution salutaire. La confes- » sion, qui était le plus grand frein des crimes, » est souvent devenue, dans des tems de séduc- » tion et de trouble, un encouragement au crime » même, et c'est probablement pour toutes ces » raisons que tant de sociétés chrétiennes ont aboli » une pratique sainte qui leur a paru aussi dange- » reuse qu'utile. »

CHAPITRE VIII.

Violation du jeûne.

La violation des commandemens de l'église et des pratiques établies par elle, était aussi considérée et punie, dans certains cas, comme sacrilége.

La cour Vémique, instituée par Charlemagne, punissait de mort tout Saxon qui n'avait pas observé le jeûne en carême. La loi portée par ce prince, en 789, statuait : « Quiconque, par mé-»pris de la religion chrétienne, négligerait d'ob-»server le saint jeûne et l'abstinence de chair sera »puni de mort. » La même loi fut établie en Flandre et en Franche-Comté au commencement du dix-septième siècle; et encore plus près de nos jours on a vu dans certaines contrées arracher les dents à ceux qui avaient mangé de la viande en carême; souvent même on les pendait.

Lors de la conversion des Polonais au christianisme, vers le dixième siècle, il fut rendu une loi dont parle Ditmar, évêque de Mersbourg, dans sa chronique. Elle portait que celui qui mangerait de la viande en carême aurait toutes les dents arrachées au moment qu'il en serait convaincu, en punition de son intempérance.

Autrefois un mahométan qui avait bu du vin était réputé sacrilége; on lui versait du plomb fondu dans la bouche. On s'est depuis bien relâché de cette sévérité.

Voltaire rapporte le fait suivant: « Les archives » d'un petit coin de pays appelé Saint-Claude, » dans les plus affreux rochers de la comté de » Bourgogne, conservent la sentence et le procès-» verbal d'exécution d'un pauvre gentilhomme » nommé Claude Guillon, auquel on trancha la » tête le 28 juillet 1629. Il était réduit à la misère » et pressé d'une faim dévorante; il mangea, un » jour maigre, un morceau d'un cheval qu'on avait » tué dans un pré voisin : voilà son crime. Il fut » condamné comme un sacrilége. S'il eût été riche, » et qu'il se fût fait servir à souper pour deux cents » écus de marée, en laissant mourir de faim les » pauvres, il aurait été regardé comme un homme » qui remplissait tous ses devoirs. Voici le pro-» noncé de la sentence du juge :

» Nous, après avoir vu les pièces du procès et » ouï l'avis des docteurs en droit, déclarons ledit » Claude Guillon dûment atteint et convaincu d'a-» voir emporté de la viande d'un cheval tué dans

»le pré de cette ville, d'avoir fait cuire ladite »viande, le 31 mars, jour de samedi, et d'en »avoir mangé, etc. »

On punissait non-seulement ceux qui osaient enfreindre le jeûne, mais encore ceux qui jeûnaient pendant d'autres jours que ceux désignés par l'église. On était, dans ce dernier cas, réputé hérétique.

Une jeune dame de qualité, soupçonnée d'avoir jeûné le dimanche, fut lapidée à Bordeaux.

En parcourant les annales des extravagances humaines, on serait presque tenté de blasphémer contre la raison. La peur ou la vengeance portent seules les brutes à s'entre-déchirer; les hommes ont pendant des siècles épuisé leur intelligence à inventer de nouveaux motifs de se donner la mort! En échappant à ce cloaque d'absurdités et de barbarie qu'on appelle l'histoire de nos pères, en arrivant à ces époques si voisines de nos jours, où la raison publique désavouait le passé en le corrigeant, on respire. Mais tout-à-coup, et comme pour donner un démenti à cette perfectibilité qui semblait être l'attribut de notre espèce, on voit s'accomplir des faits qui devraient rétrograder de six siècles pour être à leur véritable date. Au moment où j'écris on annonce qu'un riche boucher de Rome a été arrêté, conduit sur la place Fontana di Travi, et marqué par le bourreau. Un écriteau annonçait son crime, qui était d'avoir mangé de la viande un vendredi, dans une auberge, avec quelques-uns de ses amis. Il n'est pas rare de voir aujourd'hui, même à Rome, des gens qui commettent la même action que ce boucher. Je voudrais bien apprendre ce qui serait arrivé si l'on eût fait une enquête pour savoir ce qui avait été servi ce jour-là à la table des cardinaux et des évêques ?

Un fait plus récent encore a retenti dans les tribunaux et indigné toute la France : un samedi, quatre individus de la commune de Saint-Laurens-du-Cerdans vinrent pour leurs affaires à Ceret, chef-lieu de l'arrondissement. Ils entrèrent dans une auberge pour dîner, et se firent servir des côtelettes. Cette auberge est située sur la place ; ils furent aperçus *faisant gras* par des personnes qui s'en scandalisèrent. Sur le rapport de ces personnes, le maire leur fit une légère réprimande, et ces quatre individus ne songeaient plus au repas de Ceret, quand ils furent cités, à la requête du procureur du roi, devant le tribunal de police correctionnelle, comme prévenus du délit d'outrage à la morale religieuse ; le procureur du roi conclut à ce qu'ils fussent condamnés à une amende de 300 francs et à un emprisonnement d'une année.

Le tribunal rejeta ses conclusions, mais les condamna aux dépens. Les prévenus et le ministère public appelèrent respectivement de ce jugement. Cette affaire, nouvelle dans son espèce, a été portée le 9 juillet devant le tribunal d'appel de police correctionnelle séant à Perpignan. Le ministère public a soutenu le bien jugé du tribunal de Ceret. L'avocat des prévenus a développé le principe que l'inobservance des commandemens de l'église ne pouvait constituer un délit. Le tribunal les a renvoyés de la plainte et déchargés des dépens, sur les motifs que les faits imputés ne constituaient pas les délits prévus par les art. 1er et 5 de la loi du 17 mai 1819, et par l'art. 1er de a loi du 25 mars 1822.

En définitive, la tentative n'a pas réussi ; mais c'est beaucoup qu'on ait osé la faire. Il ne faut pas désespérer de la voir se renouveler : on ne réussit que par l'audace et la persévérance.

CHAPITRE IX.

De l'observation des Fêtes et Dimanches.

Dans presque toutes les religions on a reconnu des fêtes solennelles, pendant lesquelles il est interdit, sous des peines graves, soit spirituelles, soit temporelles, de se livrer à aucun travail. L'infraction des règles établies à cet égard a souvent été considérée comme une impiété, une profanation, un sacrilége.

Les Israélites consacrent entièrement un jour de la semaine au culte divin ; ils l'appellent sabbat, qui signifie repos. Il leur était défendu de faire aucun ouvrage dans ce jour, comme étant sanctifié par le Seigneur; et la loi portait : « Celui qui » fera quelque travail en ce jour-là, sera puni de » mort. » Quoique cette disposition n'ait plus, pour les Juifs dispersés et seulement tolérés dans le monde, qu'une autorité spirituelle, ils l'observent encore avec une scrupuleuse exactitude.

Cet usage passa de la religion de Moïse dans celle de Jésus-Christ; on solennisa d'abord le samedi et le dimanche de chaque semaine; bientôt après on n'observa plus que ce dernier jour.

Les édits des empereurs romains et les canons des conciles prescrivirent la célébration du dimanche, et recommandèrent de se livrer au repos et à la prière pendant la durée des fêtes qui furent instituées.

En France, une ordonnance de Childebert, de l'année 354, « fait défenses de passer en dé» bauches, en bouffonneries ou en chansons pro» fanes, les nuits des vigiles, de Pâques, de Noël » et autres fêtes, et de faire aucunes danses dans » les places publiques, les jours de dimanche. Or» donne qu'après que les prêtres auront averti les » particuliers d'obéir à cette ordonnance, ceux » qui oseront commettre ces sacriléges seront » punis, savoir : les personnes de condition ser» vile, de cent coups de fouet; et à l'égard des » personnes libres ou d'un rang plus considé» rable... (1). »

Gontran et Clotaire firent aussi des ordonnances qui prescrivaient l'exécution de celles déjà rendues, ou qui en renouvelaient les principales dispositions.

Dagobert Ier enjoignit, par son édit de l'an

---

(1) Le reste de cette ordonnance est perdu.

630, à toute personne d'observer le saint jour du dimanche consacré au Seigneur, sous peine d'amende, avec défense de voiturer aucune chose sous peine de la confiscation du bœuf attelé du côté droit. Il interdit toute espèce de travail et condamne les coupables à la réprimande pour la première et la seconde fois, et à la troisième à recevoir cinquante coups sur le dos; la quatrième entraînait la confiscation du tiers des biens, et la cinquième la perte de la liberté pour toujours. Les esclaves devaient être fustigés pour la première fois, et avoir la main droite coupée à la seconde.

La crainte qu'inspirait la rigueur de ces lois avait interdit toute espèce de labeur; la multiplicité des fêtes agrandissait chaque jour le mal. Les rois successeurs de Dagobert furent forcés de recommander quelques travaux indispensables pendant ces jours trop nombreux d'inaction; ces ordonnances contiennent une nomenclature de tout ce qui était permis ou défendu.

Charlemagne, Louis-le-Débonnaire, Charles IX et Henri III, publièrent des ordonnances dans le même sens. Le parlement de Paris rendit divers arrêts portant défense aux portefaix, crocheteurs, charretiers, de porter aucun fardeau les jours de fêtes et dimanches, sous peine de confiscation des chevaux, harnais, marchandises, et de punition corporelle, et défendit aux marchands de vendre et d'étaler pendant les saints jours.

On se relâcha de plus en plus de la rigueur de ces dispositions, malgré le soin que prirent les évêques, les tribunaux et les officiers de police de les rappeler.

Aujourd'hui l'infraction de l'ordonnance sur l'observation des dimanches et des fêtes est punie par des lois de police.

CHAPITRE X.

Du Sortilége.

On a mis long-tems le sortilége et la magie au nombre des crimes contre la divinité.

Dieu dit aux Israélites par la bouche de Moïse: « Vous ne souffrirez point ceux qui usent de sortilége et d'enchantemens; vous leur ôterez la vie. » Ne vous détournez point de votre Dieu pour » aller chercher des magiciens, et ne consultez » point les devins, de peur de vous souiller en vous » adressant à eux. Si quelqu'un se détourne de moi » pour aller chercher les magiciens et les devins, » et s'abandonne à eux par une espèce de fornication, il attirera sur lui l'œil de ma colère, et je » l'exterminerai du milieu de son peuple. Si un » homme ou une femme a un esprit de pithon ou » un esprit de divination, qu'ils soient punis de » mort; ils seront lapidés, et leur sang retombera » sur leurs têtes. »

En Grèce, les magiciens et les sorciers étaient détestés par le peuple, parce qu'il les regardait comme la cause de tous les malheurs. Il les accusait d'ouvrir les tombeaux pour mutiler les morts. Une loi rapportée par Platon porte « que tous » ceux qui par charmes, paroles, ligatures, images » de cire ou autres maléfices, enchantent ou char» ment quelqu'un, ou qui s'en servent pour faire » mourir les hommes ou le bétail, soient punis du » dernier supplice. » Une sorcière d'Athènes, Lemnia, fut condamnée à mort sur la délation d'une servante, en exécution de cette loi.

Pausanias rapporte qu'on établit à Athènes une cour de justice pour punir ce crime et toutes les autres superstitions contraires à la religion.

A Rome, les lois des douze tables défendaient, sous peine de la vie, de nuire par des vers enchanteurs ou par d'autres charmes, soit aux personnes, soit aux biens de la terre, soit aux bestiaux. Elles voulaient que les coupables de ces crimes fussent en exécration, *sacer esto*.

Le sénat condamna au bannissement une femme, pour s'être vantée que par son art elle prédirait tout ce qui arriverait dans la guerre que les Romains faisaient aux Cimbres.

Les empereurs maintinrent avec rigueur toutes les lois qui avaient été portées contre les magiciens et les sorciers. Tibère fit mourir Thrasibule, dont il avait quelque tems auparavant pris des leçons de magie.

Sous le règne de Claude, un chevalier romain fut accusé de porter dans sa poche un œuf de coq ou de serpent, pour se rendre ses juges favorables dans un procès qu'il avait. L'empereur le fit condamner à mort comme magicien, et ses biens furent confisqués.

Sous Caracalla, le magicien et celui qui portait pendu au cou ou ailleurs des *phylactères* ou de prétendus remèdes, étaient sévèrement punis.

Les empereurs Dioclétien et Maximien interdirent l'étude des mathématiques, à l'exception de la géométrie. *Artem geometriæ discere atque exercere publicè interest; ars autem mathematica damnabilis est et interdicta omnino*. Il était surtout défendu de consulter les devins sur la vie du prince ou la destinée de la république, sous peine du dernier supplice, tant contre le consultant que contre celui qui répondrait. *Qui de salute principis, vel summa reipublicæ mathematicos, ariolos, aruspices, vaticinatores consulet, cum eo qui responderit, capite punitur.*

Constantin défendit aux aruspices de s'introduire dans les maisons des particuliers, sous quelque prétexte que ce fût, sous peine du feu. Celui qui les appelait était puni du bannissement.

Enfin, les magiciens devinrent tellement en horreur, qu'il suffisait d'être accusé de se livrer à cet art chimérique pour être massacré par le peuple. Les empereurs Valentinien et Arcade, voulant mettre un terme aux meurtres auxquels la magie servait de prétexte, défendirent d'attenter désormais à la vie des magiciens; il était seulement permis de les arrêter et de les traduire devant les juges.

L'histoire de Constantinople nous apprend que sur une révélation qu'avait eue un évêque, qu'un miracle avait cessé à cause de la magie d'un particulier, lui et son fils furent condamnés à mort.

L'empereur Théodose Lascaris attribuait sa maladie à la magie. Ceux qui en étaient accusés n'avaient d'autres ressources que de manier un fer chaud sans se brûler. Il aurait été bon chez les Grecs d'être magicien pour se justifier de la magie.

Dans l'assemblée appelée Cour-ilté que convoqua Gengiskan, il fit publier une loi qui défendait le sortilége sous peine de mort.

Les peuples chez lesquels la civilisation a fait peu de progrès, ont une croyance enracinée aux devins, aux sorciers. La sœur d'un roi de la Corée fut accusée de l'avoir, par un charme, empêché de jouir du repos. Le prince la fit enfermer dans une chambre pavée de cuivre, au-dessous de laquelle on alluma un grand feu.

Les Indiens appelés Chiquites regardent les

sorciers comme les plus grands ennemis de la vie. Il suffirait qu'un Chiquite eût rêvé en dormant que son voisin est sorcier, pour qu'il se portât à lui ôter la vie s'il le pouvait.

Chez les Chiriguanes, peuples de l'Amérique méridionale, les magiciens et les sorciers sont en exécration; on les regarde comme des pestes publiques.

On demandait à Lapeyrere, qui a composé une histoire du Groenland, pourquoi il y avait tant de magiciens dans le nord. C'est, disait-il, que le bien de ces prétendus magiciens que l'on fait mourir, est en partie confisqué au profit de leurs juges.

Charlemagne fit plusieurs lois contre les magiciens, sorciers, enchanteurs; il voulait que tous ceux qui exerceraient les arts diaboliques, fussent réputés exécrables, et qu'ils fussent traités comme les homicides, les empoisonneurs et les voleurs. Ces édits portaient peine de mort contre ceux qui consulteraient sur la vie et la fortune du prince ou le salut de l'état. Ceux qui auraient répondu étaient passibles de la même peine.

Une ordonnance de Charles VIII, de l'année 1490, porte « que sa majesté veut et entend que » tous les enchanteurs, les devins, les invocateurs » des malins esprits, les nécromanciens, soient in-

» cessamment arrêtés et punis selon la rigueur des » lois, parce que tous ces crimes attaquent directement Dieu et la foi catholique. » Elle enjoint ensuite à tous ses officiers et à tous seigneurs ses vassaux, de tenir la main à l'exécution de cette loi. Elle ordonne enfin « que toutes les personnes, de » quelque état ou condition qu'elles soient, sans » aucune exception, qui demanderont conseil ou » secours à ces enchanteurs, devineurs, invoca- » teurs des malins esprits, nécromanciens ou au- » tres qui usent de ces arts pernicieux défendus » par l'église, ou qui fréquenteront et participe- » ront avec ces détestables, les connaissant pour » tels, et qui ne les révéleront pas à justice, se- » ront punis de la même peine que les principaux » auteurs des malfaicteurs. »

Déjà, long-tems avant cette ordonnance, en 1407, le prévôt de Paris était venu déclarer à la cour du parlement « que des personnes avaient » dépouillé certaines fourches ou gibets patibu- » bulaires des environs de Paris, des charognes de » ceux qui avaient été exécutés, et si avaient tant » fait que par moyen de femmes ou autres, ils » avaient eu certains enfans mort-nés, et estait » grande et vraisemblable présomption qu'ils ne » fussent gens crimineux et sorciers. » Le parlement, en présence de l'évêque de Paris, ordonna au prévôt de Paris de procéder aux informations.

Sous le règne de Charles VI, un nommé Jean de Bar, nécromancien et invocateur du diable, avait promis aux princes de leur faire voir l'ange des ténèbres. Pour cet effet, assisté d'un prêtre et d'un clerc, il fit ses conjurations et offrit un sacrifice infernal : le diable fut sourd et invisible. Le duc d'Orléans, irrité de n'avoir rien vu, livra au bras séculier le prétendu magicien, qui fut brûlé tout vif dans le marché aux veaux.

En 1442, la duchesse de Glocester fut accusée à Londres d'avoir attenté par des sortiléges à la vie du roi Henri IV, son neveu. Une malheureuse devineresse et un prêtre qui se disait sorcier, furent brûlés vifs pour cette prétendue conspiration. La duchesse fut condamnée à faire amende honorable en chemise, et à une prison perpétuelle.

Le fait suivant, rapporté par Monstrelet, prouve à quelles horribles persécutions exposaient les accusations de sorcellerie :

« En cette année (1459), dit cet auteur, en la » ville d'Arras au pays d'Artois, advint un terrible » cas et pitoyable, que l'en nommait vaudoisie, » ne sai pourquoi ; mais l'en disait que c'était au- » cunes gens, hommes et femmes, qui de nuit se » transportaient par vertu du diable, des places » où ils étaient, et soudainement se trouvaient en

» aucuns lieux arrière de gens, ès bois ou ès dé-
» serts, là où ils se trouvaient en très grand nom-
» bre, hommes et femmes, et trouvaient illec un
» diable en forme d'homme, duquel ils ne vesient
» jamais le visage, et ce diable leur lisait ou disait
» ses commandemens et ordonnances, et comment
» et par quelle manière ils le devaient avrer et ser-
» vir; puis faisait par chacun d'eux baiser son der-
» rière, et puis il baillait à chacun un peu d'argent,
» et finalement leur distribuait vins et viandes en
» grande largesse, dont ils se repaissaient; et puis
» tout à coup chacun prenait sa chacune, et en
» ce point s'estaindait la lumière et connaissaient
» l'un l'autre charnellement (1); et ce fait, tout

(1) « On trouve dans un livre de Pierre d'Ancre, dédié à Silleri, chancelier sous Henri IV, des détails très curieux sur les sorciers. Ce Pierre d'Ancre avait eu l'imbécillité et la barbarie d'en faire brûler un grand nombre. La plupart avouaient dès les premiers interrogatoires. Quoique interrogés à part, ils s'accordaient sur les circonstances des soupers qu'ils avaient faits avec le diable. Les ragoûts étaient noirs. Les femmes qui avaient eu ses faveurs convenaient : *quòd diaboli membrum esset nigrum, rigidum, quasi ferreum squammis duris involutum; quòd diaboli sperma esset frigidum, glaciale.* Voilà de sigulières propriétés pour le diable et de tristes jouissances. Ces gens, à force de causer entre eux, étaient-

» soudainement se retrouvait chacun en sa place » dont ils étaient partis premièrement. Pour cette » folie furent prins et emprisonnés plusieurs no- » tables gens de ladite ville d'Arras et autres moin- » dres gens, femmes folieuses et autres, et furent » tellement gehinnés et si terriblement tourmentés, » que les uns confessèrent le cas leur être tout » ainsi advenu comme dit est ; et outre plus con- » fessèrent avoir veu et cogneu en leur assemblée » plusieurs gens notables, prélats, seigneurs et » autres gouverneurs de bailliages et de villes ; » voire tels selon commune renommée, que les » examinateurs et les juges leur nommaient et met- » taient en bouche. Si que par force de peines et » de tormens ils les accusaient et disaient que voi- » rement ils les y avaient veus ; et les aucuns ainsi » nommés, étaient tantôt après prins et emprison- » nés et mis à torture, et tant et si très longuement

---

ils parvenus à rêver les mêmes extravagances ? Allaient-ils réellement à une assemblée où quelques fripons avaient disposé cet appareil magique et jouaient le rôle de diables ? C'est ce que Pierre D'Ancre aurait pu savoir s'il avait été moins imbécille. Songeons que, du tems de Henri IV, la vie, l'honneur, les biens des citoyens dépendaient de magistrats qui croyaient que le diable avait du sperme, que ce sperme était froid, et félicitons-nous de vivre dans un autre siècle. » (Voltaire.)

» et par tant de fois, que confesser le leur convenait; et furent ceux-ci, qui étaient des moindres gens, exécutés et brûlés inhumainement. Aucuns autres, plus riches et plus puissans, se rachepterent par force d'argent, pour éviter les peines et les hontes que l'on leur faisait; et de tels y et des plus grands, qui furent preschés et séduits par les examinateurs, qui leur donnaient à entendre et leur promettaient, s'ils confessaient le cas, qu'ils ne perdraient ne corps ne biens. Tels y eut qui souffrirent en merveilleux patience et constance les peines et les tormens; mais ne voulurent rien confesser à leur préjudice, trop bien donnèrent argent largement aux juges et à ceux qui les pouvaient relever de leurs peines. Autres y eut qui se absentèrent et vidèrent du pays, et prouvèrent leur innocence, si qu'ils en demourèrent paisibles, et ne fait ni à faire ce que plusieurs gens de bien cogneurent assez, que cette manière d'accusation fut une chose controuvée par aucunes mauvaises personnes, pour gréver et détruire ou deshonorer, ou par ardeur de convoitise, aucunes notables personnes, que ceux hayaient de vieille haine, et que malicieusement ils feirent prendre meschantes gens tous premièrement, auxquels ils faisaient, par force de peines et de tormens, nommer aucuns nota-

» bles gens tels que l'en leur mettait à la bouche,
» lesquels ainsi accusez étaient prins et tormentez
» comme dit est. Qui fut pour veir au jugement
» de toutes gens de bien, une chose moult per-
» verse et inhumaine, au grand deshonneur de
» ceux qui en furent notez, et au très grand péril
» des ames de ceux qui par tels moyens voulaient
» deshonorer gens de bien. »

Ces procédures furent renouvelées dans la même ville et avec les mêmes iniquités, environ trente ans après; mais le parlement de Paris rendit justice aux parties, par l'absolution des accusés et par la condamnation des juges.

Les facteurs du célèbre Fauste, qui vinrent vendre à Paris les premiers livres imprimés, furent accusés de magie.

Il fut un tems où l'on soumettait les accusés de sorcellerie à une singulière épreuve : on les jetait dans l'eau, et on regardait comme innocens ceux qui enfonçaient; mais les ecclésiastiques ou autres saints personnages qui faisaient des miracles, échappaient à tous les soupçons comme à toutes les avanies. Les impostures s'accréditaient petit à petit; on criait au miracle, et on n'en brûlait pas moins les prétendus sorciers.

Voici ce que Filleau rapporte comme « *un récit* » *véritable* touchant l'obéissance que les grenouil-

» les ont rendue au commandement des saints ; car » dans notre province de Poitou, et à trois lieues » de cette ville de Poitiers, il y a eu un prieuré » autrefois habité par saint Thibaud, de la race » royale de Clovis, lequel ayant choisi ce lieu » pour sa retraite hors du siècle, et passant dans » cette solitude le cours de son pélerinage mortel, » se trouva incommodé et importuné par les cris » ordinaires des grenouilles, de sorte qu'il fut » obligé d'avoir recours à la prière et de leur com- » mander de se taire ; à quoi ces animaux irraison- » nables, forcés par la toute-puissance de celui » qui leur a baillé l'être, déférèrent aussitôt et se » réduisirent dans le silence, qui est aussi long » que la demeure qu'elles font dans les fossés et » douves de ce prieuré, dont l'expérience est pu- » blique et ordinaire, et si merveilleuse que ceux » qui vont en pélerinage en ce lieu, qui a retenu » le nom de saint Thibaud, où il y a un grand con- » cours de fébricitans qui reçoivent guérison, ont » expérimenté la suite de ce miracle, qui dure de- » puis tant de siècles, étant eux-mêmes témoins » que ces petits animaux, qui n'ont de voix et de » croassement dans les eaux de ce prieuré, n'en » sont pas sitôt tirés et portés dans les fossés voi- » sins, qu'ils se servent de la liberté de leurs voix » et rompent ce silence miraculeux en même-tems

» qu'ils sont hors du territoire de ce serviteur de » Dieu, qui leur avait imposé cette loi. »

N'aurait-on pas pu dire que saint Thibaud avait jeté un charme sur ces grenouilles? On a brûlé souvent de misérables créatures pour moins que cela.

On regardait comme un suppôt de Satan celui qui, par ses travaux, cherchait à étendre l'empire des sciences. Le moine Gerbert, qui devint pape, et qui fut l'homme le plus savant de son siècle, fut traité de magicien. Le cardinal Bennon, dans sa *Vie de Hildebrand*, dit formellement que Gerbert était sorcier, et que ce ne fut que par le secours du diable qu'il fit une sphère et quelques autres instrumens. Marlot, dans sa *Métropole de Reims*, dit aussi, au sujet d'une horloge fabriquée par le même Gerbert, qu'elle avait été faite par un art diabolique, *admirabile horologium fabricavit per instrumentum, diabolicâ arte inventum.*

Un nommé Clavelée fut condamné à être brûlé à La Rochelle, avec une horloge qu'il avait faite, comme sorcier et hérétique.

En 1571, un sorcier nommé Trois-Échelles fut exécuté en Grève, pour avoir eu commerce avec les mauvais démons, et accusa douze cents personnes du même crime, dit Mézerai, qui trouve ce nombre de douze cents bien fort.

Papon rapporte un arrêt du parlement de Paris, du 2 mars 1572, par lequel un aveugle des Quinze-Vingts fut condamné à être brûlé vif pour maléfices et sortiléges exécrables.

Dans le Valais, de misérables paysans se crurent sorciers et allèrent au sabat. On les appelait *chevaucheurs de Ramons*.

Des fièvres chaudes régnaient à Abbeville et à Amiens et décimaient les habitans; aussitôt les officiers municipaux de ces deux villes firent des recherches dans toutes les rues, dans toutes les maisons, pour découvrir les sorciers et magiciens qui les avaient attirées.

«Les Français, dit J. Bodin dans sa Démonomanie, assiégés dans Suesse par les Espagnols, étaient prêts à se rendre par la disette d'eau douce; des sorciers traînent le crucifix par les rues, lui disant mille injures et blasphèmes et le jettent à la mer. Après cette cérémonie détestable, il tomba, dit-on, une pluie si violente, que les Espagnols furent obligés de lever le siége. Cette coutume de traîner les images et les crucifix en la rivière pour avoir de la pluie, se pratiquait encore en Gascogne. Je l'ai vu faire à Toulouse, en plein jour, par les petits enfans, devant tout le peuple, qui appelle cela la tire-masse.» Les sauvages frappent aussi leurs idoles quand ils n'ont pu les fléchir par leurs adorations.

En 1574, le parlement de Dôle condamna au feu Gilles Garnier, pour avoir renoncé à Dieu et s'être obligé à ne plus servir que le diable, qui le changea en loup-garou. L'arrêt dit que sous la forme de loup-garou, il a saisi et dévoré des petits garçons, et que le coupable avoua plusieurs fois tous ses crimes. Les magistrats qui condamnèrent cet homme étaient bien barbares et bien stupides. Cet arrêt mérite d'être rapporté.

« L'an 1574, en la cause de messire Henry » Camus, docteur ès droicts, conseiller du roi » notre sire en sa cour souveraine du parlement » de Dole, et son procureur général en icelle, » impetreur et demandeur en matière d'homicides » commis aux personnes de plusieurs enfans, dé- » vorant de la chair d'iceux sous la forme de loup- » garou, et autres crimes et délictz, d'une part; » et Gilles Garnier, natif de Lyon, détenu pri- » sonnier en la conciergerie de ce lieu, défendeur, » d'autre part.

» Pour, par ledit défendeur, tost après le jour » de faicte Saint-Michel dernier, lui estant en » forme de loup-garou, avoir prins une jeune fille » de l'âge d'environ dix ou douze ans, en une vi-

» gne près le bois de la Serre, au lieu dicte Gorges, vignoble de Chastenoy, près Dole un quart de lieue, et illec l'avoir tuée et occise tant avec ses mains semblant pattes, qu'avec ses dents, et après l'avoir traînée avec lesdictes mains et tigres de dents jusques auprès dudit bois de la Serre, l'avoir dépouillée et mangée pourtant de la chair des cuisses et bras d'icelle; et non content de ce, en avoir porté à Apolline, sa femme, en l'hermitage de Saint-Bonnot, près Amenges, en laquelle lui et sadicte femme faisaient leur résidence.

» *Item*. Par ledict défendeur, huit jours après la feste de Toussaint aussi dernier, estant semblablement en forme de loup, avoir prins une autre fille au mesme lieu, près du pré de la Ruppe, territoire d'Authume et Chastenoy, peu de tems avant le midi dudit jour, et l'avoir étranglée et meurdrie de cinq plaies avec ses mains et dents, en intention de la manger, n'eût été la rescousse qui en fut faicte par trois personnes, selon qu'il a recogneu et confessé par maintes fois.

» *Item*. Pour, par ledit défendeur, environ quinze jours après ladicte feste de Toussaint, estant comme dessus en forme de loup, avoir prins un autre enfant mâle de l'âge d'environ dix

» ans, près une lieue dudit Dole, entre Gredisans » et Menoté, en une vigne sise au vignoble dudit » Gredisans, et après l'avoir étranglé et occis » comme les précédens, et mangé de la chair des » cuisses, jambes et du ventre dudict enfant, » après avoir démembré une jambe du corps d'i- » celuy.

» Et pour, par ledict défendeur, avoir le ven- » dredy avant le jour de feste Sainct-Barthelemy, » aussi dernier passé, prins un jeune garçon de » l'âge de douze à treize ans, éstant sous un gros » poirier près le bois du village de Perrouze, du » coustel de Cromary; l'avoir emporté et traîné » dedans ledict bois, où il l'étrangla comme les » autres enfans ci-dessus mentionnés, en intention » de le manger, ce que il eût faict, n'eût été qu'il » vint tôt après des gens pour le secourir; mais » l'enfant était jà mort; estant lors, ledict défen- » deur, en forme d'homme et non de loup, en la- » quelle forme il eût mangé dudict garçon sans » ledict secours, nonobstant qu'il fust jour de ven- » dredi, selon qu'il a par réitérées fois confessé.

» Veu le procès criminel dudict procureur- » général, mesme les responces et confessions réi- » térées et spontanément faictes par ledict dé- » fendeur, ladicte cour, par arrest, le condamne » à estre cejourd'huy conduit et traîné à revers

» sur une claye par le maître exécuteur de la » haulte justice, depuis ladicte conciergerie jus» ques sur le tertre de ce lieu, et illec par ledict » exécuteur estre brûlé tout vif et son corps ré» duit en cendres; le condamnant en outre aux » despens et frais de justice. »

Par un autre arrêt du 26 février 1587, Dominique Mirot, Italien, et Marguerite, sa belle-mère, appelans d'une sentence du bailli de Mantes, furent condamnés pour magie, idolâtrie et impiété, à faire amende honorable devant l'église de Paris, crier merci à Dieu, au roi et à la justice, de l'idolâtrie, des magies et impiétés par eux commises; ce fait, être pendus et étranglés à une potence croisée qui, pour ce fait, serait plantée au parvis de Notre-Dame; leurs corps morts, ars, brûlés et réduits en cendres; leurs biens acquis et confisqués à qui il appartiendrait; sur iceux préalablement pris six cents écus applicables à plusieurs églises.

Le 21 octobre 1596, un prêtre venant de dire la messe dans l'église du Saint-Esprit, avait oublié sur l'autel la coiffe d'un nouveau-né, qu'il s'était chargé de bénir. Il revint à l'autel; il y trouva un autre prêtre disant la messe, qui refusa de lui rendre cette coiffe. Ce refus occasiona une querelle entre les deux prêtres; la messe fut interrompue;

ils s'accablèrent d'injures et en vinrent aux coups. Le célébrant terrassa son adversaire, garda la coiffe et continua le saint sacrifice de la messe. Il accusa ensuite le vaincu de sorcellerie, et le fit emprisonner à l'évêché. On reconnut son innocence, et il fut aussitôt mis en liberté. Comme il cherchait les moyens de se venger, il découvrit que son ennemi allait souvent visiter une fille débauchée. Il saisit le moment où ils étaient ensemble pour avertir un commissaire, qui les fit mener en prison. L'historien de cette aventure ajoute que *la garce avait un cotillon vert, bandé de trois bandes de velours.*

Les ecclésiastiques se mêlaient aussi de sorcellerie et de magie. Pendant le tumulte de la ligue, les prêtres, en célébrant la messe, plaçaient sur l'autel des images de cire à la ressemblance du roi; ils piquaient ces images à l'endroit du cœur, en disant quelques paroles de magie, croyant ainsi faire mourir le roi Henri III.

En 1609, six cents sorciers furent condamnés dans le ressort du parlement de Bordeaux, et la plupart brûlés.

En 1611, un prêtre nommé Gauffredy ou Gaufridy, curé de la paroisse des Acoules, de Marseille, avoua, dans les horreurs de la torture, qu'il avait soufflé le diable dans la bouche de Madeleine Lapalu. Le parlement le condamna à être tenaillé dans toutes les parties de son corps avec des tenailles ardentes, avant d'être jeté vivant dans le bûcher, « pour réparation d'avoir fait pacte et convention avec le malin esprit, à l'effet de jouir de Madeleine Lapalu, religieuse ursuline, et d'attirer à son amour toutes autres femmes ou filles qu'il désirerait. »

Une congrégation de théologiens, dans un décret donné en 1616, déclara l'opinion de Copernic, non-seulement hérétique dans la foi, mais absurde dans la philosophie. Galilée fut condamné par le même tribunal, en 1633, à la prison et à la pénitence, et fut obligé de se rétracter à genoux.

Sous le règne de Louis XIII, une femme qu'on nommait Jeanne Harvillers, dans le Valois, fut surtout renommée dans la Picardie par la force de ses maléfices. Il passait pour constant que sa mère l'avait vouée au diable dès sa jeunesse; que cette jeune fille avait été prostituée dès l'âge de douze ans; que le diable lui avait apparu alors sous la figure d'un grand homme noir, les bottes aux jambes, les éperons aux pieds, comme prêt à monter à cheval, et qu'il arrivait tous les jours dans cet équipage pour coucher avec elle. Il lui enseignait alors des recettes de graines apprêtées de quatre couleurs et des poudres pour faire périr des hommes et nouer les aiguillettes des nouveaux mariés, au grand préjudice des races futures. Cependant Jeanne Harvillers avait épousé un habitant du Laonnais, qui ignorait ses prostitutions avec le diable, et qui les ignora toujours, quoiqu'elle les eût continuées, tant les démons sont habiles à deshonorer secrètement la couche des maris. Mais un jour, Jeanne Harvillers voulut faire l'essai de ses poudres dans un village dépendant du bailliage de Senlis; elle fut aperçue, et le bailli la fit arrêter. On instruisit son procès; elle avoua toute son intrigue amoureuse avec le diable. La mère fut donc condamnée au feu et la fille au fouet. Toute la puissance de ce diable familier ne put les sauver du supplice, qu'elles subirent sur la place publique de Senlis. Le parlement de Paris avait confirmé la sentence du bailliage.

Vers le même tems, un curé de Soissons baptisa un crapaud, dont une femme prétendit se servir pour donner la mort à un fermier contre lequel le curé venait de perdre un procès. Saisie au moment où elle allait placer son prétendu sortilége sous la table du campagnard, cette femme fut brûlée vive. Quelle ignorance! quelle cruauté!

La maréchale D'Ancre fut accusée de sortilége en 1617, et l'on produisit en preuve contre elle de s'être servie d'images de cire qu'elle conservait dans des cercueils, d'avoir fait venir des sorciers prétendus religieux, dits ambrosiens, de Nanci en Lorraine pour l'aider dans l'oblation d'un coq qu'elle faisait pendant la nuit dans l'église des Augustins et dans celle de Saint-Sulpice, et enfin d'avoir eu chez elle trois livres de caractères, avec un autre petit caractère et une boëte, où étaient cinq rondeaux de velours, desquels caractères elle et son mari usaient pour dominer sur les volontés des grands. « On se souviendra avec éton-» nement, dit Voltaire, jusqu'à la dernière posté-» rité, que la maréchale d'Ancre fut brûlée en » place de Grève, comme sorcière, et que le » conseiller Courtin, interrogeant cette femme » infortunée, lui demanda de quel sortilége elle » s'était servie pour gouverner l'esprit de Ma-» rie de Médicis, la maréchale lui répondit : » *Je me suis servie du pouvoir qu'ont les* » *ames fortes sur les ames faibles*, et qu'en-» fin cette réponse ne servit qu'à précipiter l'arrêt » de sa mort. »

En 1631, la chambre de justice, siégeant à l'Arsenal, condamna Adrien Bouchard, prêtre, et Nicolas Gargan, chez lesquels on avait trouvé deux livres de magie, écrits sur du parchemin, une étole noire et un petit calice d'étain, à être pendus. Il n'y eut sortes de profanations, de sacriléges et d'impiétés qu'ils n'aient employés, dit-on, pour faire périr par sortilége le cardinal de Richelieu.

En 1634, Urbain Grandier, curé de Loudun, fut condamné au feu comme magicien par une commission du conseil, pour avoir ensorcelé les Ursulines de Loudun. Son arrêt le déclara duement atteint et convaincu des crimes de magie, maléfice et possession, et pour réparation desquels on le condamna à être brûlé vif avec les pactes et caractères magiques qu'on l'accusait d'avoir employés. Il est dit dans la relation la plus authentique de ce procès et de la mort affreuse de ce curé Grandier, que le bourreau qui lui administra la question, ne le faisant pas assez souffrir pour le forcer à se confesser sorcier, un révérend père récollet, aussi robuste que zélé, prit la place du questionnaire, et enfonça les instrumens de la vérité si profondément dans les jambes du patient, qu'il en fit sortir la moëlle (1). « On sait

(1) La question se donnait à Loudun en serrant les jambes du patient entre deux planches lacées avec une corde le plus étroitement possible. Entre les jambes et les planches, on faisait entrer des coins à force de coups de marteau. Pour la question ordinaire, on en enfonçait quatre, huit pour la question extraordinaire. Ceux dont on se servait ordinairement ne parurent pas assez

assez, dit Voltaire, que le procès des diables de Loudun et du curé Grandier livre à une exécration éternelle la mémoire des insensés scélérats qui l'accusèrent juridiquement d'avoir ensorcelé des Ursulines, et ces misérables filles, qui se dirent possédées du diable, et cet infâme juge-commissaire Laubardemont, qui condamna le prétendu sorcier à être brûlé vif, et le cardinal de Richelieu qui, après avoir fait tant de livres de théologie, tant de mauvais vers et tant d'actions cruelles, délégua son Laubardemont pour faire exorciser des religieuses, chasser des diables et brûler un prêtre. »

Les empoisonnemens se mêlant à de prétendues opérations magiques, sous le règne de Louis XIV, ce prince rendit en juillet 1682 une ordonnance portant :

« L'exécution des ordonnances des rois nos » prédécesseurs contre ceux qui se disent devins, » magiciens et enchanteurs, ayant été négligée de» puis long-tems, et ce relâchement ayant attiré » des pays étrangers dans notre royaume plusieurs

---

gros à Laubardemont, qui menaça le bourreau de le faire châtier s'il n'en employait de plus gros. Les instrumens de la question furent exorcisés par des récollets et des capucins.

» de ces imposteurs, il serait arrivé que sous pré-
» texte d'horoscope et de divination, et par le
» moyen des prestiges des opérations de préten-
» dues magies et autres illusions semblables dont
» cette sorte de gens ont accoutumé de se servir,
» ils auraient surpris diverses personnes ignorantes
» ou crédules qui s'étaient insensiblement enga-
» gées avec eux, en passant des vaines curiosités
» aux superstitions, et des superstitions aux im-
» piétés et aux sacriléges. . . . .

» Art. 2. Défendons toutes pratiques supersti-
» tieuses, de fait, par écrit ou par parole, soit en
» abusant des termes de l'écriture sainte, ou des
» prières de l'église, soit en disant ou en faisant
» des choses qui n'ont aucun rapport aux causes
» naturelles; voulons que ceux qui se trouveront
» les avoir enseignées, ensemble ceux qui les au-
» ront mis en usage et qui s'en sont servis pour
» quelque fin que ce puisse être, soient punis
» exemplairement suivant l'exigence des cas.

» Art. 3. Et s'il se trouvait à l'avenir des per-
» sonnes assez méchantes pour ajouter et joindre
» à la superstition l'impiété et le sacrilége, sous
» prétexte d'opérations de prétendues magies, ou
» autre prétexte de pareille qualité, nous voulons
» que celles qui s'en trouveront convaincues,
» soient punies de mort. »

Les dispositions des articles suivans ont rapport aux empoisonnemens. Cette ordonnance porta un coup fatal à cette misérable manie de sortilége et de magie.

Cependant le parlement de Paris condamna en 1688 et 1691 plusieurs bergers de la Brie, accusés par les justices inférieures d'employer des sortiléges pour faire périr les troupeaux. Un de ces arrêts porte : *La cour déclare les accusés dûment atteints et convaincus de superstitions, d'impiétés, sacriléges, profanations, empoisonnemens.* Ces malheureux, qu'il aurait fallu guérir puisqu'ils étaient assez fous pour se croire sorciers, furent pendus et brûlés. Voici le mélange bisarre dont ils composaient leur sortilége : du sang et de la fiente des animaux, de l'eau bénite et du pain de cinq paroisses, notamment de celle où était le troupeau; d'un morceau de la sainte hostie qu'ils retenaient à la communion, de crapauds, couleuvres et chenilles : ils mettaient le tout dans un pot de terre neuf, acheté sans marchander, dans lequel ils plaçaient encore plusieurs billets sur lesquels ils écrivaient avec du sang de plusieurs animaux, mêlé d'eau bénite, les paroles dont les prêtres se servent pour la consécration et autres paroles les plus saintes de l'évangile de saint Jean (1). Ils enterraient ce pot sous le seuil de la porte des étables ou dans le chemin où passaient les bestiaux. Un de leurs complices, nommé Étienne Hocque, était à la chaîne dans la prison de la Tournelle; un autre forçat nommé Béatrix le fit boire et l'enivra. Hocque avoua dans cet état à son camarade ce qu'il s'était efforcé de cacher jusqu'alors; qu'il n'y avait qu'un nommé *Bras-de-Fer*, berger, habitant aux environs de Sens, qui pût lever ce sort. Béatrix, qui n'agissait que pour le perdre, l'engagea à écrire à son fils une lettre, par laquelle il lui disait d'aller trouver Bras-de-Fer pour le prier de lever le sort. Il recommandait à son fils de ne pas dire à Bras-de-Fer qu'il était en prison, et que c'était lui, Hocque, qui avait placé ce sort. Bras-de-Fer leva le sort, après avoir fait les conjurations, et le jeta au feu; mais aussitôt il parut chagrin, disant que l'esprit venait de lui révéler que Hocque, qui avait posé ce sort, était mort au même instant: ce qui se trouva vrai. On pria Bras-de-Fer de lever un autre sort; il s'y refusa, sous le prétexte que les en-

(1) Recueil de pièces pour servir de supplément à l'Histoire des pratiques superstitieuses, de Pierre Lebrun.

fans de Hocque, qui l'avaient placé, mourraient comme leur père. Aussitôt il fut arrêté, ainsi que ces enfans : on le brûla et les enfans de Hocque furent bannis pour neuf ans.

Par arrêt du 4 juillet 1758, Robert Pons, prêtre, fut condamné à une amende honorable et aux galères, pour avoir abusé des cérémonies de l'église à l'effet de tromper la crédulité des gens du peuple.

« On a compté que depuis Grégoire-le-Grand, » on a brûlé en Europe plus de cent mille sorciers » ou possédés, soit exorcisés, soit non exorcisés. » Plus les tribunaux en condamnaient, plus il s'en » reproduisait. Cette propagation est naturelle ; » les malheureux qui avaient entendu parler toute » leur vie du pouvoir immense de satanas, de ses » dévots et de ses dévotes, voyageant dans les » airs et commandant à la nature entière, devaient » penser que rien n'était plus vrai, puisque des » juges qui passaient pour les esprits les plus sensés » et les plus éclairés, ne doutaient pas du pouvoir » de ce satan, et des grâces qu'il répandait sur ses » favoris. C'était donc, parmi les peuples, à qui » obtiendrait la faveur du diable ; il n'en coûtait » qu'un pot de graisse et un manche à balai pour » aller au sabbat. On s'endormait dans ces heu- » reuses idées ; on croyait en effet traverser les

» airs pendant la nuit, à cheval sur un bâton, en » croupe derrière une sorcière. On arrivait en un » clin-d'œil à l'assemblée des fidèles. Vous étiez » reçu en cérémonie, le bouc vous donnait son » cul à baiser, et vous aviez droit à tous les trésors » et à toutes les beautés de la terre. Il n'y avait » point de gueux qui résistât à des séductions si » flatteuses. Ce que ces misérables se figuraient, » les juges se le figuraient aussi. Au lieu de discu- » ter l'affaire à l'hôpital des Petites-Maisons ou de » Bedlam, on l'examinait dans les cachots ou dans » la chambre de la question; on la finissait au mi- » lieu des flammes. »

Il n'y eut bientôt plus ni magiciens ni sorciers, quand on cessa de les traiter comme des sacriléges, c'est-à-dire de les brûler.

CHAPITRE XI.

Du Crime d'Hérésie.

Dans tous les tems et chez tous les peuples, on a créé des peines pour les dissidences religieuses. L'hérésie était un crime de lèze-majesté divine; et les rois toujours ont voulu venger la cause de Dieu. Avec ce mot d'*hérésie* on a déposé des papes et des rois, et massacré des populations entières.

Les Grecs du Bas-Empire portaient une haine si violente aux hérétiques qu'ils se croyaient souillés lorsqu'ils parlaient ou habitaient avec eux.

En France on commença à brûler les hérétiques sous le roi Robert; la reine alla avec lui à Orléans pour voir monter sur le bûcher treize manichéens condamnés par les évêques. Bientôt Louis IX fit exterminer les Vaudois : on en précipita dans les flammes jusqu'au nombre de cent quarante à la fois.

Avant de monter à l'assaut au fameux siége de Béziers, les croisés vinrent demander à l'abbé de

Citeaux ce qu'ils devaient faire, dans l'impossibilité où ils étaient de distinguer les catholiques des hérétiques. *Tuez toujours*, leur répondit-il, Dieu connaît ceux qui sont à lui (1). Il était alors d'usage que les rois jurassent dans la solennité de leur sacre d'exterminer les hérétiques.

Philippe-le-Bel chassa les juifs et leur défendit de revenir sous peine de la vie. Il s'était préalablement emparé de leur argent.

---

(1) Un chanoine de Lille, nommé Foulques, refusa de prêcher la croisade que le pape Innocent III fit publier contre les Albigeois. Le légat Jacques de Vitri, irrité contre Foulques, demanda à Dieu, en présence du peuple, qu'il ôtât à ce chanoine le pouvoir de faire toute autre chose. Aussitôt une fièvre aiguë, suivie d'hémorrhoïdes, s'empara de Foulques. Il conserva, dit-on, ces deux maladies pendant vingt-cinq ans. Tels étaient les miracles que Rome faisait faire à l'Etre-Suprême en faveur des croisades.

Urbain II avait déjà décidé qu'on ne devait pas estimer homicides ceux qui, dans l'ardeur d'un saint zèle, auraient tué des excommuniés; mais que, pour ne point contrevenir à la discipline de l'église, on pourrait leur imposer une pénitence pour les purifier des faiblesses humaines qu'ils auraient mêlées à cette action. Tel est le sens d'une lettre d'Urbain à l'évêque de Lucques, qui le consultait sur le cas dont il s'agit.

Il n'y a point de bête plus féroce que l'homme, dit Plutarque, lorsqu'à la passion il réunit la puissance.

Le pape Jean XXII avait déposé l'empereur Louis de Bavière. Ce prince se hâta de marcher vers l'Italie. Il convoqua dans Rome, en 1328, une assemblée générale qui se tint dans la place Saint-Pierre; des princes d'Allemagne, d'Italie, des députés des villes, des évêques, des abbés, des religieux, y assistèrent en foule. L'empereur, assis sur un trône, au haut des degrés de l'église, la couronne en tête et un sceptre d'or à la main, fit crier trois fois par un moine Augustin: *Y a-t-il quelqu'un qui veuille défendre la cause du prêtre de Cahors qui se nomme le pape Jean?* Personne n'ayant comparu, Louis prononça la sentence, par laquelle il privait le pape de tout bénéfice, et le livrait au bras séculier pour être brûlé comme *hérétique.*

Jean Hus, accusé d'hérésie, fut cité devant le concile de Constance. L'empereur lui donna un sauf-conduit pour s'y rendre. Au mépris du sauf-conduit, il fut emprisonné, condamné et brûlé, ainsi que Jérôme de Prague, son ami et son disciple. Le quatrième chef d'accusation contre Jérôme était les violences et les sacriléges qu'on lui imputait. On l'accusait, par exemple, d'avoir, en 1412, fait jeter par terre et fouler aux pieds, des reliques dans une église des carmes; d'avoir injurié et battu des moines qui les gardaient et qui demandaient l'aumône pour la fabrique de l'église; d'être entré quelques jours après dans le monastère avec main-forte, d'y avoir blessé quelques moines, un entre autre qui prêchait contre Wiclef; d'avoir souffleté en pleine rue un dominicain, et d'avoir même tiré de sa poche un couteau, dont il l'aurait blessé ou même tué, s'il ne se fût trouvé des gens pour l'en empêcher, et enfin d'avoir contraint de vive force un jeune moine de quitter l'habit religieux et d'en prendre un séculier, qu'il lui donna lui-même. On ajoutait que cet apostat s'était noyé de désespoir. Jérôme donna sur ces faits quelques explications qui les détruisirent ou en atténuèrent la gravité : il nia absolument la profanation des reliques.

La sentence du concile qui le condamna à mort ordonnait qu'*il serait jete dehors comme une branche sèche et pourrie*, et le déclarait hérétique, relaps, excommunié, anathématisé. Les prélats le livrèrent au bras séculier, en recommandant de le traiter avec *humanité*.

Jeanne d'Arc, en 1429, fut condamnée à Rouen par Cauchon, évêque de Beauvais, comme *superstitieuse*, *devineresse du diable*, *blasphémeresse en Dieu et en ses saints et saintes*, *errant par moult de fors en la foi du Christ*, à jeûner au pain et à l'eau dans une prison perpétuelle ; mais ce même Cauchon, sous un frivole prétexte, la fit mourir par le feu comme hérétique relapse.

Un certain Lambert de Campo alla à Lille, en 1429, pour faire brûler quelques malheureux turlupins, espèce de fanatiques imbéciles qui aux folies des extases, joignaient l'impudence des cyniques.

Le concile de Bâle, en 1439, déposa le pape Eugène IV, et le déclara simoniaque, schismatique, *hérétique* et parjure.

La même année que Colomb découvrit l'Amérique, Ferdinand et Isabelle chassèrent d'Espagne tous les juifs, comme Philippe-le-Bel les avait chassés de France. Ce fut alors que commença la persécution contre ces malheureux, que l'on égorgeait en les dépouillant.

Luther, en établissant la réforme, vit donner le signal d'extermination contre ses sectateurs. François Ier jura de sacrifier jusqu'à ses propres enfans s'ils s'écartaient de la voie catholique, et le jour même que le roi prononça ces paroles, six protestans furent brûlés *à petit feu*. On inventa pour rendre leur supplice plus douloureux, une machine appelée estrapade : on les suspendait au bout d'une longue poutre, posée sur une poulie, au-dessus d'un poteau de vingt pieds de haut, et on les plongeait à plusieurs reprises dans un large bûcher enflammé; un d'entre eux eut la langue percée et attachée à sa joue par une cheville de de fer. Leur supplice dura deux heures, et lassa jusqu'au bourreau et aux gens de la cour, pour qui ce spectacle avait été préparé. Un tribunal d'inquisiteurs de la foi alimentait chaque jour les bûchers; ces massacres en détail n'allaient pas assez vîte, les misérables habitans de Merindol et de Cabrières, villages de la Provence, furent accusés d'être Albigeois et Vaudois; on accourt pour les convertir; ils résistent : ils sont brûlés avec leurs chaumières. Il fut prouvé que les exécuteurs violèrent jusqu'à des filles de huit à neuf ans, entre les bras de leurs mères, et massacrèrent ensuite les mères avec leurs filles. On enfermait pêle-mêle, hommes, femmes, enfans, dans des granges, où on mettait le feu, et tout était réduit en cendres. Aussitôt s'établit un tribunal d'inquisition, et une chambre ardente au parlement. Le tribunal découvrait les hérétiques et la chambre ardente les faisait brûler. L'espionnage se glissa au sein des familles, et de toutes parts brillait le feu des bûchers; les tortures devenaient de jour en jour plus sanguinaires et plus cruelles. Les moines inquisiteurs (1) épuisaient

(1) Le chef de ces inquisiteurs était un nommé Mouchy.

leur imagination dans ce raffinement de barbarie. Un d'eux, nommé Roma, obligeait les accusés de chausser des bottes remplies de suif bouillant, et les raillait sur leurs souffrances. Le sang ne coulait pas assez vîte au gré de quelques courtisans, qui se plaignaient de ce que *le parlement avait besogné très froidement contre les hérétiques*, et le parlement, comme pour se laver de ce reproche, immolait un plus grand nombre de victimes; il alla même jusqu'à laisser pendre et brûler un de ses membres, le célèbre conseiller Anne Dubourg.

Veut-on connaître l'origine de l'inquisition? il faut remonter à l'époque où le pape Alexandre III envoya en France son légat, l'abbé de Clervaux, pour poursuivre la guerre contre les hérétiques,

---

recteur de l'université, qu'on appelait Democharès. C'était proprement un délateur et un espion du cardinal de Lorraine. C'est pour lui qu'on inventa le sobriquet de *mouchard* pour désigner les espions : son nom seul est devenu une injure. Le chevalier D'Achon, qui avait attiré dans le château de Courance ce Mouchy, afin de travailler à la *conversion* de quelques hérétiques qui y étaient enfermés, trouva plaisant de faire danser *une gaillarde* au son du violon à un de ces malheureux, le jeune D'Aubigné, qui fut quelques instans après appliqué à la torture.

et où l'on vit ce prélat, armé du glaive, combattre à la tête des troupes, et mettre à feu et à sang plusieurs provinces françaises.

C'est en France, en l'année 1208, sous le règne de Philippe II, et sous le pontificat d'Innocent III, que l'inquisition fut établie, afin de détruire la secte des Albigeois. A cette époque furent créés, à l'instigation de saint Dominique de Gusman, les familiers de l'inquisition. Honorius III, satisfait de la conduite de Dominique et de ses compagnons, autorisa la propagation de cet ordre dans tous les états de la chrétienté. Le monde catholique entendit sortir de la bouche pontificale ces lois d'excommunication, véritables foudres de l'église, portant que les hérétiques et ceux qui les protégeaient devaient être mis à mort; que le crime de lèze-majesté divine était plus grand que celui de lèse-majesté humaine ; que Dieu voulait que l'on punît les crimes des pères sur les enfans, afin de leur apprendre à ne pas les imiter; qu'il fallait déclarer les hérétiques, jusqu'à la seconde génération, incapables de remplir aucun emploi public, de jouir d'aucun honneur, EXCEPTÉ LES ENFANS QUI DÉNONCERAIENT LEURS PÈRES. On poursuivit les morts, les tombeaux furent violés, et les os d'Arnaud, comte de Forcalquier et d'Urgel, furent exhumés pour être livrés au bûcher.

Le tribunal de l'inquisition connaissait de tous les crimes qui pouvaient faire supposer l'hérésie : le blasphème, comme étant un outrage envers la divinité ; le sortilége, qui était souvent accompagné de profanations, par l'usage de l'eau bénite, d'hosties consacrées, d'huiles saintes, ou d'autres choses qui prouvaient le mépris ou l'abus des sacremens, des mystères de la religion ou de ses cérémonies ; les invocations de Satan. Enfin, l'inquisition avait su s'arroger un empire absolu, comme tout ce qui n'est pas défini, car elle punissait aussi le crime de sodomie.

Par une hypocrite condescendance pour la loi du Christ, qu'elle prétendait défendre, l'inquisition déclarait celui qu'elle condamnait *absous*, et elle priait le juge séculier de ne pas lui appliquer la peine capitale, en disant qu'il l'avait méritée. Chaque jour on voyait grossir le cortége de ces malheureux qui allaient pour l'*auto-da-fé* (l'acte de foi), c'est-à-dire, pour être brûlés.

L'inquisition établie en Espagne et en Portugal propagea la persécution et l'étendit jusqu'au Nouveau-Monde. Là, du moins, elle pouvait *convertir* en masse ; un jésuite inquisiteur d'Amérique inventa une machine où l'on mettait à la torture mille prévenus à la fois.

En Angleterre, Marie rendit son règne remarquable par les nombreuses victimes qu'elle envoya au supplice sous prétexte d'hérésie.

Hooper, évêque de Glocester, fut brûlé par parties, en sorte qu'un de ses bras tomba avant qu'il fût expiré.

Le docteur Taylor fut mis dans un tonneau de poix, qu'on entoura de feu; tandis qu'il souffrait des tourmens inouis que la poix qui commençait à s'échauffer lui faisait éprouver, un des assistans lui lança un fagot d'épines au visage, et le lui écorcha horriblement. « O mon ami, s'écria le » malheureux Taylor, j'ai déjà assez de mal; pour- » quoi ajouter celui-ci ! »

Bonner, évêque de Londres, arracha la barbe d'un tisserand qui ne voulait pas faire abjuration. Il fouetta lui-même un autre hérétique; il tint la main d'un troisième sur un flambeau jusqu'à ce que les nerfs et les veines fussent brûlés, afin de lui faire sentir combien le supplice du feu est horrible.

Wryothesly, chancelier d'Angleterre, ordonna de mettre à la torture une jeune et belle femme qui ne pensait pas comme lui sur la présence réelle de Jésus-Christ dans le sacrement de l'eucharistie; de sa propre main il lui déchira le corps, et ensuite il la jeta dans les flammes.

Deux théologiens allemands, morts depuis plusieurs années, furent accusés d'hérésie. Leurs cadavres furent exhumés et jetés dans un bûcher.

En 1553, l'archevêque de Cantorbéry, Cranmer, fut condamné comme protestant. Ce primat du royaume montra un grand courage sur le bûcher; il avait d'abord abjuré sa croyance au protestantisme; il plongea dans les flammes la main qui avait signé l'abjuration, et n'élança son corps dans le bûcher que quand sa main fut tombée.

On compte environ huit cents personnes livrées aux flammes sous la reine Marie. Une femme grosse accoucha dans le bûcher même, quelques citoyens, touchés de pitié, arrachèrent l'enfant du feu : le juge catholique l'y fit rejeter comme hérétique!.....

En France, les persécutions contre les hérétiques continuaient toujours. En 1555, un nommé Michel Lagrange, luthérien, natif des environs de Meaux, passant dans la ville de Montdidier, eut la témérité de distribuer publiquement des livres hérétiques le jour du jeudi saint. Il fut arrêté et condamné à être brûlé vif sur le marché, où la sentence fut exécutée.

Dans tout le royaume des mesures étaient prises pour empêcher la réforme de se propager. Le parlement de Bordeaux, voulant effrayer les prédicateurs de la nouvelle doctrine, fit mettre en prison Bernard du Borda : on lui fit son procès et on l'envoya au supplice. Quelque tems après, en 1556, deux jeunes gens, l'un nommé Arnaud Monier, de Saint-Emilion, et l'autre Jean Decase, de Libourne, ayant été dénoncés au même parlement comme religionnaires, on leur fit leur procès. On balançait à les envoyer au supplice, la sévérité l'emporta; ils furent condamnés à être brûlés vifs. On s'attendait à l'horreur qu'exciterait cette sentence, on craignait que quelque émeute n'empêchât l'exécution : il fut ordonné que les portes seraient fermées pendant qu'elle aurait lieu. Lorsque l'on conduisit les criminels au supplice, leur grande jeunesse excita la compassion, et le motif de leur condamnation souleva l'indignation. L'historien de Thou raconte qu'aussitôt qu'on les eut jeté dans les flammes, la terreur s'empara des assistans, qu'ils prirent tous la fuite comme si un ennemi les eût poursuivis, que les gardes même, et les officiers de justice abandonnèrent leur poste pour se sauver dans les maisons voisines, en suppliant ceux qu'ils rencontraient de les cacher et de leur sauver la vie. Les magistrats furent sourds au cri de leur conscience et de la conscience publique.

En 1557, les protestans tenaient leurs assemblées à Paris, dans une maison de la rue Saint-

Jacques. Le 4 septembre, trois ou quatre cents d'entre eux s'y étant réunis pour célébrer la cène, ils furent aperçus par les boursiers du collége de Sorbonne, et bientôt assiégés à coups de pierres. La populace ameutée voulut enfoncer les portes, on la repoussa. Plusieurs protestans, sortis de l'assemblée, furent blessés, mais ils parvinrent à se sauver : un seul, frappé à mort, fut mis en pièces. Ceux qui restèrent dans la maison assiégée se rendirent au lieutenant criminel du Châtelet, qui les conduisit en prison. Trois d'entre eux, Taurin Gravelle, de la ville de Dreux, avocat, la demoiselle Philippe de Luns, du diocèse de Périgueux, âgée de vingt-trois ans, veuve du sieur de Graveron, et Nicolas Clinet, surveillant de l'église de Paris, furent condamnés ensemble. Avant de les conduire au supplice, le bourreau leur coupa la langue; ils furent exécutés sur la place Maubert. Gravelle et Clinet furent brûlés vifs, et la demoiselle de Luns fut *flamboyée* aux pieds et au visage, puis étranglée.

Quatre autres particuliers pris en même tems, la plupart jeunes gens entraînés par l'enthousiasme religieux, souffrirent le même supplice avec une constance admirable; c'étaient les nommés *Lesene* et *Gabart*, qui furent brûlés devant le pilori de l'abbaye Saint-Germain-des-Prés. On leur coupa la langue, on les suspendit au-dessus du bûcher : la partie inférieure de leur corps était consumée, tandis que la partie supérieure vivait. On jeta dans le bûcher plusieurs volumes, la Bible, les Evangiles ; sans doute des traductions de ces livres.

Bientôt le massacre de la Saint-Barthélemy couvrit de sang toute la France. Le roi lui-même en donna le funeste signal, et se réserva l'honneur de frapper les premiers coups. Le nom de Charles IX rappellera toujours cette horrible journée.

Après cette fatale et sanglante boucherie, un sieur de Mandelot, gouverneur de Lyon, ayant appris que quelques malheureux huguenots avaient échappé à la vigilance des meurtriers, voulut contraindre le bourreau de les aller tuer ; cet homme donna au gouverneur une leçon d'humanité et de justice, en même tems qu'il se rendit honorable par sa résistance courageuse ; il lui répondit qu'il n'était point un assassin, et qu'il n'exécutait qu'en conséquence des ordres de la justice. Quatre mille citoyens avaient déjà été égorgés dans ce jour. Un boucher, tout couvert du sang qu'un bourreau avait respecté, fut récompensé par l'honneur d'être invité à la table du légat (1).

---

(1) Un médecin d'Abbeville nommé Oudart Gomel, ayant osé dire pendant le triomphe de la ligue, *que le*

L'historien de Thou rapporte qu'un arrêt du mois de juillet 1562, permit de tuer les huguenots partout où on les trouverait. On ordonna que cet arrêt serait lu tous les dimanches au prône de chaque paroisse.

Sous Henri IV les hérétiques purent respirer un moment, mais la paix qu'ils avaient obtenue fut de courte durée. Louis XIV les fit convertir par des dragons, révoqua l'édit de Nantes, et ordonna l'exil de cent mille familles (1). Celles qui res-

---

sang répandu à la Saint-Barthelemi criait vengeance devant Dieu; qu'il fallait qu'il fût vengé, et que le roi de Navarre Henri IV avait droit à la couronne, fut dénoncé par un religieux minime, qui le fit condamner à 400 livres d'amende et bannir à perpétuité, *comme perturbateur du repos public*.

(1) Tous les prélats de France consultés par Louis XIV répondirent affirmativement à cette question : *Est-il bon de forcer un peuple d'hérétiques à croire?* Ils avaient oublié sans doute ces belles paroles d'un père de l'église : «Dieu nous a enseigné à le connaître, il ne nous a pas con» traints; il a donné de l'autorité aux préceptes, en nous » faisant admirer ses opérations divines; il ne veut point » d'un consentement forcé. Si l'on employait la violence » pour établir la vraie foi, la doctrine épiscopale s'élé» verait contre cet abus; elle s'écrierait : Dieu est le » Dieu de tous les hommes; il n'a pas besoin d'une puis» sance sans liberté; il ne reçoit pas une profession que » le cœur désavoue : il ne s'agit pas de le tromper, mais » de le servir. »

tèrent furent toujours persécutées; mais peu à peu les bûchers s'éteignirent avec les haines.

Lorsqu'on voulut attaquer les hérétiques, on leur imputa toutes sortes de sacriléges. Craignons de voir rentrer dans nos codes les crimes d'hérésie, après y avoir vu introduire celui de sacrilége; ces deux crimes sont frères.

L'influence de la religion, quand elle a persécuté, est devenue redoutable aux princes comme aux peuples, ce que ne pouvaient l'intérêt, l'ambition, le courage, ses ministres osaient l'entreprendre. Armés d'une autorité sainte et redoutée, ils commandaient en maîtres et ils étaient obéis, ils parlaient en souverains et ils étaient respectés. La nature muette, les lois sans force, tous les droits sacrés de l'humanité sans pouvoir, tentaient vainement de leur résister; c'était pour le ciel qu'ils disaient combattre; c'était pour le ciel qu'ils armaient le fils contre le père, le frère contre son frère, le sujet contre son roi. Les annales du monde sont remplies de combats, de meurtres, de persécutions, ordonnés et exécutés par des ministres de la religion, quand ils ont voulu usurper l'autorité temporelle. Dans tous les siècles on les voit du pied des autels porter le trouble dans le sein des familles, ravager les campagnes, brûler les villes, dévaster l'univers, et, couvrant la terre de sang et de cadavres, faire plus de maux à l'humanité que n'en font les conquérans les plus ambitieux, les usurpateurs les plus injustes, les tyrans les plus cruels, et les rebelles les plus audacieux.

CHAPITRE XII.

Des crimes de lèse-majesté humaine.

Après les crimes de lèse-majesté divine, viennent ceux de lèse-majesté humaine, qui comprennent tous les attentats contre l'autorité et la personne des rois, que des ambitieux ou des fous ont dit être *les images de Dieu sur la terre*. Les coupables de ces crimes contre les *hommes divinisés* ont aussi été considérés comme sacriléges.

Les lois de la Chine décident que quiconque manque de respect à l'empereur doit être puni de mort (1). Comme elles ne définissent pas ce que

(1) A la Chine, le criminel de lèse-majesté est étendu sur une planche, et le bourreau, armé d'un croc de fer rouge, lui arrache un nombre fixé de morceaux de chair, qu'il déchire avec son couteau. Le premier coup ne doit pas ôter la vie. Ce serait un crime qui la ferait perdre au ministre sanguinaire de la vengeance des lois; mais quand l'exécution est finie, on laisse au bourreau le droit de donner à la malheureuse victime l'adoucissement de la mort.

Les Chinois n'ont d'autre religion que celle de leur

c'est que ce manquement de respect, tout peut fournir un prétexte pour ôter la vie à qui l'on veut, et exterminer la famille de qui l'on veut. Deux personnes chargées de faire la gazette de la cour, ayant mis dans quelques faits des circonstances qui ne se trouvèrent pas vraies, on les fit mourir (1). Un prince du sang ayant mis quelque note par mégarde sur un mémorial signé du pinceau rouge par l'empereur, on décida qu'il avait manqué de respect à l'empereur, ce qui causa contre cette famille une des plus terribles persécutions dont l'histoire ait jamais parlé (2).

C'est un violent abus de donner le nom de crime de lèse-majesté à une action qui n'est pas un crime. Une loi des empereurs poursuivait comme sacri-

---

king, ou roi, qui est ensemble roi, pontife et patriarche. Aussi les crimes de lèse-majesté y sont fréquens et cruellement punis.

Lorsqu'un soldat cochinchinois a mérité la mort pour crime de lèse-majesté, on l'attache nu à un poteau, et chacun de ses camarades lui coupe un morceau de chair.

A Siam, un vassal coupable de lèse-majesté fut puni avec une atroce lenteur. Le roi le fit nourrir pendant quelque tems de la chair qu'on arrachait de son corps, et qu'on grillait dans une poêle.

(1) Le P. Du Halde, tome 1, page 43.

(2) Lettres du P. Parennin, dans les Lettres édifiantes.

léges (1) ceux qui mettaient en question le jugement du prince, et doutaient du mérite de ceux qu'il avait choisis pour quelque emploi (2); ce furent bien le cabinet et les favoris qui établirent ce crime. Une autre loi avait déclaré que ceux qui attentent contre les ministres et les officiers du prince sont criminels de lèse-majesté, comme s'ils attentaient contre le prince même. Nous devons cette loi à deux princes (3) dont la faiblesse est célèbre dans l'histoire; deux princes qui furent menés par leurs ministres comme les troupeaux sont conduits par les pasteurs; deux princes, esclaves dans le palais, enfans dans le conseil, étrangers aux armées, qui ne conservèrent l'empire que parce qu'ils le donnèrent tous les jours. Quelques-uns de ces favoris conspirèrent contre leurs empereurs; ils firent plus, ils conspirèrent contre l'empire; ils y appelèrent les barbares; et quand on voulut les arrêter, l'état était si faible

(1) Gratien, Valentinien et Théodose. C'est la troisième au code *de crim. sacril.*

(2) *Sacrilegii instar est dubitare an is dignus sit quem elegerit imperator*, *ibid.* Cette loi a servi de modèle à celle de Roger, dans les constitutions de Naples.

(3) Arcadius et Honorius.

qu'il fallut violer la loi, et s'exposer au crime de lèse-majesté pour les punir.

C'est pourtant sur cette loi que se fondait le rapporteur de Cinq-Mars, lorsque voulant prouver qu'il était coupable du crime de lèse-majesté pour avoir voulu chasser le cardinal de Richelieu des affaires, il dit : « Le crime qui touche la personne » des ministres, des princes, est réputé, par les » constitutions des empereurs, de pareil poids » que celui qui touche leur personne. Un ministre » sert bien son prince et son état; on l'ôte à tous » les deux : c'est comme si l'on privait le premier » d'un bras (1), et le second d'une partie de sa » puissance. » Quand la servitude elle-même viendrait sur la terre elle ne parlerait pas autrement.

Une autre loi de Valentinien, Théodose et Arcadius (2), déclare les faux-monnayeurs coupables du crime de lèse-majesté. Mais n'était-ce pas confondre les idées des choses? Porter sur un autre crime le nom de lèse-majesté, n'est-ce pas diminuer l'horreur du crime de lèse-majesté?

Paulin ayant mandé à l'empereur Alexandre qu'il « se préparait à poursuivre comme criminel

---

(1) Loi au code *ad leg. jul. maj. Nam ipsi pars corporis nostri sunt.*

(2) C'est la neuvième au cod. Theod., *de falsa moneta.*

» de lèse-majesté, un juge qui avait prononcé » contre ses ordonnances, l'empereur lui répondit » que dans un siècle comme le sien les crimes de » lèse-majesté indirects n'avaient point lieu (1). »

« Faustinien ayant écrit au même empereur qu'ayant juré, par la vie du prince, qu'il ne pardonnerait jamais à son esclave, il se voyait obligé de perpétuer sa colère, pour ne pas se rendre coupable du crime de lèse-majesté : « Vous avez pris de vaines terreurs (2), lui répondit l'empereur, et vous ne connaissez pas mes maximes. »

Un sénatus-consulte (3) ordonna que celui qui avait fondu des statues de l'empereur qui auraient été réprouvées, ne serait point coupable de lèse-majesté. Les empereurs Sévère et Antonin écrivirent à Pontius (4) que celui qui vendrait des statues de l'empereur non consacrées ne tomberait point dans le crime de lèse-majesté. Les mêmes

---

(1) *Etiam ex aliis caussis majestatis crimina cessant meo seculo. Leg.* 1, *cod.*, *lib. IX*, *tit. VIII*, *ad leg. jul. maj.*

(2) *Alienam sectæ meæ, sollicitudinem concepisti. Leg. II*, *cod.*, *lib. XLIII*, *tit. IV*, *ad leg. jul. maj.*

(3) Voyez la loi IV, § III, au ff, *ad leg. jul. maj.*, liv. XLIII, tom. IV.

(4) Voyez la loi V, § 2, ibid.

empereurs écrivirent à Julius Cassianus que celui qui jeterait par hasard une pierre contre une statue de l'empereur, ne devait point être poursuivi comme criminel de lèse-majesté (1). La loi Julie demandait ces sortes de modifications, car elle avait rendu coupable de lèse-majesté, non-seulement ceux qui fondaient les statues des empereurs, mais ceux qui commettaient quelque action semblable (2); ce qui rendait ce crime arbitraire. Quand on eut établi bien des crimes de lèse-majesté, il fallut nécessairement distinguer ces crimes. Aussi le jurisconsulte Ulpien, après avoir dit que l'accusation du crime de lèse-majesté ne s'éteignait point par la mort du coupable, ajoute-t-il que cela ne regarde pas (3) tous les crimes de lèse-majesté établis par la loi Julie, mais seulement celui qui contient un attentat contre l'empire ou contre la vie de l'empereur.

Une loi d'Angleterre, passée sous Henri VIII, déclarait coupables de haute trahison tous ceux qui prédiraient la mort du roi. Cette loi était bien

---

(1) Voyez la loi V, § I, au ff, *ad leg. jul. maj.*, Liv. XLVIII, tome IV.

(2) *Aliudve quid simile admiserint. Leg. VI*, ibid.

(3) Dans la loi dernière, ibid.

vague : le despotisme est si terrible, qu'il se tourne même contre ceux qui l'exercent. Dans la dernière maladie de ce roi, les médecins n'osèrent jamais dire qu'il fût en danger, et ils agirent sans doute en conséquence. (1).

Un Marsias songea qu'il coupait la gorge à Denys (2). Celui-ci le fit mourir, disant qu'il n'y aurait pas songé la nuit s'il n'y eût pensé le jour : c'était une grande tyrannie ; car quand même il y aurait pensé, il n'avait pas attenté (3) : les lois ne chargent de punir que les actions extérieures.

Rien ne rend encore le crime de lèse-majesté plus arbitraire que quand des paroles indiscrètes en deviennent la matière. Il y a tant de différence entre l'indiscrétion et la malice, et il y en a si peu dans les expressions qu'elles emploient, que la loi ne peut guère soumettre les paroles à une peine capitale, à moins qu'elle ne déclare expressément celles qu'elle y soumet (4).

---

(1) Voyez l'histoire de la réformation, par M. Burnet.

(2) Plutarque, vie de Denys.

(3) Il faut que la pensée soit jointe à quelque sorte d'action.

(4) *Si non tale sic delictum, in quod vel scriptura legis descendit, vel ad exemplum legis vindicandum est*, dit Modestinus dans la loi VII, § III, *in fine*, au ff., *ad leg. jul. maj.*

Les paroles ne forment point un corps de délit; elles ne restent que dans l'idée. La plupart du tems elles ne signifient point par elles-mêmes, mais par le ton dont on les dit. Souvent en redisant les mêmes paroles, on ne rend pas le même sens; ce sens dépend de la liaison qu'elles ont avec d'autres choses. Quelquefois le silence exprime plus que tous les discours. Il n'y a rien de si équivoque que tout cela : comment donc en faire un crime de lèse-majesté? Partout où cette loi est établie, non seulement la liberté n'est plus, mais son ombre même.

Dans le manifeste de la czarine Anne, donné contre la famille d'Olgourouki (1), un de ces princes est condamné à mort pour avoir proféré des paroles indécentes qui avaient du rapport à sa personne; un autre, pour avoir malignement interprété ses sages dispositions pour l'empire, et offensé sa personne sacrée par des paroles peu respectueuses.

Je ne prétends point diminuer l'indignation que l'on doit avoir contre ceux qui veulent flétrir la gloire de leur prince; mais je dirai bien que, si l'on veut modérer le despotisme, une simple punition correctionnelle conviendra mieux dans ces

---

(1) En 1740.

occasions qu'une accusation de lèse-majesté, toujours terrible à l'innocence même (1).

C'est Montesquieu qui s'exprime ainsi. Aux faits qu'il a cités, je crois devoir ajouter les suivans :

On punit de mort, sous Domitien, une femme pour s'être déshabillée devant la statue de l'empereur.

Les Grecs du Bas-Empire avaient un si grand respect pour les ornemens impériaux, que c'était un crime de porter ou d'avoir chez soi des étoffes de pourpre.

Un gentilhomme anglais avait un daim blanc dans son parc; Edouard IV le tua. Le maître du daim dit en colère : *Je voudrais que celui qui a conseillé ce divertissement au roi eût le daim et ses cornes dans le ventre.* Comme personne n'avait donné ce conseil au prince, cette imprécation passa pour un crime de lèse-majesté, et on fit mourir le gentilhomme.

On poussait le raffinement de la flatterie jusqu'à condamner comme coupables de lèse-majesté ceux qui osaient attaquer les goûts du prince. On cite un arrêt de la chambre étoilée qui condamna au

---

(1) *Nec lubricum linguæ ad pœnam facili trahendum est.* Modestin., dans la loi VII, § III, au ff, *ad. leg. jul. maj.*

pilori, à l'amende et à avoir les oreilles coupées, un avocat, nommé Prinn, pour avoir écrit contre la comédie qu'aimaient Charles Ier et la reine Henriette.

En France, *où de toute ancienneté*, dit Guichardin, *on ne porte pas moins de révérence à la majesté des rois qu'on fait à la divinité*, le crime de lèse-majesté était puni de la mort la plus rigoureuse, qui était d'être tiré et démembré à quatre chevaux.

Par arrêt du 29 septembre 1595, Jean Châtel, qui avait blessé Henri IV d'un coup de couteau au visage, fut déclaré atteint et convaincu du crime *de lèse-majesté divine et humaine* au premier chef. Après avoir fait amende honorable, on le conduisit dans un tombereau sur la place de Grève, où il fut tenaillé aux bras et aux cuisses, et sa main droite tenant le couteau dont il s'était efforcé de commettre ce parricide, coupée, et, après, son corps tiré et démembré avec quatre chevaux, et ses membres et corps jetés au feu et consommés en cendres, et les cendres jetées au vent; ses biens acquis et confisqués au roi. Avant l'exécution il fut appliqué à la question ordinaire et extraordinaire pour avoir la révélation de ses complices (1). La maison de Jean Châtel fut rasée, et

---

(1) Habituellement, au parlement de Paris, on don-

on éleva à la place une pyramide avec des inscriptions; elle fut abattue en 1606.

Le 27 mars 1610, Ravaillac fut condamné au même supplice que Jean Châtel; on l'aggrava même. Il fut ordonné que sa main droite serait brûlée de feu de soufre, et que sur les endroits où il serait tenaillé il serait jeté du plomb fondu, de l'huile bouillante, de la poix-résine bouillante, de la cire et soufre fondus ensemble; il fut aussi ordonné que la maison où il était né serait démolie. L'exé-

---

nait la question à l'eau. On faisait asseoir le patient sur un tabouret de pierre; on lui attachait les poignets à deux anneaux de fer distant l'un de l'autre, derrière son dos; puis les deux pieds à deux autres anneaux qui tenaient à un autre mur devant lui; on tendait toutes les cordes avec force, et lorsque le corps du patient commençait à ne plus pouvoir s'étendre, on lui passait un tréteau sous les reins, ensuite on tendait encore les cordes, jusqu'à ce que le corps fût bien en extension.

Le questionnaire, homme désigné par sa charge à cet ouvrage, tenait d'une main une corne de bœuf creusée, de l'autre il versait de l'eau dans la corne, en faisait avaler quatre pintes pour la question ordinaire, et huit pintes pour l'extraordinaire.

Un chirurgien tenait le pouls du patient, et faisait arrêter pour un instant, suivant qu'il le sentait faible. Pendant ces intervalles, on interrogeait l'accusé pour en arracher l'aveu du crime dont il était prévenu, ou pour avoir révélation de ses complices.

cuteur le tenailla par tout le corps avec des tenailles ardentes ; sa main droite, dont il tenait le couteau fatal, fut mise sur le feu et brûlée lentement jusqu'au-delà du poignet, et durant ce supplice l'exécuteur versait dessus, de tems en tems, des cornets de soufre. Lorsque sa main fut brûlée, on versa du plomb fondu sur les plaies que les tenailles avait faites, ensuite de l'huile bouillante, de la poix résine, de la cire et du soufre fondus ensemble. On anima ensuite les chevaux qui le tirèrent avec violence pendant une heure au moins. Un gentilhomme qui était présent, voyant que les chevaux étaient hors d'haleine, descendit du sien, détacha l'autre, mit à sa place celui sur lequel il était monté, et l'aida lui-même à tirer. L'exécuteur, voyant Ravaillac près d'expirer, acheva de séparer les membres de son corps avec des couperets, et chaque cheval emporta son quartier. Le peuple se jeta alors sur le cadavre, le foula aux pieds, divisa tous ses membres, et les traîna par les rues où on en brûla les morceaux.

Damiens, condamné comme criminel de lèse-majesté le 26 mars 1757, subit le même supplice que Ravaillac. Il fut, avant l'exécution, appliqué à la question des brodequins (1). Il fut déchiqueté

(1) Pour la question des brodequins, on faisait asseoir

et brûlé lentement; trois membres étaient séparés du tronc, et le misérable respirait encore.

Quand une femme se rendait coupable du crime de lèse-majesté au premier chef, on la condamnait à être brûlée vive. Au mois de juin 1600, le parlement fit subir ce supplice à Nicole Mignon, convaincue d'avoir conspiré contre la vie d'Henri IV.

Les crimes de lèse-majesté divine et humaine étaient exceptés du pardon accordé par les rois à l'époque de leur sacre.

---

le criminel, on lui attachait les bras et on lui faisait tenir les jambes à-plomb; ensuite on plaçait du côté de chaque jambe deux planches, une en dedans, l'autre en dehors; on les serrait contre la jambe en les liant sous le genou et au-dessus de la cheville du pied; ensuite, ayant placé les jambes près l'une de l'autre, on les liait toutes deux ensemble avec de pareilles cordes placées aux mêmes lieux; alors on introduisait avec force des coins de bois dans les deux planches du dedans, entre les genoux, et par le bas, entre les deux pieds. Ces coins serraient les planches de chaque jambe de façon à faire craquer les os. La question ordinaire était de quatre coins, l'extraordinaire de huit.

CHAPITRE XIII.

De l'Amende Honorable.

Une peine qui ne figurait pas dans le code pénal, mais qui faisait partie de l'ancienne législation française, vient d'être introduite dans la loi sur le sacrilége.

Nous ne savons de quelle espèce sera l'amende honorable portée par la nouvelle loi.

L'amende honorable était une punition infamante, une espèce de réparation publique, particulièrement usitée en France, à laquelle on condamnait les criminels de lèse-majesté, et ceux qui s'étaient rendus coupables de quelque scandale public, tels que les séditieux, les sacriléges, les faussaires, les banqueroutiers frauduleux, les calomniateurs, les usuriers, les blasphémateurs, etc.

L'ordonnance de 1670, art. 25, a déclaré qu'après la peine de mort, une des plus rigoureuses est l'amende honorable : cette ordonnance la met au nombre des peines afflictives.

Sous les rois de la première race, un Français convaincu de quelque crime considérable était condamné à parcourir une distance marquée, nu en chemise, portant un chien ou une selle de cheval sur ses épaules. C'est de là que vient, dit-on, la coutume de faire *amende honorable*, en chemise, avec quelque *décoration* ignominieuse.

On distingua deux sortes d'amende honorable : l'une *simple* ou *sèche*, l'autre *in figuris*.

La première était une réparation à laquelle était condamné celui qui avait fait ou dit quelque chose contre l'honneur de quelqu'un, lorsque le crime méritait, à la vérité, d'être puni, mais n'était pas des plus atroces. Le condamné devait dire dans la chambre du conseil, nu-tête, à genoux, et sans aucune marque d'ignominie, que « faussement il » avait dit ou fait quelque chose contre l'autorité » du roi ou l'honneur de quelqu'un, dont il de» mandait pardon à Dieu, au roi et à la justice. » Il était conduit par le geôlier.

La formule était la même pour *l'amende honorable in figuris*, et les formalités à observer différaient peu : le coupable était à genoux, en chemise, la corde au cou, une torche à la main, et conduit par le bourreau.

Si celui qui devait faire amende honorable refusait d'obéir, il pouvait être condamné à une plus grande peine, au fouet, au pilori, aux galères, et quelquefois à la mort.

Le juge d'église ne pouvait faire exécuter son justiciable en l'amende honorable dans un lieu public. Deux princes ont subi cette humiliante punition, et tous deux y ont été condamnés par l'audace et la puissance des prêtres.

Louis Ier, dit le *débonnaire*, était tombé au pouvoir de ses fils, révoltés contre lui. Lothaire, l'un d'eux, plus coupable puisqu'il était associé à l'empire, traîna son père prisonnier à Compiégne, et le fit comparaître devant une assemblée d'évêques, de chanoines et de moines, dans l'église Notre-Dame de Soissons, pour lui faire abdiquer la couronne, et le soumettre à ce qu'il appelait *pénitence publique*. Là, en présence de Lothaire, Ebbon, archevêque de Reims, fit étendre un cilice devant l'autel, ordonna à l'empereur d'ôter son baudrier, son habit, son épée, et de se prosterner sur le cilice. Ebbon le força de lire à haute voix un écrit dans lequel il s'accusait de sacrilége et d'homicide. Louis lut d'une voix entrecoupée de sanglots, la longue liste de ses crimes, dans laquelle il était spécifié qu'il avait fait marcher ses troupes en carême, et indiqué un parlement le jeudi-saint. Un procès-verbal fut dressé de la cérémonie, et Louis, vêtu du sac de pénitent, demeura enfermé pendant un an dans une cellule du couvent de Saint-Médard de Soissons. Cet acte honteux eut lieu en 833.

On tâche toujours de justifier par des exemples les entreprises extraordinaires : cette pénitence de Louis fut autorisée par le souvenir d'un certain roi visigoth, nommé Vamba, qui régnait en Espagne en 681. Il fut revêtu d'un sac de pénitent, et se soumit à la pénitence publique ; on lui déclara qu'il n'était pas capable des fonctions de la royauté ; il fut mis sept jours dans un monastère (1).

Une secte s'était élevée dans le Languedoc ; ses prosélytes étaient appelés *albigeois*, *bons-hommes*, *manichéens*, *vaudois*, etc. Des moines avaient été délégués par le pape Innocent III,

---

(1) « Il est le premier qui ait cru ajouter à ses droits en » se faisant sacrer, et il fut le premier que les prêtres » chassèrent du trône. Obligé, en qualité de pénitent et » de moine, de quitter la royauté, il choisit un succes- » seur qui assembla un concile à Tolède. Ce concile formé, » comme tous ceux d'Espagne et des Gaules du même » tems, d'un grand nombre d'évêques et de quelques » seigneurs laïques, déclara les sujets de Vamba dégagés » envers lui du serment de fidélité, et anathématisa qui- » conque ne reconnaîtrait pas le nouveau roi, qui se garda » bien de se faire sacrer. L'aventure de Vamba dégoûta » le roi d'Espagne de cette cérémonie. » (VOLTAIRE.)

pour juger les dissidens. L'un de ces légats, Pierre de Castelnau, fut assassiné. Les soupçons tombèrent sur Raimond IV, comte de Toulouse, prince dont la foi était suspecte, et qui avait eu des démêlés assez vifs avec ce légat. Le pape l'excommunia, mit ses états en interdit, et délia ses sujets du serment de fidélité. Raimond, effrayé, se soumit (1209). Un des légats du pape, nommé Milon, lui commanda de le venir trouver à Valence, de lui livrer sept châteaux qu'il possédait en Provence, de se croiser lui-même contre les Albigeois ses sujets, et de faire amende honorable. Le comte obéit.

Il parut devant le légat, et *devant plus de vingt archevêques et évêques*, nu jusqu'à la ceinture, nu-pieds, à la porte de l'église Saint-Gilles; là, un diacre lui mit la corde au cou, et un autre diacre le fouetta, tandis que le légat tenait un bout de la corde; après quoi on fit prosterner le prince à la porte de cette église, pendant le dîner du légat (1).

---

(1) On lit dans Pierre de Vaulx-Cernay, Hist. des Albigeois :

« Puis le légat fit placer une étole au cou du comte, » et, le tirant par cette étole, il l'introduisit absous de- » dans l'église en le fouettant. »

Son humiliation n'avait pas satisfait ses ennemis : Simon de Montfort, Louis VIII, et Blanche de Castille, régente de France, le dépouillèrent de ses états. Il obtint enfin la paix, qui fut signée à Paris. Les conditions du traité furent de la plus grande perfidie ; mais l'excommunication fut révoquée. Pour comble d'outrage, on le conduisit en chemise et nu-pieds, devant l'autel de Notre-Dame de Paris, où il fut contraint de demander pardon à la Vierge des crimes qu'on lui imputait.

Vers le même tems, Henri II, roi d'Angleterre, après ses démêlés avec le pape à l'occasion du meurtre de Thomas Becket, s'engagea à aller pieds nus au tombeau du prélat, canonisé sous le nom de saint Thomas de Cantorbery, et à y recevoir la discipline par les mains des moines de Saint-Augustin.

Avant le comte Raimond, le roi Louis VII s'était déjà soumis à un acte bien extraordinaire d'autorité de la part des prêtres.

Ce prince, surpris par la nuit, s'arrêta dans le village de Créteil, qui appartenait, avec ses habitans, au chapitre de Notre-Dame de Paris, y prit un repas et y coucha. Les chanoines irrités, résolurent de se venger d'un roi qui avait porté atteinte aux propriétés de l'église. Le lendemain, le pieux Louis voulut entrer à Notre-Dame ; il trouva les portes fermées. En ayant demandé la cause, les chanoines lui firent répondre : » Quoique tu sois » roi, tu n'en es pas moins cet homme qui, contre » les libertés et les coutumes de la sainte église, a » eu l'audace de souper à Créteil, non à tes dé- » pens, mais à ceux des habitans de ce village. » Voilà pourquoi l'église a suspendu les offices et » t'a fermé ses portes. Tous les chanoines ont pris » la résolution de se soustraire à ton autorité, et, » plutôt que de souffrir la moindre atteinte aux » droits de leur église, ils sont prêts, s'il est né- » cessaire, à endurer toutes sortes de tourmens. »

Le roi, pénétré de regrets et de douleur, répondit : « Je ne l'ai point fait exprès ; la nuit m'a » surpris en chemin ; il était trop tard pour que je » pusse continuer ma route, et aller jusqu'à Paris ; » les habitans de Créteil se sont empressés de four- » nir à mes dépenses ; je ne les ai point forcés, et » je n'ai pas voulu repousser leur accueil obligeant ; » qu'on fasse venir l'évêque Thibault et le doyen » Clément, tout le chapitre, et même le chanoine » prévôt de ce village, si je suis déclaré coupable » je ferai satisfaction. Je m'en rapporte à leur dé- » cision sur mon innocence. »

Le roi resta en prières à la porte de l'église, tandis que l'archevêque intercédait pour lui auprès des chanoines. Louis ne fut reçu dans l'intérieur qu'après avoir fait déposer deux chandeliers d'argent pour gage de sa parole. Il restitua les dépenses qu'avait occasionées son séjour à Créteil, et vint placer solennellement sur l'autel une baguette, autour de laquelle était le récit de cet événement : monument déplorable de la témérité des moines et de la faiblesse des rois !

Louis VIII, le fils et le successeur de Philippe-Auguste, ecclésiastiquement jugé coupable pour avoir continué de prétendre à la couronne d'Angleterre, lorsque le pape la lui avait ôtée, après la lui avoir donnée de sa pleine puissance, expia cette rébellion en consentant par écrit de payer au pape le dixième de ses revenus de deux ans, et de se présenter nu-pieds, en chemise, à la porte de l'église de Notre-Dame de Paris, avec des verges, pour être fouetté par les chanoines. On assure qu'il ne le fut que sur le dos de ses chapelains.

Hugues Aubriot, prévôt de Paris, qui avait plusieurs fois réprimé l'arrogance de l'université, fut accusé de *judaïsme* par ce corps. Malgré son crédit, Hugues fut condamné, en 1378, à faire amende honorable *in figuris*, comme *juif abominable*, et à finir ses jours au pain et à l'eau, dans une basse fosse (1).

(1) Aubriot fit bâtir la Bastille pour défendre Paris

C'est par des faits qu'on explique suffisamment les matières de ce genre. En voici un d'une espèce remarquable.

Deux écoliers, poursuivis pour un vol considérable, en 1387, se réfugièrent dans l'église des Carmes de la place Maubert, à Paris. Trois sergens eurent ordre de les enlever et de les conduire en prison. Les carmes se récrièrent contre cet attentat ; tout le clergé prit parti dans cette affaire, et la justice séculière fut obligée de punir les sergens.

Un arrêt solennel les condamna à faire amende honorable devant la porte de l'église qu'ils avaient *violée ;* le premier sergent, nu en chemise, et tenant une torche de quatre livres à la main ; les deux autres pieds nus, sans chaperon, vêtus seulement d'une *cotte*, et tenant en main un cierge de deux livres (1).

---

contre les Anglais, et le petit Châtelet, pour tenir en bride les écoliers ; il fit encore élever le pont Saint-Michel et décora Paris de plusieurs édifices. Il fut aimé de Charles V et de Charles VI ; mais il ne persécutait point les Juifs, et le fanatisme devait s'en fâcher. En 1381, les Maillotins le retirèrent de sa prison pour le placer à leur tête. Rendu à la liberté, Aubriot s'échappa de leurs mains et se réfugia en Bourgogne, sa patrie, où il mourut en 1382.

(1) Les cierges et les torches appartenaient aux moines après la cérémonie.

Le premier sergent paya aux carmes 30 livres d'amende; les deux autres, quinze livres chacun. On les tint en prison jusqu'à l'entier paiement de ces sommes, et après tous les dépens, dommages, et intérêts auxquels ils avaient été condamnés; on leur défendit encore d'exercer à l'avenir aucun office royal. Enfin, on fit faire, à leurs frais, un tableau qui les représentait dans leur *péché*. Ce tableau se voyait, il n'y a pas long-tems, dans la nef des Carmes.

Corrozet rapporte qu'un soldat des troupes que Louis XI avait envoyées à Paris, pour défendre cette ville contre l'armée du duc de Bourgogne, ayant osé dire que les *Parisiens étaient des Bourguignons*, « en réparation de ladite injure et cou- » tumélie, et comme on était alors en guerre avec » le duc de Bourgogne, ce soldat fut arrêté, et fit » amende honorable devant l'Hôtel-de-ville, en » chemise, tête nue, une torche ardente dans la » main, et eut ensuite la langue percée d'un fer » chaud. »

Cette punition n'était souvent que le prélude de la peine capitale ou des galères. Il y avait des cas où l'on attachait au condamné, devant et derrière, un écriteau qui indiquait la nature de son crime (1).

(1) Il faut plus particulièrement lire dans le *Recueil*

Les bulles de Rome contre l'autorité des rois de France furent souvent foulées aux pieds et livrées aux flammes. Les excès de Benoît XIII, compétiteur d'Innocent VII, allumèrent dans tous les cœurs le desir de la vengeance. On ne se borna pas à brûler ses bulles; on obligea ses envoyés à faire amende honorable sur un échafaud dressé au milieu de la place publique. Les registres du parlement portent: «Ceux qui avaient apporté la bulle » furent échafaudez, mitrez et prêchez publique- » ment. »

En 1528, un des capitaines de la Basoche voulut se distinguer dans la cérémonie de la montre. Il composa sa compagnie de femmes et de jeunes clercs déguisés en femmes. Un clerc ayant refusé d'assister à la montre dans ce déguisement, le roi de la Basoche le fit condamner à demander pardon, et dans la formule de ce pardon il est dit que, pour ses défenses, «*petitâ delicti veniâ*, il proteste » de ne dire chose dérogeante *à la majesté royale* » *du très illustre roi de la Basoche.* »

Le 5 avril 1738, le parlement de Bordeaux

---

des causes célèbres, les procès du faux Martin-Guerre, d'Urbain Grandier, de la marquise de Brinvilliers, de la Pivardière, de Montbailli, de la belle épicière, de Lebrun et de Gaufridy.

condamna onze religionnaires à assister, nu-pieds et nu-tête, à une procession qui partit du palais pour se rendre à l'église de Saint-André. Le parlement y alla en corps. Etant arrivés devant la cathédrale, les onze religionnaires montèrent sur un échafaud et y firent amende honorable.

En 1552, Julien Taboué, procureur-général du parlement de Chambéry, en Savoie (qui était alors au pouvoir de la France), voulant se venger de quelques désagrémens qu'il avait reçus de ce parlement, dénonça le premier président et plusieurs conseillers comme coupables de malversations daus l'exercice de leurs fonctions. Henri II attribua la connaissance de l'affaire au parlement de Dijon, qui, par arrêt du 28 juillet 1552, condamna le premier président, Messire Raymond Pélisson, à crier merci à Dieu, au roi et à la justice. On envoya chercher ce vieillard, accablé d'infirmités, au château de Dijon où il était détenu; comme il était perclus de la moitié de son corps, il entra dans la chambre de l'audience, accompagné d'archers et porté sur une chaise, vêtu d'une robe de taffetas noir, d'une saye de satin noir, ayant sur la tête, suivant l'usage de ce tems, un petit bonnet de soie noire, et tenant son bonnet carré à la main. Quand il fallut mettre les genoux en terre pour procéder à l'exécution de l'arrêt, comme ses infirmités ne lui permettaient pas de faire le moindre mouvement, les porte-faix qui l'avaient amené le placèrent dans cette position humiliante; on lui mit entre les mains une torche de cire ardente, du poids de quatre livres, et en cet état il fit l'amende honorable à laquelle il avait été condamné. Le parlement de Paris ayant réformé la décision en vertu de laquelle on lui avait fait subir cette peine humiliante, son accusateur, Taboué, fut à son tour condamné à faire amende honorable devant la cour qui prononça son arrêt, sur le perron du palais, et à être conduit en une charrette au pilori des halles de la ville de Paris, par l'exécuteur de la haute justice, pour y être tourné trois tours, et après être ramené à la conciergerie du palais, et outre ce il fut condamné à faire amende honorable devant la cour de Chambéry.

En 1568, un soldat de la compagnie de Monferrat donna un soufflet à un jurat de Bordeaux (1). Le parlement condamna le coupable à être traîné sur la claie par tous les carrefours de la ville, à faire amende honorable, nu-pieds, en chemise, tenant une torche ardente à la main, à demander

(1) Les jurats étaient des officiers municipaux de la ville de Bordeaux.

pardon à Dieu, au roi, à la justice, au maire et aux jurats, devant l'Hôtel-de-Ville, à être ensuite conduit devant la maison du jurat qu'il avait maltraité, pour y avoir le poing coupé, et de là conduit devant l'Hôtel-de-Ville.

En 1589, pendant les troubles de la ligue, un fourbisseur, accusé d'avoir porté atteinte à la réputation d'un nommé Maupin, mayeur ou maire d'Abbeville, fut condamné, dans une assemblée de la ville, à être conduit dans un tombereau, la corde au cou, devant Saint-Vulfranc, pour faire amende honorable. Il fut fouetté, marqué d'un fer chaud, et banni du royaume. Une telle sévérité avait été inusitée jusqu'alors pour un semblable délit.

Henri IV, en 1595, après avoir abjuré l'hérésie, reçut publiquement à Rome, du pape Clément VIII, l'absolution et les coups de verge pénitentiels sur les épaules de ses deux ambassadeurs, les cardinaux Duperron et d'Ossat.

Autrefois, la veille du jour où l'on célébrait la mémoire de saint Riquier, dans le Ponthieu, un moine de l'abbaye devait se présenter avec une torche allumée au poing sur le pont-levis du chateau de La Ferté, où on lui signifiait *de ne point troubler les cendres d'Isambart;* et le religieux, après quelques difficultés, déclarait qu'il les respecterait. Les moines de cette abbaye avaient autrefois méconnu et insulté ce seigneur.

Sous le pontificat de Clément VIII, un moine augustin osa renouveler dans une thèse les doctrines justement proscrites par l'église gallicane. Il fit imprimer que le souverain pontife, successeur de saint Pierre, tenait sur la terre la place de Dieu; qu'en sa qualité de souverain et grand pontife, il avait sur tous le pouvoir spirituel et temporel; que l'église ayant le pouvoir des deux glaives, accordait l'usage du glaive temporel aux rois et aux magistrats; que tous les hommes, de quelque rang qu'ils pussent être, étaient tenus d'obéir au chef de l'église. Le parlement arrêta la thèse, décréta de prise de corps le moine et son président, et les envoya à la Conciergerie. Les propositions furent déclarées fausses, schismatiques, contraires à la parole de Dieu, aux constitutions canoniques, aux lois du royaume, et tendantes à rébellion et perturbation du repos public.

Le moine augustin, qui avait dressé la thèse pour obtenir le grade de bachelier, fut condamné à être conduit des prisons de la Conciergerie en la grande salle de la Sorbonne, en laquelle, dit l'arrêt, « les doyen, syndic, docteurs, licenciés et » bacheliers, seront assemblés au son de la cloche, » et illec, étant tête nue et à genoux, assistant le

» président, tête nue et debout, dire et déclarer » que témérairement et indiscrètement il a com- » posé et publié lesdites positions, pour être dis- » putées et par lui soutenues, dont il se repent et » demande pardon à Dieu, au roi et à justice; ce » fait, seront lesdites positions rompues et lacé- » rées. » Le même arrêt faisait défenses aux bache- liers de dresser semblables thèses, et à la faculté de les admettre, sous peine d'être déclarés crimi- nels de *lèse-majesté*.

En 1606, un curé de Ludon fut déclaré par le cardinal de Sourdis, archevêque de Bordeaux, rebelle et contumace, et excommunié, pour avoir refusé de résider dans sa cure; il fut ordonné au clergé et au peuple de l'éviter et de le fuir comme un membre pourri, capable d'infecter tout le trou- peau. Le curé appela comme d'abus. Le parlement déclara l'excommunication nulle et abusive, et ordonna au cardinal de donner dans tout le jour l'absolution *ad cautelam*, à peine de 4,000 liv. d'amende et de saisie de son temporel. Nouveau refus de la part du cardinal. Le parlement refuse à son tour d'assister aux cérémonies de l'église. L'archevêque fait défense aux curés et aux prêtres de donner l'absolution à aucun membre de cette compagnie. Nouvel arrêt qui condamne le cardi- nal à une amende, et lui inhibe de proférer aucune parole injurieuse contre le roi et son parlement, à peine d'encourir le crime de lèse-majesté; mais le cardinal s'étant pourvu à Rome, où il était approuvé et soutenu, le roi qui en fut instruit, donna ordre au parlement de suspendre les poursuites. Le curé excommunié reconnut sa faute et demanda l'absolution. Le cardinal lui ordonna de se rendre le premier dimanche de l'Avent à l'église de Saint-André, à l'issue de la grand'messe. Afin que cette action eût plus d'éclat, elle fut publiée au prône de toutes les églises paroissiales de la ville. On dressa un théâtre dans l'église de Saint-André. Le peuple accourut en foule pour être témoin de cette cérémonie extraordinaire. Le cardinal s'assit sur le théâtre, revêtu de ses habits pontificaux, et assisté de son chapitre. Le prêtre excommunié, revêtu de sa soutane et de son manteau, se coucha à ses pieds. On récita le *Miserere*, pendant lequel le prélat le frappait d'une verge qu'il tenait à la main. Après plusieurs cérémonies qui marquaient son humiliation, le coupable ayant demandé pardon de sa faute et du scandale dont il avait été la cause, le cardinal lui donna l'absolution, et prononça, dans la formule, les motifs pour lesquels il avait été excommunié, dont le principal était son appel comme d'abus, *et quia ad judices laïcos confugisti.*

On appelait aussi *faire amende honorable à quelqu'un*, lui faire une réparation publique en justice, ou en présence de personnes choisies à cet effet, des injures qu'on lui avait dites, ou des mauvais traitemens qu'on lui avait faits.

Voltaire raconte ainsi la profanation du cadavre de Ramus. « Il fallut souvent que le parlement » contînt la Sorbonne par des arrêts. Le savant Ra- » mus, bon géomètre pour son tems, et qui avait » déjà de la réputation sous le roi François Ier, ne » se doutait pas alors qu'il se préparait une mort » affreuse en soutenant une thèse contre la logique » d'Aristote. Il fut long-tems persécuté, traduit » même devant les tribunaux séculiers, par un » nommé Galantius Torticolis. On le menaça de le » faire condamner aux galères. De quoi s'agissait- » il ? Le principal objet de la dispute était la ma- » nière dont il fallait prononcer *quisquis* et *quam-* » *quam*.

» Enfin, Ramus vécut assez pour être une des » victimes de la Saint-Barthélemi. Ses ennemis » attendirent ce grand jour pour se venger de sa » réputation et du bien qu'il avait fait à la ville de » Paris, en fondant une chaire de géométrie. Ils » traînèrent son corps sanglant à la porte de tous » les colléges, pour faire *amende honorable* à la » philosophie d'Aristote.

» Les disciples zélés du stagirite grec furent si » encouragés chez les descendans des Gaulois, que » long-tems après que l'ivresse et la rage de la » Saint-Barthélemi furent passées, ils obtinrent, » en 1624, un arrêt qui défendait, sous *peine de » mort*, d'être d'un avis contraire à celui d'Aris- » tote. »

L'amende honorable a été abolie par l'art. 35 du titre Ier de la première partie du Code pénal, du 25 septembre 1791. Elle vient d'être rétablie par la loi du 20 avril 1825, sans indication du mode d'exécution.

J'ai dit que la punition de l'*amende honorable* avait été plus spécialement infligée en France. Cependant j'en ai trouvé quelques traces en Pologne.

« Un usage assez singulier termine le couron- » nement des rois et des reines, et, pour en con- » naître l'origine, il faut remonter jusqu'au on- » zième siècle. En 1077, Stanislas Szczeponowki, » évêque de Cracovie, avait osé remontrer aposto- » liquement au roi Boleslas II, toute l'horreur de » sa conduite : Boleslas, indigné, jure de tirer ven- » geance de cet affront; il envoie des gardes pour » assassiner le saint prélat; ils ont horreur de ce » crime; il s'en charge lui-même, et porte le coup » de la mort à Stanislas. Ce roi cruel, haï de ses « sujets, excommunié par le pape, abandonna le

» trône, et fut mourir inconnu hors de sa patrie. » Depuis ce tems, tous les rois, après leur couronnement, ont été faire une espèce d'amende » honorable sur le tombeau du saint évêque. Jean » se rendit à pied dans la chapelle où ce crime » s'est commis, et là il confessa *que ce crime était » atroce ; il dit qu'il en était innocent ; qu'il le » détestait et en demandait pardon*, *en implo» rant la protection du saint martyr sur lui et » sur son royaume*. Un tel usage devrait être in» troduit dans tous les lieux que les tyrans ont » teints du sang du juste (1). »

Il faut espérer que les Français ne se laisseront pas tenter par l'exemple de leurs voisins, chez qui cet usage ridicule, reste hideux des siècles de barbarie, paraît encore être en vigueur.

Au mois d'avril 1823, un étudiant en théologie à Lucerne, ayant osé révoquer en doute quelques doctrines de son professeur, notamment ce qui concerne l'infaillibilité du pape, a été condamné par Gügler, préfet de police au lycée, à une amende honorable. Le coupable, tenant de la main droite une verge, et de l'autre une corde, fut mis à genoux dans l'église paroissiale, et exposé à la vue de toute l'assemblée des fidèles.

---

(1) Fastes de la Pologne, 1769. T. I.

RÉSUMÉ.

Que de fois j'ai dû comprimer une indignation légitime pour arriver à la fin de cette histoire, dont le bourreau est presque toujours le héros !

S'il est des temps où il ne faut pas s'apesantir sur les crimes et les divisions des hommes, de peur de décourager la vertu, il en est d'autres aussi où il faut les dévoiler sans réserve afin d'en inspirer une salutaire horreur. Quand le jour de la tolérance, sans arrière-pensée, sera venu, on pourra cesser de redire tous les maux dont le fanatisme accabla l'humanité ; jusque là on ne saurait trop en exposer le lugubre et sanglant tableau.

Il est démontré que la législation du sacrilége, ouvrage des cultes païens et des cultes barbares, avait d'abord été repoussée par la loi de l'Evangile ; que les mœurs, altérées par une longue habitude de superstitions cruelles et persécutrices, en faussant le christianisme, l'avaient forcé d'accepter, avec l'empire, les lois sanguinaires des anciens peuples. Celui qui enseigne le pardon des injures a-t-il jamais ordonné de venger les siennes propres? Usurpant la puissance divine, l'homme voudrait punir l'homme au nom d'un Dieu miséricordieux et clément! Tout cela est d'une absurdité hideuse.

La théologie avait cessé de faire partie de la législation : dans quel but veut-on l'y rétablir de nouveau?

Il serait inutile de s'étendre davantage sur ce sujet. L'exposé des faits est déjà un jugement assez sévère du passé; et il faut laisser agir la raison des lecteurs. Anciennement les lois relatives au sacrilége s'appliquaient toutes à un culte exclusif et dominant. Mais aujourd'hui qu'un principe de tolérance a été déposé dans la Charte française, comment la loi nouvelle pourra-t-elle recevoir une exécution qui s'accorde avec la liberté des cultes et la liberté de conscience? « Pour punir les crimes, dit M. Pastoret (1), il est encore nécessaire de considérer la personne du coupable et la religion qu'il professe. Un chrétien foulant aux pieds dans une mosquée le croissant de Mahomet, un musulman insultant dans nos temples à la croix de Jésus-Christ, commettent-ils le même délit que si chacune des deux actions était produite par un homme attaché au culte dont il pro-

(1) Lois pénales.

» fane le culte religieux ? Ne considérez pas moins » les circonstances du sacrilége. Le crime d'un » Egyptien outrageant ses dieux n'est pas celui de » Cambyse, vainqueur, outrageant les animaux » sacrés et les prêtres qu'ils ont pour ministres. »

La nouvelle loi est incomplète. Pour en rendre l'application raisonnable et conséquente, on aurait dû la faire précéder d'une déclaration portant ce que chacun serait tenu de croire. L'arsenal des vieilles ordonnances en donnait une toute faite, qui, à la vérité, ne s'appliquait qu'aux chrétiens; mais on aurait pu l'étendre aux autres cultes. François Ier la publia le 23 juillet 1543. Elle ordonne d'observer certains articles résolus par la faculté de théologie de Paris, portant : « Un chacun chrétien est tenu de croire fermement, qu'en » la consécration qui se fait au saint-sacrement de » l'autel, le pain et le vin sont convertis au vrai » corps et sang de Jésus-Christ, et après ladite » consécration ne demeurent que les espèces dudit » pain et vin, sous lesquelles est réellement con- » tenu le vrai corps de Jésus-Christ, lequel est né » de la vierge Marie, et qui a souffert en l'arbre » de la croix. »

Ces lois prescrivaient à chacun de se conformer à la croyance établie; et cependant elles ne parurent pas toujours une garantie suffisante. On fit signer une profession de foi : « Chaque curé, chaque vicaire, dit un vieil historien, devait aller » dans toutes les maisons de sa paroisse, accom-» pagné de greffiers, de notaires et autres per-» sonnes publiques, afin de recueillir les signa-» tures et en faire registre, sur peine aux *défail-» lans et dilaians d'être brûlés sans autre forme » ne figure de procès.* »

Maintenant c'est aux ministres de la religion catholique que je m'adresserai. Puisque l'église a horreur du sang, c'est à eux qu'il appartient de réclamer contre une loi qui ordonne de verser du sang. Qu'ils répudient du haut de la chaire évangélique tout cet appareil de supplices dont on veut protéger leurs autels ; qu'ils n'oublient pas qu'ils peuvent reconquérir leur ancienne influence, non plus en l'établissant sur la puissance et les richesses, mais en se plaçant à la tête des forces morales de la société. Que leur voix pénètre dans le conseil du prince ; qu'ils demandent, à la place des lois de rigueur et de colère, des lois de douceur et de clémence pour une religion toute d'amour : alors ils verront les peuples se presser en foule autour d'eux. Monarque, princes, législateurs, éloignez de la religion ce glaive dont on veut armer sa main ; sa robe virginale ne doit pas être tachée de sang. Craignez qu'elle ne ressemble à cette Minerve antique que dans nos temps de troubles on avait fait asseoir sur les autels de la liberté; en plaçant sur sa tête un bonnet rouge, on avait transformé en furie la déesse de la sagesse : « La religion n'a besoin d'échafaud que pour le » triomphe de ses martyrs. »

LIVRE DEUXIÈME.

CHAPITRE PREMIER.

Question spéciale. — Discours du Garde-des-Sceaux en présentant le projet du 5 avril 1824. — Projet.

Les églises, quant aux vols qui peuvent y être commis, doivent elles être considérées comme des maisons habitées?

Cette question s'était plusieurs fois présentée devant les cours du royaume, et y avait été jugée diversement. Les partisans de l'intolérance appuyèrent leurs réclamations chagrines sur cette espèce de controverse de jurisprudence criminelle. Ils se récrièrent sur l'assimilation du lieu saint à une grange ou une étable; et en demandant une disposition rigoureuse, dont l'inutilité était manifeste, ils reprochaient à la loi son mépris ou tout au moins son indifférence pour la religion; ils accusaient d'athéisme nos législateurs et notre législation!

C'est dans cet état de choses que fut présenté à la chambre des pairs, en 1824, un projet de loi relatif à la punition des vols d'objets sacrés. Le mot sacrilége n'y fut pas introduit, parce qu'on le sous-entendait de reste. La présentation de ce projet n'était qu'une tentative pour arriver au plus audacieux résultat.

Discours de S. Exc. Mgr. le Garde-des-Sceaux, prononcé à la Chambre des Pairs.

Le roi nous a ordonné de vous apporter un projet de loi dont le but est de réprimer les délits qui se commettent dans les églises et dans les autres édifices consacrés aux cultes légalement établis dans le royaume.

Personne ne peut contester que la société ne soit profondément blessée par les outrages que reçoit la religion, qui en est le premier lien et la plus puissante garantie. Personne ne doute que parmi ces outrages, dont on a tant varié de nos jours l'expression et les formes, la profanation des lieux consacrés et des choses saintes ne soit le plus grand.

Le dommage qu'éprouve alors la société est considérable, parce que si l'autorité de la religion se fonde sur sa pureté et sa vérité, son influence s'établit aussi par la foi que l'on a en elle, et que la foi à son tour s'étend et se fortifie par les respects qu'elle obtient.

La gravité du crime s'accroît ainsi par son objet même; elle s'accroît encore par les obstacles qu'il faut surmonter pour le commettre, par les efforts qu'il faut faire sur soi-même pour étouffer l'horreur qu'il inspire. Le malheureux qui ose exécuter un pareil dessein doit avoir renoncé à tous les devoirs, à toutes les croyances qui unissent, qui élèvent et qui consolent les hommes. Il croit à peine aux châtimens de la justice humaine, et il n'en est pas effrayé. La pensée de Dieu n'est plus dans son esprit, ni le sentiment de la vertu dans son cœur. Peu s'en faut que ce ne soit le dernier degré de la perversité et de l'infamie : la société peut tout craindre de la part de celui qui a tout bravé.

Il est donc juste qu'elle se préserve de ses attentats, et qu'elle institue des peines pour les réprimer. Cependant nos lois actuelles semblent avoir refusé de prévoir ces crimes, et l'indifférence dont on les accuse excite de jour en jour de nombreuses plaintes. Nous avons récemment vu les cours du royaume, unanimes sur la nécessité d'infliger des châtimens sévères, se diviser cependant sur l'interprétation de la loi pénale, et déclarer tour-à-tour qu'elles permettaient et défendaient de les prononcer.

Le tems est venu de mettre un terme à ces incertitudes et à ces désordres. Ayant résolu de vous proposer quelques changemens dans le système général de notre législation criminelle, le roi a jugé qu'il était convenable de commencer cet utile ouvrage par les modifications que l'intérêt de la religion sollicite et qui importent le plus au bien de ses peuples.

Le vol et l'outrage à la pudeur, commis dans les édifices consacrés à la religion de l'état ou aux autres cultes reconnus en France, les désordres qui troublent la célébration des cérémonies religieuses, la destruction et la mutilation des saintes images et des monumens consacrés à la religion de l'état ou aux autres cultes; tels sont les délits auxquels s'appliquerait le projet de loi que nous soumettons à votre examen.

Selon ce projet, le caractère et la peine du vol varient par les circonstances qui l'accompagnent et par la nature de l'objet qui a été enlevé. Il est puni conformément à l'article 381 du Code pénal, c'est-à-dire du dernier supplice, s'il a été commis la nuit, par deux ou plusieurs personnes, avec des armes apparentes ou cachées, avec violence ou menace, à l'aide d'effraction, d'escalade ou de fausses clefs, et par conséquent avec la réunion des cinq circonstances que cet article énumère. La sévérité de cette disposition ne paraîtra pas excessive, si l'on considère que l'article d'où elle est extraite prononce la même peine contre le vol accompagné des mêmes circonstances, s'il a été commis dans une maison habitée, et que d'autres articles du Code pénal étendent cette dénomination aux lieux mêmes qui servent d'abri à nos animaux domestiques.

La pensée qui domine dans ce projet est que le vol commis dans les églises et dans les édifices consacrés aux autres cultes cesse désormais d'être puni avec moins de rigueur que le vol commis dans les maisons habitées, et que la même action qui serait punie de mort ou des travaux forcés si elle avait été commise dans une grange, ne soit plus désormais punie d'un simple emprisonnement correctionnel, parce qu'elle aura été commise dans un lieu consacré aux exercices de la religion.

C'est pour cela qu'après avoir déclaré l'article 381 du Code pénal applicable au vol commis dans les églises, le projet ajoute que l'article 382 et le paragraphe 1er de l'article 386 pourront également, selon les circonstances, être appliqués au même crime. Ainsi, le vol sera puni des travaux forcés à perpétuité, s'il a été commis à l'aide de violence; et de plus, avec deux des quatre premières circonstances indiquées par l'article 381, c'est-à-dire, premièrement dans une église et à l'aide d'effraction extérieure, d'escalade ou de fausses clefs; et secondement pendant la nuit, ou par plusieurs personnes, ou avec des armes apparentes ou cachées.

De même, le vol sera puni de la réclusion, s'il a été commis ou la nuit, ou par plusieurs personnes, et en même tems dans un lieu consacré aux exercices des religions autorisées.

Le vol des vases sacrés et des autres objets employés à la célébration des cérémonies religieuses ne pourrait, sans blesser la raison publique, rester confondu avec les vols simples. Ces crimes sont trop différens pour qu'il soit permis de les soumettre à la même peine. L'un offense la propriété, qui doit sans doute être respectée; mais l'autre offense à la fois la propriété et la religion, qui ont bien plus de droits aux respects des peuples. Le premier est un acte qui dégrade celui qui s'en rend coupable, mais qui n'attaque le plus souvent que des intérêts isolés; le second réunit en lui la spoliation et l'impiété; les intérêts qu'il attaque ne sont pas seulement précieux, mais universels.

Il fallait donc infliger à celui-ci des châtimens plus rigoureux, puisque la justice prescrit de proportionner la peine au crime qui doit la subir; aussi vous proposons-nous de prononcer dans ce cas la peine des travaux forcés. Mais comme la gravité du crime dépend du caractère religieux qui a été imprimé à l'effet volé, comme il serait souverainement injuste de confondre la soustraction qui précède et celle qui suit la consécration, comme enfin aucun signe extérieur n'avertit le coupable que l'objet qu'il va soustraire a déjà été employé à l'usage pieux auquel il est destiné, on a jugé que cette peine devait être réservée pour les cas où le coupable n'aurait pu ignorer l'énormité de son crime, c'est-à-dire pour les cas où le vol aurait été commis dans les édifices où nos religions célèbrent leurs cérémonies.

L'outrage public à la pudeur, quand il n'est pas accompagné de violences, n'est puni par nos lois actuelles que de peines qu'on trouve en général trop légères. A plus forte raison leur indulgence doit-elle paraître excessive lorsqu'il s'agit de réprimer les actions déshonnêtes qui souillent quelquefois les temples d'une religion qui plaça parmi ses précieux préceptes l'innocence des mœurs et la chasteté. La loi générale ne prononce qu'un emprisonnement qui ne peut excéder une année, et une amende qui ne peut s'élever au-dessus de deux cents francs. Nous avons cru qu'il était convenable d'y substituer, quand la sainteté du lieu aurait accru la gravité du délit, un emprisonnement qui ne pourrait être moindre de trois années, et une amende qui ne pourrait être au-dessous de cinq cents francs.

L'article 261 du Code pénal punit les désordres qui troublent les exercices des cultes; mais, par une restriction difficile à justifier, il ne les punit que lorsqu'ils ont été commis dans le temple même ou dans le lieu qui sert actuellement à ces exercices. L'expérience a prouvé que cette restriction était dangereuse et qu'elle offrait aux coupables des moyens faciles pour se soustraire aux justes rigueurs de la loi. Qu'importe, en effet, que les désordres n'aient éclaté que sur le seuil de nos temples, s'ils ont été assez tumultueux pour troubler les saintes cérémonies, et s'ils ont été préparés dans ce dessein criminel? Quel motif pourrait déterminer à les traiter avec tant d'indulgence, et pourquoi ne pas envelopper dans les mêmes poursuites et dans les mêmes châtimens ceux dont les actions ne diffèrent ni par les effets qu'elles ont produits, ni par l'intention qui les dirigea? Le projet répare cette omission du Code pénal.

Il en est une autre que nous vous proposons aussi de réparer, Messieurs: l'article 257 de ce Code réserve de faibles peines à ceux qui détruisent ou mutilent les statues et les monumens destinés a l'utilité ou à la décoration publique. Cette disposition était nécessaire sans doute; ne l'était-il pas encore plus de créer une disposition analogue pour réprimer la mutilation des objets du même genre qui seraient consacrés à la religion de l'état, ou aux autres cultes légalement établis en France? Les causes du premier de ces délits peuvent être simples et peu criminelles; les causes du second sont rarement excusables : on est contraint le plus souvent de l'attribuer à une haine effrénée pour toute croyance, et au désir insensé de braver Dieu et d'insulter à ceux qui le prient.

La peine doit donc être différente et plus rigoureuse : plus rigoureuse par cela seul que les objets mutilés étaient consacrés à nos religions; plus rigoureuse encore si les mutilations ont eu lieu dans l'intérieur de leurs temples; car il n'est point de délits qui ne deviennent plus odieux et plus condamnables lorsqu'ils sont commis dans ces lieux sacrés qui sont l'asile de la piété et de la vertu et qui sont remplis de la majesté du Dieu que l'on y adore.

Vous ne penserez pas que nous nous montrions trop sévères en vous proposant d'infliger pour le premier cas un emprisonnement de six mois à deux ans, avec une amende de deux cents à deux mille francs; et pour le second cas un emprisonnement d'un an à cinq ans avec une amende de mille francs à cinq mille francs.

Tel est le projet, Messieurs, telles sont les considérations qui nous déterminent à vous demander de lui accorder votre approbation. La législation française ne doit pas rester plus long-tems exposée au reproche d'avoir oublié, seule entre toutes les législations de la terre, que la religion des peuples est leur plus cher interêt.

Projet de loi sur la répression des délits qui se commettent dans les églises et autres édifices consacrés au culte, présenté à la Chambre des Pairs le 5 avril 1824.

Louis, par la grâce de Dieu, roi de France et de Navarre,

A tous ceux qui ces présentes verront, salut :

Nous avons ordonné et ordonnons que le projet de loi dont la teneur suit sera présenté en notre nom à la chambre des pairs, par notre garde des sceaux, ministre secrétaire d'état au département de la justice, et par M. de Vatimesnil, conseiller-d'état, que nous chargeons d'en exposer les motifs et d'en soutenir la discussion.

Art. 1er. Sera puni des peines portées par les art. 381, 382 et 386, no 1, du Code pénal, quiconque aura été déclaré coupable d'un vol commis dans un édifice consacré à l'exercice de la religion de l'état ou d'un culte légalement établi en France, lorsque le vol aura d'ailleurs été commis avec les autres circonstances déterminées par ces articles.

2. Sera puni de la peine des travaux forcés à tems, tout individu coupable d'un vol de vases sacrés ou d'autres objets destinés à la célébration des cérémonies de la religion de l'état, ou d'un culte légalement établi en France, si le vol a été commis dans un édifice consacré à la religion, ou à l'un des cultes dont l'exercice est autorisé.

3. Sera punie d'un emprisonnement de trois à cinq ans, et d'une amende de 500 francs à 10,000 francs, toute personne qui sera reconnue coupable d'outrage à la pudeur, lorsque ce délit aura été commis dans un édifice consacré à l'exercice de la religion de l'état ou d'un culte légalement établi en France.

4. Seront punis des peines portées en l'article 261 du Code pénal, les troubles et désordres prévus par cet article, lors même qu'ils auraient éclaté à l'extérieur des églises ou des temples destinés aux cultes dont l'exercice est autorisé.

5. Dans les cas prévus par l'article 257 du Code pénal, si les monumens, statues ou autres objets détruits, abattus, mutilés ou dégradés, étaient consacrés à la religion de l'état ou aux autres cultes légalement établis en France, le coupable sera puni d'un emprisonnement de six mois à deux ans, et d'une amende de 200 à 2,000 francs.

La peine sera d'un an à cinq ans d'emprisonnement, et de 1,000 francs à 5,000 francs d'amende, si le délit a été commis dans l'intérieur d'un édifice consacré à la religion de l'état ou aux cultes légalement établis en France.

6. L'article 463 du Code pénal n'est pas applicable aux délits prévus par les articles 3, 4 et 5 de la présente loi.

Il ne sera pas applicable non plus aux délits prévus par l'article 401 du même Code, lorsque ces délits auront été commis dans l'intérieur d'un édifice consacré à la religion de l'état ou aux autres cultes légalement établis en France.

Donné au château des Tuileries, le 4 avril de l'an de grâce 1824, et de notre règne le 29e.

LOUIS.

Par le roi :

Le garde-des-sceaux, ministre secrétaire d'état de la justice,

DE PEYRONNET.

CHAPITRE II.

Rapport à la Chambre des Pairs, fait par M. le Comte Portalis au nom de la Commission.

Messieurs,

Un projet de loi *sur la répression des crimes et des délits qui se commettent dans les églises et dans les autres édifices consacrés aux cultes légalement établis dans le royaume*, vous a été présenté, au nom du roi, le 5 de ce mois.

La commission à laquelle vous avez renvoyé l'examen de ce projet de loi m'a chargé de vous soumettre le résultat de son travail.

Le projet de loi qui vous est proposé se compose d'un petit nombre d'articles; toutefois, il comporte deux grandes divisions: les crimes et délits qui peuvent se commettre dans les églises ou les temples consacrés à l'exercice de la religion de l'état ou des autres cultes légalement établis en France, et les délits commis hors de ces édifices, et qui peuvent intéresser la religion de l'état ou l'exercice de ces cultes.

Avant de parcourir en détail les différentes dispositions que ces divisions indiquent, il convient de fixer votre attention sur les objections diverses qui peuvent être dirigées contre le fonds même du projet de loi.

En effet, du rapprochement de ces objections sortiront, pour ainsi dire, les principes qui doivent présider à la confection de cette importante partie de notre législation.

Ces objections sont de deux sortes. Selon les uns, dans les actions qui attaquent directement la religion sans en troubler publiquement l'exercice, ou sans compromettre la tranquillité des citoyens ou leur sûreté, il n'y a point de matière à crime; en ce cas, l'intérêt de la société ne réclame point l'intervention de la loi ; c'est à la religion à se suffire à elle-même.

La peine de ces méchantes actions doit être tirée de leur propre nature, et dès-lors cette peine ne saurait consister que dans la privation pour un tems ou pour toujours de la participation aux choses saintes ; comme ces infractions ne blessent que la société religieuse à laquelle leur auteur appartient, il ne saurait être passible que des peines de discipline intérieure auxquelles les membres de cette société sont soumis dans l'ordre ecclésiastique ou religieux.

Quant aux actions qui troublent publiquement l'exercice de la religion, ou qui, en l'attaquant directement, choquent la tranquillité des citoyens ou leur sûreté, elles doivent être punies, comme tous les autres troubles ou désordres qui empêchent les citoyens de jouir du libre exercice de leurs droits, qui mettent leur sûreté en péril ou qui menacent leur tranquillité ; mais on ne saurait les considérer d'un autre œil, et en faire une classe à part, sans transformer en crime ou en délit punissable par la loi humaine, l'ignorance, l'infraction ou le mépris de la loi religieuse. Or, c'est là une grave source d'abus : il n'y a point de tribunal humain qui puisse être juge de ce qui se passe entre l'homme et Dieu ; le mal est venu de cette idée qu'il faut venger la divinité. *Mais*, dit Montesquieu, *il faut faire honorer la divinité et ne la venger jamais.* C'est en se laissant entraîner à cette dernière idée que l'on verse des torrens de sang et que l'on institue des supplices qui révoltent l'humanité ; car on met en oubli malgré soi la fragilité et le néant des coupables, pour ne se souvenir que de la grandeur infinie de l'être offensé.

C'est ainsi que raisonnent, contre le projet de loi, des esprits prompts à s'alarmer de toutes les mesures conçues dans le but d'affermir et de fortifier l'empire de la religion, parce qu'ils sont disposés à craindre qu'on ne finisse par confondre les choses de l'ordre religieux avec celles de l'ordre civil et politique, et qu'on ne prépare ainsi par degrés l'asservissement des consciences et le renversement des libertés publiques.

Il en est d'autres qui trouvent au contraire la loi proposée incomplète dans ses dispositions et qui la taxent de timidité.

La religion, disent-ils, est la clef de tout l'édifice social; le plus grave des crimes est celui qui la blesse. Le mépris public de ce qu'elle répute sacré, l'outrage de ce qu'elle révère, la profanation de ce qu'elle sanctifie, le sacrilége, en un mot, sont des offenses dignes des peines les plus sévères. Ce n'est point indirectement qu'il faut atteindre de tels crimes. Pourquoi ne suivrions-nous pas l'exemple de toutes les nations chrétiennes qui les ont placés au rang des attentats à l'ordre public?

N'y a-t-il donc pas sacrilége toutes les fois qu'il y a profanation des choses saintes ou consacrées à Dieu, soit qu'il y ait en même tems vol ou qu'il n'y en ait pas? Le sacrilége doit-il demeurer impuni si le vol ne l'accompagne? Un tel système n'a-t-il pas l'inconvénient d'intervertir l'ordre des idées, et de mettre l'appréciation légale des délits et des crimes en contradiction avec la valeur réelle et morale des actions humaines? La loi française ne rompra-t-elle ce silence funeste sur les choses religieuses, qui lui avait été imposé par la domination d'une secte ennemie de toute religion, que pour ne leur donner dans ses dispositions qu'une place accessoire? et cela lorsque le livre des lois devrait s'ouvrir sous l'invocation de la religion, et qu'elle y devrait tenir le premier rang?

D'ailleurs, n'y a-t-il de choses saintes ou consacrées à Dieu que les vases sacrés? Le sacrilége consiste-t-il uniquement dans leur profanation? Pourquoi ne pas faire une loi complète sur tous les crimes et les délits qui attaquent ou offensent la religion? Le moment est venu de replacer l'ordre social sur ses véritables bases, et de lui donner ses véritables garanties. Que nos lois, qui sont l'expression de la conscience publique, soient en harmonie avec les préceptes de la religion, qui sont la loi des consciences privées et la règle des mœurs.

De plus, si l'on voulait n'accomplir que successivement une si salutaire entreprise, pourquoi du moins ne pas indiquer ouvertement les peines dont on veut frapper le sacrilége et la profanation, et pourquoi ne pas nommer ces crimes par leur nom? Il faut que le langage des lois, qui est l'expression de la volonté souveraine, soit énergique et assuré, et que leurs dispositions soient claires et précises. Les réticences et les précautions oratoires sont au-dessous d'elles.

Telles sont, en sens opposé, les objections auxquelles le projet de loi a donné naissance. Nous avons cru devoir les exposer dans toute leur force.

Remontons aux principes.

La religion est à la fois le premier besoin et le premier devoir de l'homme moral et intellectuel, car l'instinct religieux est comme le signe caractéristique de la nature humaine. Il fait partie de notre sociabilité. Aussi la religion est-elle le lien principal des hommes entre eux, ainsi que l'indique cette philosophie du langage qui préside à la composition et à l'imposition des noms. En effet, la société a ses racines dans la religion; car elle est fondée sur la justice, qui assure à chacun la jouissance de ses droits, et la justice est une loi que les hommes n'ont point portée: c'est un rayon de cette lumière incréée qui éclaire la conscience de chaque homme, et dont la religion est le foyer commun.

Sans la religion les meilleures lois seraient insuffisantes; car si l'observation exacte des lois pouvait avoir l'effet de garantir, jusqu'à un certain point, la sûreté publique et privée, rien ne garantirait l'observation exacte des lois, si la religion ne parlait à la conscience du citoyen et du magistrat, et ne servait de supplément à la surveillance naturellement imparfaite et bornée de l'un et à l'obéissance tout extérieure de l'autre.

Sans la religion, la morale serait incertaine; livrés à la fluctuation des systèmes, à la variation des doctrines, ses préceptes, sans autorité, ne seraient jamais que des opinions plus ou moins arrêtées, dont l'impétuosité des passions aurait bientôt déchiré le tissu fragile.

C'est la religion seule qui jette au-delà des tems, du monde visible et de la portée des hommes, l'ancre du salut des sociétés humaines. Avec elle descend du ciel dans les consciences, comme un complément indéfectible de l'autorité des lois, l'imposante et efficace notion d'un Dieu législateur et juge, vengeur et rémunérateur; elle arrache l'individu à son isolement moral; elle donne un témoin à ses plus secrètes pensées comme à toutes ses actions; elle l'environne de signes sensibles qui lui rappellent incessamment la présence auguste de la Divinité, et s'emparant de toute son existence, depuis le berceau jusqu'à la tombe, elle donne une puissante et continuelle sanction à tous ses devoirs. Elle communique ainsi aux maximes conservatrices de l'ordre social un caractère d'énergie, de fixité et de certitude qu'elles ne sauraient tenir que d'elle.

Nul doute que les lois doivent user de tout leur pouvoir pour affermir l'empire de la religion, qui affermit à son tour si efficacement l'empire des lois. Une législation dont l'indifférence religieuse serait la base ne tendrait à rien moins qu'à faire rétrograder la civilisation même.

Les lois doivent donc punir les crimes et les délits qui intéressent la religion. Ce n'est point alors pour venger la Divinité qu'elles saisissent leur glaive, c'est pour la défense de la société elle-même, de la société outragée dans les objets de sa vénération et de son culte; de la société mise en péril par les efforts coupables tentés pour avilir et détruire ce qui fait sa force et sa sûreté. Il n'est point ici question de la discipline intérieure d'une société religieuse, mais des principes fondamentaux de l'ordre social, de la sociabilité elle-même.

Cependant si la religion et les lois concourent au maintien de l'ordre public, il ne faut pas oublier qu'elles diffèrent dans leur but comme dans leurs moyens. La religion embrasse tout l'homme; elle a pour objet sa perfection morale et ses destinées immortelles. La loi ne s'occupe que de l'homme politique et civil; elle est circonscrite dans le tems; elle a pour objet spécial le maintien de la société et la tranquillité de la vie présente. La religion comprend et la croyance d'où dérive le culte que l'on doit à Dieu, et ce culte lui-même, dont la règle des mœurs fait partie. La loi ne gouverne que les actions extérieures, et elle ne gouverne pas toutes les actions extérieures. Il en est même qui sont mauvaises et qu'elle ne réprime pas; elle ne réprime que celles qui étant mauvaises nuisent à l'utilité commune. Elle ne sévit contre la violation des devoirs privés qu'autant que cette violation dégénère en une sorte de tort ou de dommage public, soit par le trouble qu'elle cause, soit par l'atteinte qu'elle porte aux droits d'autrui, soit par le danger de l'exemple. Il suit naturellement que la religion peut plus pour les lois que les lois ne peuvent pour la religion.

Toutefois quelle est la mesure que le législateur doit garder dans la punition des crimes qui intéressent la religion?

En cette matière surtout il doit consulter soigneusement les besoins de l'époque, la situation des mœurs et la tendance générale des esprits. Les lois criminelles sont des remèdes destinés à guérir les désordres qui affligent le corps politique, et à en prévenir le retour; il importe qu'ils soient adaptés et proportionnés au degré et à la nature du mal. Autre chose est de méditer à loisir sur les divers rapports de l'homme moral, et d'en abstraire, par la pensée, une théorie systématique de législation, destinée à façonner les mœurs et l'esprit général d'un peuple à naître; autre chose est de travailler sur une société vieillie, dont les mœurs toutes formées désavoueraient bientôt des lois qui ne seraient pas en harmonie avec elles.

A une époque où l'Europe a été tirée de la barbarie par le christianisme, les lois de l'église furent pendant long-tems les seules lois de l'état. Alors les distinctions du droit canonique sur le sacrilége furent adoptées par les jurisconsultes, par les tribunaux, et quelquefois par les législateurs, dans ces occasions rares où l'on croyait utile de prêter aux canons de l'église l'appui du bras séculier et de la puissance civile. Il était naturel qu'en de telles circonstances le moindre violement des choses religieuses fût considéré comme une injure grave faite à la société tout entière. D'ailleurs un respect inviolable pour la religion était, dans ce premier âge des sociétés modernes, le besoin le plus urgent de la civilisation naissante; car c'était elle qui humanisait les cœurs et qui poliçait les cités. En même tems la brutale grossièreté des mœurs et l'emploi habituel de la violence commandaient impérieusement la répression de certains abus ou de certains excès, qui tenaient à l'esprit général du siècle.

Plus tard, les dissensions religieuses amenèrent d'autres désordres. Une division déplorable déchira le sein de l'église et ensanglanta l'état. Ceux qui se disaient les ennemis de la superstition devinrent les fauteurs d'un odieux fanatisme. Le sacrilége et la profanation ne furent pas seulement des actes d'impiété, ils devinrent des actes de sédition et de révolte. Des lois terribles furent portées contre ces crimes; mais elles avaient moins pour objet de venger la religion profanée, que l'autorité des lois et la majesté du prince méconnues et violées. Et plus récemment, si au commencement du dernier siècle des lois de la même nature intervinrent, ce fut surtout pour imposer un frein à la licence des camps et aux désordres de la guerre.

Il faut rendre justice à nos contemporains. Si notre âge n'est pas celui de la ferveur et du zèle, les tems du fanatisme de l'impiété sont passés. Sans doute l'horreur du sacrilége ne suffit point encore, parmi nous, pour arrêter le bras avide du brigand prêt à ravir les choses sacrées; mais la haine ou le mépris des choses sacrées ne poussent plus l'homme dépravé à la profanation et au sacrilége. L'état de la société ne réclame donc pas que l'on promulgue contre le sacrilége simple ou la nue profanation, une disposition dont le moindre inconvénient serait de calomnier la génération actuelle; car l'établissement de toute loi pénale qui n'est pas indispensablement nécessaire est un mal.

Ce sont donc des symptômes actuels qu'il faut s'occuper.

Aussi le projet de loi a-t-il surtout en vue le sacrilége de la cupidité, celui que la loi romaine définit; car, selon elle, le sacrilége consiste uniquement dans le vol ou le pillage des choses sacrées (1); et il est bon de remarquer en passant que l'ancienne législation française semblait en quelque sorte d'accord sur ce

(1) Sunt autem sacrilegi, qui publica sacra compilarunt, dit la loi 9. Dig. ad Leg. Jul. Peculatûs.

point avec la législation romaine, car les ordonnances ne spécifiaient point d'autres sacriléges que le vol des choses sacrées et ceux commis dans les églises. Elles ne s'expliquaient sur les impiétés publiques qu'en termes vagues et généraux. Il était réservé aux tribunaux d'y statuer selon l'exigence des cas, et c'est à la jurisprudence des arrêts qu'il faut recourir quand on désire connaître, non les hypothèses dans lesquelles ces sortes de dispositions étaient applicables, mais les circonstances diverses qui avaient paru commander leur application.

Si le projet de loi ne comprend pas tous les crimes et les délits qui attaquent ou offensent la religion, c'est que déjà plusieurs dispositions législatives sont consacrées à la répression de ces délits.

Le Code pénal de 1810 en contient trois : la première réprime les troubles ou les désordres causés dans l'intérieur d'une église; la seconde punit les outrages faits aux choses sacrées, dans les lieux destinés à l'exercice de la religion, ou les outrages faits à ses ministres durant leurs fonctions; la troisième prononce la peine du carcan contre toute personne qui aura frappé le ministre d'un culte dans l'exercice de ses fonctions.

Depuis la restauration, la loi du 18 novembre 1814 a assuré, par des dispositions coercitives, la célébration des jours de repos et de prières consacrés par la religion; et la loi du 25 mars 1822 a porté des peines fort sévères contre tous ceux qui tourneraient en dérision la religion de l'état ou l'un des cultes légalement établis en France, ainsi que tous ceux qui en outrageraient les ministres, à raison de leurs qualités ou à l'occasion de l'exercice de leurs fonctions.

Toutes ces dispositions se rapportant, comme on voit, à des infractions ou à des délits autrefois compris sous la dénomination générale de sacrilége et de profanation, elles prouvent que nous avons moins besoin d'une loi complète sur cette matière que de compléter les lois existantes, et c'est précisément le but du projet sur lequel vos seigneuries sont appelées à délibérer en ce moment.

C'est en examinant avec vous l'harmonie de ce projet que nous vous soumettrons les observations de votre commission et les améliorations dont elle l'a jugé susceptible.

Il s'occupe d'abord des crimes et délits qui peuvent se commettre dans les églises ou les temples consacrés à l'exercice de la religion de l'état ou des autres cultes légalement établis en France.

Rien à la fois de si convenable et de si nécessaire. Les temples ont été, dans tous les temps et chez tous les peuples, considérés comme des lieux sacrés. Aux époques les plus reculées de l'antiquité, les grands criminels y cherchaient un réfuge, et la sainteté de l'asile leur tenait lieu d'innocence et les affranchissait de la peine qu'ils avaient encourue. Chez les modernes, ils ont souvent précédé les villes; c'est quelquefois autour d'eux que les habitations se sont groupées; et les sanctuaires de la Divinité, ces lieux où ils la trouvaient plus présente, et où tous ensemble ils faisaient parler leur faiblesse et leur misère, comme dit si bien Montesquieu, devinrent autant de centres d'activité et de civilisation. Violer la sainteté d'un tel lieu, y conserver la coupable pensée du crime, l'y commettre, c'est être doublement criminel.

Il ne faut pas s'étonner toutefois que les lois de la révolution qui avait profané, dépouillé et abattu les temples, fussent muettes sur les crimes et les délits qui y seraient commis. A cette déplorable époque les institutions religieuses furent proscrites avec fureur, et des honneurs publics furent décernés à l'apostasie et au sacrilége.

Mais lorsque la Providence nous eut, par dégrés, rappelés du fond de l'abîme; lorsque la religion, cette auguste exilée, eut repris parmi nous ses droits, dès 1806, plusieurs évêques, affligés de la fréquence des vols commis dans les églises, demandèrent que leurs auteurs fussent punis d'une manière proportionnée à la gravité du délit. Le ministre alors chargé du département des cultes, adressa sur ce sujet un rapport au chef du gouvernement, et démontra la nécessité d'établir une distinction de peines entre le malheureux que le besoin porte à dérober un objet souvent de peu de valeur, sans qu'aucune circonstance vienne aggraver sa faute, et le misérable assez dépravé pour attenter, dans l'intérieur du temple, à ce que la religion a de plus sacré, dans l'unique but de satisfaire une sordide cupidité.

Ses instances furent vaines. Le Code pénal fut promulgué en 1810, et aucune de ses dispositions ne statua d'une manière spéciale sur les vols commis dans les églises.

Cependant vers la fin de 1813, les réclamations se renouvelèrent, le chef du gouvernement les prit en considération, et, par son ordre, un projet de loi fut préparé; mais ce n'était pas à lui qu'il appartenait de remplir cette lacune de notre législation.

Depuis la restauration les vols dans les églises se sont renouvelés, et avec eux le scandale de leur presque impunité. Ils ne sont considérés, en effet, aux termes du Code pénal, que comme des vols simples, et ne sont jamais passibles que de peines correctionnelles.

A la vérité la cour de cassation a tenté de suppléer, par la jurisprudence, à l'insuffisance de la loi; elle a pensé que l'église dans laquelle repose la Majesté divine, que la maison de prière, destinée à la réunion d'une société religieuse, pouvaient être hardiment considérées comme des lieux destinés à l'habitation. Ce n'était point là une assimilation arbitraire, puisque le Code pénal de 1810 n'ayant pas défini l'habitation, il y avait nécessité de recourir pour cette définition au Code pénal de 1791, auquel il est censé s'en être référé. Or, selon le paragraphe 2 de l'article 15 du titre II de la section II de ce Code, les édifices publics étaient qualifiés de lieux habités. Dès-lors les vols commis dans les églises ou dans les temples devaient être réputés vols qualifiés, et il y avait lieu d'appliquer à leurs auteurs, selon les circonstances du fait, les peines sévères que la loi porte contre le crime qu'elle répute le plus grave, après l'assassinat et le meurtre. Cette doctrine a été consacrée par deux arrêts; l'un d'abord par la section civile de la cour de cassation; l'autre par les sections réunies sous la présidence de M. le garde des sceaux.

Voici comment s'exprime ce dernier arrêt :

« Que, relativement aux édifices publics qui sont ouverts aux

» citoyens pour les devoirs de leur culte religieux, il est encore » des motifs d'une plus haute et plus grave considération pour y » prévenir les crimes par un châtiment plus rigoureux; qu'en » effet, les vols qui s'y commettent ne sont pas seulement un at- » tentat à la propriété, qu'ils sont encore une profanation de ces » édifices, qu'ils sont même un sacrilége lorsqu'ils portent sur des » objets destinés aux cultes; que la déclaration du 4 mars 1724 » punissait des galères, et, le cas échéant, de la mort les vols » commis dans les églises; que si la législation nouvelle a été moins » sévère, les tribunaux ne doivent pas en augmenter l'indulgence, » en refusant d'appliquer les peines qui résultent de ses disposi- » tions. »

Mais les cours royales se sont refusées à cette interprétation de la loi. Trois d'entre elles ont unanimement protesté contre l'insuffisance de la législation, et réclamé une loi nouvelle.

C'est en partie pour faire cesser ce conflit des tribunaux que le projet de loi a été préparé.

Il prévoit trois sortes de crimes ou de délits qui peuvent se commettre dans les églises ou les temples: le vol, l'outrage à la pudeur, la dégradation des monumens.

Le vol y est considéré sous trois points de vue, savoir: le vol commis avec toutes ou avec quelques-unes des circonstances aggravantes déterminées par la loi; le vol d'objets sacrés, le vol d'objets non sacrés.

Conformément à la doctrine adoptée par la cour de cassation, le projet de loi incrimine le vol dans les églises et les temples au plus haut degré, en l'assimilant à ce vol que la violation du domicile des citoyens et de la paix domestique transforme en attentat contre la sûreté et la vie des personnes. Dès-lors s'il est commis avec la réunion des cinq circonstances prévues par l'article 381 du Code pénal, le coupable est puni de mort; s'il est commis avec violence, et deux des quatre autres circonstances déterminées par la loi, il est puni des travaux forcés à perpétuité; enfin, s'il a été commis la nuit, ou, dans le jour, par deux ou plusieurs personnes, il est puni de la réclusion.

Ainsi ce premier article comprend tous les vols commis dans les églises ou les temples, avec des circonstances aggravantes, depuis celui qui emporte la peine de mort jusqu'à celui contre lequel la loi ne prononce que la peine de la réclusion.

De plus, il n'énonce pas les peines qu'il prononce, et il renvoie purement et simplement aux articles du Code pénal qui les indiquent.

Votre commission s'est d'abord occupée de la rédaction. Il lui a paru qu'elle intervertissait en quelque sorte l'échelle des peines et des crimes, puisque cet article, dans la troisième disposition, statue sur un crime moins grave que celui dont l'article suivant détermine le châtiment. Ensuite elle a pensé qu'une loi d'un ordre si élevé devait se suffire à elle-même, et qu'elle n'avertissait pas assez clairement des peines sévères dont elle ordonne l'application.

Votre commission est d'avis que l'intérêt de la morale publique et les règles qui président à la bonne composition des lois, demandent que la rédaction de cet article soit changée. Elle a en conséquence l'honneur de proposer à vos seigneuries: d'abord, d'énoncer positivement, dans les diverses dispositions de la loi, les peines portées, soit contre le vol sacrilége, soit contre les autres espèces de profanation dont la loi s'occupe, au lieu d'indiquer seulement les articles du Code pénal qui prononcent ces peines; enfin, de répartir les dispositions de l'article 1er du projet en trois articles distincts et séparés, dont le troisième ne serait placé qu'après celui qui est le second dans l'ordre actuel des articles. De cette manière la gradation des peines sera conservée, et une disposition qui prononce la réclusion ne précédera plus celle qui inflige les travaux forcés à tems.

Par ce moyen, le haut rang que tient la religion dans l'organisation sociale sera plus manifeste aux yeux de tous. La sévérité et l'élévation des peines portées contre les violateurs de la sainteté des temples deviendront un solennel hommage rendu par la loi à la religion de l'état. En même tems ceux qui seraient assez malheureux pour être portés au crime, et qui sont assez corrompus pour n'en être détournés que par la crainte du châtiment, recevront un avertissement salutaire. Ils sauront à quoi ils s'exposent; le soin de leur sûreté parlera peut-être plus haut que les dernières inspirations d'une conscience dès long-tems comprimée, et pourra les préserver d'un forfait et la société d'un scandale. Or, le but d'une loi pénale est encore plus de prévenir le crime que de le punir.

Mais votre commission n'a pas seulement arrêté son attention sur la rédaction du projet de loi. Il a semblé que pour atteindre le but que s'est proposé le gouvernement du roi, il y avait quelque chose à ajouter à ses dispositions.

Sans doute c'est faire beaucoup pour la religion que de maintenir sévèrement le respect dû à ses temples, et d'en prévenir la profanation ; mais le culte de la religion de l'état a des mystères augustes. Nous croyons fermement que la majesté du Très-Haut réside dans nos tabernacles ; les objets sacrés qu'ils renferment ne sont point de simples images ou de purs symboles, ils ne commandent pas seulement notre respect, mais notre adoration. Or, à ne parler que selon la sagesse humaine, et abstraction faite des vérités de la foi, c'est sur le degré de vénération qu'elles inspirent aux hommes que l'on doit mesurer le degré de culpabilité de celui qui profane les choses sacrées ; car, plus elles sont saintes au regard de la religion qui les consacre, plus leur violation blesse à la fois, et cet intérêt général qu'a la société au maintien des principes religieux, et ces égards publics et mutuels que se doivent entre eux les enfans d'une même patrie. Une telle offense s'aggrave encore s'il s'agit des choses consacrées par la religion de l'état ou celle du plus grand nombre des citoyens, car elle rejaillit alors sur la loi et menace plus grièvement la paix publique. Aussi la profanation qui atteint les ministères du culte catholique, blesse-t-elle plus profondément parmi nous les convenances sociales que toutes les autres profanations. De là la nécessité d'une disposition qui caractérise la gravité de cette profanation sacrilége.

Votre commission a jugé que ce but serait atteint si, dans l'hypothèse d'un vol commis dans une église, la circonstance qu'il y a eu profanation sacrilége, c'est-à-dire enlèvement ou tentative d'enlèvement des vases sacrés, était réputée par la loi une de ces circonstances aggravantes qui élèvent la peine. C'est ce qu'elle a l'honneur de proposer à vos seigneuries.

Elle a considéré que la violence suppose la réalité de l'habitation et la présence d'une ou plusieurs personnes ; que par cela même elle doit être rarement employée dans une église qui, dans le fait, ne sert point à la demeure des hommes, et il lui a paru convenable d'assimiler à cette circonstance celle de la profanation des vases sacrés, qui est plus appropriée au but d'une loi destinée à prévenir ce crime, et qui sera malheureusement plus fréquente. Dans ce cas, le coupable sera puni de la peine des travaux forcés à perpétuité. Cette disposition et celle qui suit, et qui renferme l'article 2 du projet, complètent le système de la répression du sacrilége.

Avec les cinq circonstances aggravantes prévues par l'art. 381 du Code pénal, il est puni de mort; avec deux de ces circonstances, il est puni des travaux forcés à perpétuité; seul et dépouillé de toute circonstance aggravante, lorsqu'il ne constituerait qu'un vol simple qui ne serait passible que d'une peine correctionnelle, il est puni des travaux forcés à tems.

Ainsi sera rempli le vœu de ceux qu'une pieuse sollicitude porte à désirer que la profanation et le sacrilége soient sévèrement réprimés. A la vérité, ces mots ne se trouveront pas dans la loi, parce qu'ils n'ont pas d'acception légale déterminée, et qu'ils ne sont en eux-mêmes que des expressions abstraites et morales, destinées plutôt à caractériser un ordre général d'idées que tel ou tel fait en particulier; mais les actions criminelles, dont on veut prévenir le retour en assurant leur châtiment, y seront qualifiées.

Or, il faut le dire, en cette occurrence surtout, l'énonciation des circonstances du fait donne une idée bien autrement claire que l'emploi des mots invoqués. Ces mots sont en eux-mêmes vagues et susceptibles d'une application arbitraire; ils peuvent être étendus d'un cas à un autre; ils n'ont jamais été définis, car dans notre ancienne jurisprudence ils comprenaient depuis l'incendie et la destruction violente des temples jusqu'aux simples irrévérences commises dans les églises ; ils désignaient également les actions les plus brutales et les plus criminelles et d'indiscrètes paroles, dignes tout au plus d'être réputées contraires à la politesse des mœurs et aux règles de la bienséance ; enfin, ils étaient encore appliqués au sacrilége et à la magie, à l'impiété et à la superstition. De telles qualifications auraient donc besoin, avant d'être employées de nouveau, d'être définies avec exactitude et précision, et cette définition, périlleuse si elle procédait par énumération, est impossible peut-être sous cette forme en l'état actuel de la société. Elle pourrait d'ailleurs, selon les tems et les circonstances, compromettre tour-à-tour et la sûreté des citoyens et l'intérêt de la vindicte publique.

L'énonciation pure et simple des faits est au contraire une définition exacte dont on ne saurait étendre ou restreindre les limites arbitrairement ; elle atteint efficacement le crime sans effrayer les imaginations ; elle est d'ailleurs conforme à la nature des choses, car dans une bonne législation criminelle ce n'est jamais que par les circonstances matérielles de l'action que les crimes ou les délits doivent être qualifiés. L'appréciation de leurs circonstances morales et intentionnelles entraînerait trop souvent à sa suite une scandaleuse impunité ; elle pourrait aussi quelquefois devenir l'occasion, surtout en matières religieuses, de recherches alarmantes, et transformer en crimes graves l'action en réalité la moins sérieuse ; aussi faut-il éviter soigneusement de transporter dans le texte des lois criminelles, ces expressions complexes qui peignent à la fois l'action commise, l'intention qui l'a fait commettre, et l'horreur qu'elle inspire.

La proposition de votre commission a de plus l'avantage d'assurer à la religion de l'état cette espèce de protection plus étendue à laquelle lui donne droit la nature des cérémonies de son culte, plus encore que sa prééminence, car il est évident que les dispositions pénales relatives aux vases sacrés sont plus spécialement protectrices pour les églises catholiques, puisque selon les rites des autres cultes légalement établis en France, la présence habituelle et l'usage journalier des vases sacrés dans les temples ne sont point impérieusement commandés.

Sans doute le cas métaphysique de la profanation et du sacrilége, commis dans l'intention unique de le commettre, sans tentative d'enlèvement ou de soustraction des vases sacrés, ne se trouvera pas prévu par la loi. Mais le sacrilége et la profanation, tels que nous avons à les déplorer journellement, s'y trouvent. La loi pourvoit aux besoins de la société; elle statue sur les occurrences habituelles et sur les espèces qui se présentent fréquemment; elle ne doit pas s'occuper de ces faits, rares et singuliers dans les annales des tribunaux, véritables phénomènes sociaux, et qui sont en quelque sorte les prodiges du crime.

La loi proposée, après avoir statué sur le vol commis dans les églises et les temples avec des circonstances aggravantes, et sur les vols ou la profanation des objets sacrés commis dans ces mêmes lieux, s'occupe des vols ordinaires. Elle défend aux juges de mitiger la peine dans les matières correctionnelles, selon le pouvoir que leur en donne l'article 463 du Code pénal, lorsqu'il s'agira de délits commis dans l'intérieur d'un édifice consacré à la religion de l'état ou aux autres cultes légalement établis en France; elle regarde comme indignes des faveurs de la justice humaine, ceux qui ont pour ainsi dire bravé la justice divine jusque dans son sanctuaire, et qui n'ont pas été rappelés à de meilleures pensées par l'auguste destination des lieux dont ils ont fait le théâtre de leurs délits.

Il est véritablement pénible de penser que la répétition des mêmes désordres, et sans doute les réclamations multipliées des tribunaux, aient imposé au gouvernement du roi le devoir de placer dans une loi destinée à rappeler au respect pour les lieux consacrés à l'exercice de la religion et à la vénération pour les choses saintes, une disposition relative aux délits contre les bonnes mœurs. Une fois cette nécessité admise, la disposition qu'elle commande porte avec elle sa propre justification. Votre commission ne l'a jugée susceptible d'aucune observation.

L'article 257 du Code pénal avait prévu et puni la destruction, la mutilation ou la dégradation des monumens, statues ou autres objets destinés à l'utilité ou à la décoration publique, et élevés par l'autorité publique ou avec son autorisation. L'article 5 du projet de loi présenté par le ministre, et l'article 7 de celui de la commission, ont pour objet d'aggraver la peine de ce délit, lorsqu'il aura été commis dans l'intérieur d'un édifice consacré à la religion de l'état, ou aux autres cultes légalement établis en France.

Passant ensuite aux délits commis hors des églises et des temples, et qui intéressent la religion, le projet de loi en prévoit de deux sortes : la dégradation, la mutilation ou la destruction des monumens, statues, ou autres objets consacrés à la religion de l'état ou aux autres cultes légalement établis en France, et le trouble ou l'interruption des cérémonies religieuses dans l'intérieur des églises ou des temples, à l'aide de désordres commis à l'extérieur de ces temples ou de ces églises.

Votre commission ne peut que donner son assentiment pur et simple à la première de ces dispositions. Tout ce qui est marqué du sceau de la religion, tout ce qui est publiquement exposé à la vénération des peuples, avec l'autorisation des magistrats, doit être protégé par les lois. C'est à une administration prévoyante à empêcher qu'un zèle peu éclairé ou mal entendu ne compromette, par leur multiplication ou par leur fragilité, les monumens destinés à réveiller la piété publique.

Mais nous avons pensé que la disposition relative aux troubles et aux désordres qui auraient éclaté à l'extérieur des églises ou des temples était susceptible de quelque amendement. Et d'abord, l'article n'énonce pas la peine dont il ordonne l'application ; votre commission a l'honneur de vous proposer de mettre sa rédaction en harmonie avec celles des précédens articles déjà amendés par elle, en y rétablissant cette énonciation. Elle a jugé de plus, que la disposition qui déclare passibles de certaines peines les auteurs des troubles et des désordres qui éclateraient à l'extérieur des églises et des temples, avait quelque chose d'indéterminé qui pourrait prêter à l'arbitraire ; il lui a semblé qu'on pouvait spécifier la nature de ces troubles et de ces désordres par leurs effets. Ainsi, au lieu de cette locution incomplète : *Les troubles et désordres prévus par l'article* 261 *du Code pénal*, elle vous propose d'emprunter les propres termes de cet article, et de répéter après lui : *Les troubles ou désordres causés même à l'extérieur des églises et des temples, et qui auront empêché, retardé ou interrompu les cérémonies de la religion ou l'exercice du culte.*

Une disposition finale atteste le haut degré de protection que le législateur accorde aux principes religieux, et le caractère de gravité qu'il imprime aux moindres délits qui intéressent la religion. Elle porte : que jamais et en aucun cas les tribunaux ne pourront user d'indulgence envers les auteurs des délits prévus par le projet de loi, et qu'ils devront s'abstenir d'user à leur égard de la faculté qui leur est accordée par l'article 463 du Code pénal, de réduire à leurs moindres termes les peines d'emprisonnement et d'amende, et de n'appliquer à des infractions, qualifiées délits par la loi, que les peines de simple police.

Ici se termine notre tâche.

Votre commission a été d'avis que le projet de loi, avec les amendemens qu'elle vous propose d'y introduire, fera disparaître du système de notre législation criminelle une lacune signalée par les tribunaux ; elle est autorisée à manifester l'espérance que les changemens qu'elle propose pourront recevoir l'approbation du roi.

Elle a de plus la ferme confiance que la loi proposée protégera efficacement la société contre le scandale affligeant des profanations et les criminels attentats du sacrilége ; qu'en maintenant cette vénération religieuse pour les choses, et ce respect profond pour les rites sacrés, qui sont à la fois la plus sûre garantie de la pratique des devoirs moraux et religieux, et de l'accomplissement des devoirs sociaux, elle rassurrera suffisamment les bons esprits, et confondra les insinuations perfides de la malveillance. La sagesse de ses dispositions, applicables seulement à des faits caractérisés et à un petit nombre de faits, fera connaître à tous que ce n'est pas quand on demande à la loi, jusqu'alors muette sur ces objets sacrés, son appui et sa protection pour les choses saintes et pour les temples, qu'on peut être fondé à représenter la religion comme préludant à l'intolérance et à la domination exclusive. Un système plus complet, déduit de théories abstraites, pourrait satisfaire davantage quelques esprits méditatifs; un petit nombre de règles pratiques obtiendra plus sûrement l'assentiment général. En matière criminelle, le besoin d'une loi nouvelle doit être universellement reconnu pour que sa promulgation soit utile : des faits publics et nombreux peuvent seuls en justifier l'établissement. C'est à l'observation et à l'expérience qu'en appartient l'initiative. Il faut d'ailleurs se tenir en garde contre la séduisante idée de faire sur chaque matière une idée complète : il est rarement donné à l'homme de produire rien de complet; et les Codes ne sont, en général, que le recueil de ce petit nombre de lois qui, conformes à la nature des choses essayées au creuset du tems, survivent à leurs auteurs, et sont comme l'expression abrégée de la sagesse des siècles et de l'expérience des générations.

Votre commission a l'honneur de proposer à Vos Seigneuries d'amender, ainsi qu'il suit, le projet de loi qui vous a été présenté au nom du roi.

Projet de loi amendé.

Art. 1er. Sera puni de mort quiconque aura été déclaré coupable d'un vol commis dans un édifice consacré à l'exercice de la religion de l'état, ou d'un culte légalement établi en France, lorsque le vol aura été d'ailleurs commis avec les circonstances déterminées par l'article 381 du Code pénal.

2. Sera puni des travaux forcés à perpétuité, tout individu coupable de vol, enlèvement ou tentative d'enlèvement de vases sacrés, commis dans un édifice consacré à l'exercice de la religion de l'état ou d'un culte légalement établi en France, et de plus avec deux des cinq circonstances prévues par l'article 381 du Code pénal.

Sera puni de la même peine quiconque se sera rendu coupable

dans les mêmes lieux, de tout autre vol commis à l'aide de violence, et avec deux des quatre circonstances énoncées au susdit article.

3. Sera puni de la peine des travaux forcés à tems tout individu coupable d'un vol de vases sacrés ou d'autres objets destinés à la célébration des cérémonies de la religion de l'état, ou d'un culte légalement établi en France, si le vol a été commis dans un édifice consacré à la religion de l'état ou à l'un des cultes dont l'exercice est autorisé.

4. Sera puni de la réclusion, tout individu coupable de vol, s'il a été commis la nuit, ou par deux ou plusieurs personnes, dans un édifice consacré à l'exercice de la religion de l'état, ou d'un culte légalement établi en France.

5. Sera puni d'un emprisonnement de trois à cinq ans, et d'une amende de 500 à 10,000 francs, toute personne qui sera reconnue coupable d'outrage à la pudeur lorsque ce délit aura été commis dans un édifice consacré à l'exercice de la religion de l'état, ou d'un culte légalement établi en France.

6. Seront punis de 16 à 300 francs, et d'un emprisonnement de six jours à trois mois, ceux qui, par des troubles ou désordres commis même à l'extérieur d'un édifice consacré à l'exercice de la religion de l'état, ou d'un culte légalement établi en France, auront retardé, interrompu ou empêché les cérémonies de la religion ou l'exercice de ce culte.

7. Dans les cas prévus par l'article 267 du Code pénal, si les monumens, statues, ou autres objets détruits, abattus, mutilés ou dégradés, étaient consacrés à la religion de l'état, ou aux autres cultes légalement établis en France, le coupable sera puni d'un emprisonnement de six mois à deux ans, d'une amende de 200 à 2,000 francs,

La peine sera de un à cinq ans d'emprisonnement, et de 1,000 à 5,000 francs d'amende, si le délit a été commis dans l'intérieur d'un édifice consacré à la religion de l'état ou aux cultes légalement établis en France.

8. L'article 463 du Code pénal n'est pas applicable aux délits prévus par les articles 5, 6 et 7 de la présente loi.

Il ne sera pas applicable non plus aux délits prévus par l'article 401 du même Code, lorsque ces délits auront été commis dans l'intérieur d'un édifice consacré à la religion de l'état ou d'un autre culte légalement établi en France.

La chambre ordonne l'impression du rapport qui vient d'être entendu.

CHAPITRE III.

Discussion à la Chambre des Pairs.

Le 30 avril 1824, la chambre des pairs s'occupe de la discussion du projet de loi.

M. le garde-des-sceaux monte à la tribune pour soumettre quelques explications à la chambre au sujet des amendemens proposés par la commission, soit sur la rédaction, soit sur des dispositions mêmes de la loi projetée.

Quant aux amendemens qui ont pour objet l'énonciation dans les divers articles du projet, des peines auxquelles seront soumis les crimes dont il s'occupe, et la distinction précise des faits qui devront en recevoir l'application, S. G. déclare que le roi consent à leur adoption. Le ministre déclare encore que S. M. approuve l'amendement proposé sur l'article 4.

S. G. termine son discours en demandant que l'amendement relatif aux circonstances aggravantes soit modifié dans l'esprit du projet même.

M. le cardinal archevêque de Sens réclame « *une loi* qui ne » craigne pas de qualifier de *profanation* et de *sacrilége* le vol des » vases sacrés, etc. » Il veut, de plus, deux lois distinctes, dont la première ait pour but la *religion de l'état*, et la seconde, les autres cultes légalement reconnus.

M. le marquis de Lally-Tolendal désirerait que la loi ne prononçât pas la peine de mort.

M. le comte Lemercier soumet quelques observations relatives à la durée des peines corporelles infligées par le projet, et à la quotité de celles pécuniaires.

M. l'évêque de Troyes s'étonne de ne pas trouver le mot sacrilége dans le projet; il demande son introduction dans la loi, et *la peine la plus sévère* pour le crime qu'il indique.

Aucun orateur ne devant plus prendre la parole sur l'ensemble du projet, M. le président annonce qu'il va mettre en délibération les articles qui le composent.

L'amendement proposé par M. l'archevêque de Sens, de diviser la loi nouvelle en deux lois distinctes, est discuté et rejeté.

Celui de M. de Lally-Tolendal éprouve un sort semblable.

Une discussion assez sérieuse s'étant élevée sur les mots *enlèvement et tentative d'enlèvement*, introduits dans l'article 2 par la commission spéciale, la chambre ordonne le renvoi à la commission des différentes rédactions proposées pendant la discussion, et s'ajourne au lendemain.

A l'ouverture de la séance du 1er mai, M. le président donne la parole à M. de Portalis. Le noble pair présente un nouvel article 2, qui, après discussion, est adopté en ces termes :

« Sera puni de la peine des travaux forcés à perpétuité quiconque aura été déclaré coupable d'avoir, dans un édifice consacré à l'exercice de la religion de l'état, volé, avec ou même sans effraction du tabernacle, des vases sacrés qui y étaient renfermés. »

Le même membre propose en outre un nouvel article 3, que la chambre adopte après une légère discussion. Il est ainsi conçu :

« Art. 3. Seront punis de la même peine,

» 1° Le vol de vases sacrés commis dans un édifice consacré à l'exercice de la religion de l'état ou d'un culte légalement établi en France, sans la circonstance déterminée par l'article précédent, mais avec deux des cinq circonstances prévues par l'article 381 du Code pénal;

» 2° Tout autre vol commis dans les mêmes lieux, à l'aide de violence et avec deux des quatre premières circonstances énoncées au susdit article. »

Au moyen de cette modification de la commission, l'article 3 du projet devient l'article 4, et le rapporteur (M. de Portalis) fait décider par la chambre que ces mots : *quoiqu'il n'ait été accompagné d'aucunes des circonstances prévues par l'article* 341, omis dans l'impression de son rapport, seront rétablis dans ledit article 4.

Les articles 5, 6, 7 et 8 (maintenant 6, 7, 8 et 9) sont adoptés sans discussion, car la proposition de M. le marquis de Rougé d'ajouter au premier de ces articles une disposition pénale à l'égard de la violation des sépultures n'a point de suite.

On procède ensuite au scrutin sur l'ensemble du projet, et des 147 votans 136 lui accordent leur suffrage.

Je crois utile de rappeler l'attention sur la discussion que je viens d'analyser le plus succinctement possible.

On a acquis la certitude, en lisant la partie historique de cet ouvrage, que les prêtres des siècles écoulés avaient, dans tous les tems et dans toutes les circonstances, manqué de cet esprit de douceur et de charité qui amène les hommes à l'obéissance et quelquefois les conduit à la conviction.

L'orgueil de l'intolérance, si ce n'est l'intolérance elle-même, agite encore aujourd'hui la prélature dans le sein du premier corps de l'état. Un évêque élève la voix contre l'assimilation, dans une loi pénale, des cultes autorisés au culte favorisé par l'état, comme si l'amour pour la Divinité pouvait permettre d'établir une distinction de principe! Un pair laïque demande qu'on écarte de la loi la peine de mort, et un second évêque réclame *la peine la plus sévère;* et ces deux princes de l'église, mécontens de la simplicité des expressions qui désignent les délits à punir, demandent ces mêmes mots qui armèrent Dominique et les siens, et gémissent de ne pas voir dans la loi les qualifications de *profonation* et de *sacrilége !*

La loi, adoptée par la chambre des pairs, fut portée ministériellement à la chambre des députés, d'où elle s'échappa furtivement et sans qu'on puisse dire comment et quel jour.

Le motif de cette disparition resta d'abord inconnu; ce ne fut qu'après quelques mois d'indécision que les ministres permirent de le deviner. L'éloquence de M. l'archevêque de Sens et de M. l'évêque de Troyes, ou la nécessité des concessions, avait sans doute séduit *leurs excellences :* de là le besoin d'étouffer la loi déjà adoptée par la haute législature de l'état; de là le besoin d'une nouvelle proposition.

CHAPITRE IV.

Discours du Garde-des-Sceaux en présentant le projet du 4 janvier 1825. — Projet.

MESSIEURS,

Nous venons soumettre à votre examen un projet de loi dont les principales dispositions vous sont connues et ont obtenu déjà votre approbation.

Ce projet, Messieurs, est important par son objet, puisqu'il s'agit d'assurer à la religion des garanties que nos lois actuelles lui refusent; il est important aussi par les dispositions qui le composent, puisqu'elles offrent la solution des questions les plus délicates du droit public et de la législation criminelle.

Lorsque nous venons, au nom du roi très-chrétien, proposer à la noble et sage assemblée des pairs du royaume, des mesures dictées par le seul désir de conserver la foi de nos pères et d'entretenir dans l'esprit des peuples les sentimens religieux qui sont si nécessaires à leur sûreté et à leur bonheur, nous ne devons pas craindre de voir éclater des discussions sur l'utilité générale de ces mesures, ni d'être réduits à démontrer que l'ordre et la durée des sociétés humaines dépendent du respect et de la protection qu'elles accordent à la religion. Chrétiens et hommes d'état tout ensemble, vous déplorez depuis long-tems, comme nous, le silence ou l'inefficacité de nos lois pénales, qui, bien loin d'opposer des barrières à l'impiété, semblent au contraire l'encourager à multiplier ses outrages, par l'impunité qu'elles lui promettent. Votre raison se révolte à l'aspect de cette législation imparfaite, qu'une inexplicable omission rend, en quelque sorte, complice des plus grands attentats qui puissent corrompre et troubler la société.

Tant de crimes de ce genre ont été commis, tant de voix se sont élevées vers vous pour obtenir que vous missiez un terme à ces scandales et à ces désordres! Votre âme indulgente et religieuse s'affermira contre la pitié que lui inspirent ordinairement les hommes coupables, ou plutôt cette bienveillance généreuse changeant d'objet et prenant à la fois plus d'étendue et d'activité, vous vous laisserez émouvoir au souvenir des dangers qui menacent les mœurs et la foi de la nation tout entière, et vous voudrez devenir sévères par attachement pour les intérêts mêmes de l'humanité.

Quand nous vous présentâmes pour la première fois ce projet, Messieurs, une seule pensée occupait notre esprit et excitait notre zèle; nous n'avions point entrepris alors de résoudre toutes les parties de ce grand problême, ni de combler à la fois le vide immense qu'offrait sur ce point la législation. Nous avions voulu seulement satisfaire aux besoins les plus reconnus et les plus fréquens. Affligés du grand nombre de vols sacriléges qui se commettaient dans les diverses parties du royaume, nous pensions qu'il était de notre devoir de proposer des peines pour les réprimer. Mais nous ne croyions point qu'il fût indispensable et surtout facile d'aller au-delà. Quand nous portions nos regards sur la société, nous y remarquions plus d'indifférence que de haine pour la religion; plus de négligence et d'oubli que d'ardeur à la combattre et à l'outrager; plus d'impiétés commises par des malheureux dépourvus de foi que de sacriléges commis par de fanatiques adversaires de notre culte et de nos croyances. Les exemples du sacrilége simple étaient très-rares et pour ainsi dire inconnus : il nous parut qu'on pouvait différer d'instituer des supplices pour un crime qui nous était devenu étranger, et d'offrir des garanties à la société contre un danger auquel elle n'était plus exposée.

D'autres motifs encore contribuaient à nous affermir dans cette opinion. La nature du crime qu'il se serait agi de punir, la difficulté d'en offrir une définition à la fois exacte et équitable, la nécessité de donner en même tems à cette définition une juste étendue et de justes bornes, les obstacles que rencontrerait la loi avant d'être faite, et les obstacles plus grands encore qu'on éprouverait quand il s'agirait de l'exécuter, tout cela, Messieurs, nous dissuadait de prêter l'oreille aux exhortations qui nous étaient adressées.

Ne croyez pas néanmoins que nous fussions plus faiblement touchés que leurs auteurs des intérêts sacrés de la religion. Si, en ne considérant que la répression des crimes, la rareté de celui-ci nous autorisait à soutenir que l'établissement de la peine était peu nécessaire, nous ne nous dissimulions pas cependant que la disposition proposée rendrait la législation plus morale, plus complète, plus digne de l'objet qu'elle doit remplir, et que la religion recevant par là un hommage plus éclatant et plus étendu, cette addition produirait une impression générale, dont l'utilité l'emporterait de beaucoup sur l'utilité même de la répression.

Aussi entendîmes-nous sans surprise des orateurs, d'ailleurs peu accoutumés à défendre les mêmes systêmes, élever la voix des diverses parties de cette chambre, et regretter à l'envi que nous n'eussions pas essayé d'atteindre le sacrilége simple comme le vol sacrilége. Qu'est-ce, vous demandaient-ils, que l'action de dérober par cupidité ou par besoin, des objets précieux consacrés à la religion, auprès du crime odieux, infâme, exécrable de celui qui, sans autre besoin qu'une aversion insensée pour l'Être infini dont il ose braver la puissance, se complaît à exercer sur des vases saints de stériles et détestables outrages? Que vous réserviez, poursuivaient-ils, des châtimens rigoureux pour le premier attentat, nous y consentons; mais comment tolérer que vous n'en proposiez aucun pour le second crime, qui décèle une perversité bien plus profonde, qui porte une atteinte bien plus dangereuse à la religion et qui offense bien plus témérairement la société?

Vous ne cédâtes pas, Messieurs, à ce langage; mais il fut facile de voir que vous ne résistiez qu'à regret. Comme nous, vous fûtes effrayés des obstacles, quoique vous désirassiez, comme nous, qu'il fût possible de les surmonter. Ce n'était pas à vos yeux un médiocre avantage que d'obtenir sur une matière aussi importante une loi qui n'omît rien de ce qu'on doit exprimer, et qui fixât des peines pour tout ce qu'on doit punir. Vous l'auriez voulu pour l'honneur de la législation française, dussent les dispositions demandées n'être jamais nécessaires et ne jamais recevoir leur application. Vous l'auriez voulu, ne fût-ce que pour écarter de vous et de nous-mêmes l'injuste reproche d'avoir manqué de zèle et de prévoyance.

Ce vœu si naturel et si facile à justifier, Messieurs, ne fut pas seulement exprimé dans cette enceinte. Il retentit dans la seconde chambre avec une nouvelle force, et si j'ose le dire, avec une nouvelle persévérance. Personne ne contestait l'influence des considérations qui nous avaient retenus, quoique tous les esprits n'en fussent pas frappés d'une manière uniforme. Personne aussi ne contestait la gravité des considérations opposées, quoiqu'on ne fût pas unanimement persuadé qu'il convînt de leur attribuer la préférence. Une discussion vive et solennelle allait s'ouvrir, où, malgré la différence des discours et des opinions, on aurait vu éclater dans les deux partis le même respect pour la religion, la même horreur pour les outrages qui la blessent, les mêmes vœux pour un retour sincère et universel vers les croyances qu'elle a consacrées.

Qui pourrait dire, Messieurs, quel eût été le résultat de cette épreuve nouvelle? Une seule chose doit paraître certaine aujourd'hui, c'est que les désirs qui vous avaient animés animaient aussi, quoiqu'à des degrés différens, les membres de la seconde chambre, et que si nous étions assez heureux pour découvrir enfin les moyens d'écarter les obstacles et d'apaiser toutes les craintes, une approbation générale deviendrait sans doute le prix de notre déférence et de nos efforts.

Cette persuasion nous était nécessaire, Messieurs, pour tenter une entreprise si délicate et si difficile. Puissiez-vous reconnaître, dans le nouveau projet qui vous est soumis, quelques traces de l'attention scrupuleuse avec laquelle nous nous sommes appliqués à prévenir toute incertitude et toute équivoque, à éviter le scandale des débats et l'arbitraire des décisions, à concilier enfin les intérêts de l'humanité, de la religion et de la justice!

Quatre titres, Messieurs, divisent aujourd'hui le projet de loi. Le sacrilége simple, le vol sacrilége, les délits commis dans les édifices ou sur les objets consacrés à la religion, et les dispositions générales qu'exigera l'exécution de loi : telle est la matière de ces quatre titres.

Nous aurons peu d'observations à vous soumettre, Messieurs, sur le second et sur le troisième, car ils ne comprennent aucune disposition nouvelle, et ne sont autre chose que l'exacte répétition du projet que vous avez déjà approuvé.

Ainsi vous trouverez dans le second titre tout ce que vous aviez autrefois prescrit contre le vol commis dans les églises avec la réunion des cinq circonstances déterminées par l'article 381 du Code pénal ; ce que vous aviez établi contre le vol des vases sacrés enfermés dans les tabernacles ; ce que vous aviez ordonné contre le même vol commis hors du tabernacle, mais dans l'intérieur de l'église et avec deux des cinq circonstances prévues par le Code ; ce que vous aviez prononcé contre les autres vols commis dans les mêmes lieux, à l'aide de violence et avec deux des quatre premières circonstances, que le Code pénal déclare aggravantes ; ce que vous aviez décidé contre le vol des vases sacrés et des objets destinés à la célébration des cérémonies religieuses, lorsque ce vol aurait été commis dans les églises, mais sans aucune autre circonstance aggravante ; ce que vous aviez enfin reconnu nécessaire et juste pour réprimer les vols ordinaires qui seraient commis dans les églises, et pendant la nuit ou par plusieurs personnes réunies.

De même vous retrouverez dans le troisième titre les peines que vous avez instituées contre les outrages à la pudeur commis dans les édifices consacrés à la religion, contre les désordres qui interrompent les saintes cérémonies, contre les mutilations et dégradations des statues et des monumens religieux. Vous y retrouverez aussi les dispositions par lesquelles vous vous étiez proposé d'éviter l'abus que l'on pourrait faire de l'article 463 du Code pénal, et qui interdisaient aux juges la faculté de réduire les condamnations au-delà des limites que vous aviez indiquées.

Le quatrième et le premier titres sont donc les seuls qui puissent attirer et occuper maintenant votre attention. Le quatrième, par lequel nous vous proposons de commencer cet examen, parce qu'il est à la fois moins important et moins étendu, ne se compose que de deux articles, l'un qui maintient et confirme toutes les dispositions existantes, auxquelles le projet ne déroge point; l'autre qui déclare applicables aux crimes et délits commis dans les édifices consacrés aux cultes légalement établis en France, les dispositions des titres 2 et 3 de ce projet.

Lorsque nous nous bornions à vous demander des peines contre le vol sacrilége, et que le sacrilége simple n'était compris dans aucun article du projet de loi, il nous avait été facile d'employer d'autres formes pour énoncer et consacrer de nouveau la protection que la constitution de l'état a promise aux cultes établis dans le royaume. Comme nous rencontrions alors des délits semblables ou analogues, il avait paru naturel d'ajouter à chaque disposition une phrase pour la déclarer applicable à tous les cultes légalement admis en France. Le seul inconvénient de cette rédaction, justifiée d'ailleurs par des exemples récens et nombreux, était d'amener dans chaque article la répétition peut-être inutile de la même formule et des mêmes mots.

C'était un inconvénient de peu d'importance; il y en aurait de plus considérables aujourd'hui. Le projet actuel étant divisé en plusieurs titres, et le premier d'entre eux ayant pour objet des croyances que n'admettent pas les cultes dissidens, il a bien fallu reconnaître que les dispositions de ce titre étaient exclusivement relatives à la religion de l'état. Dès-lors, Messieurs, il a dû paraître plus simple et plus convenable de régler, par un article spécial, les diverses applications de la loi, et de marquer profondément, par une disposition isolée, que les promesses de la Charte ne sont point de vaines promesses, et que l'égalité de protection qu'elle garantit à tous les cultes admis dans le royaume n'a d'autres limites que celles de ces cultes mêmes et de leurs doctrines.

En effet, Messieurs, bien loin de prétendre qu'ils doivent être compris dans le titre premier du projet de loi, les cultes étrangers à la religion de l'état le repoussent. Il sera facile de vous en convaincre en vous offrant l'analyse des quatre articles dont il se compose.

Qu'est-ce que le sacrilége? C'est, répond le projet de loi, la profanation des choses sacrées. Quelles sont les choses dont la profanation puisse constituer le sacrilége? Ce sont les saintes espèces qui recèlent le Dieu vivant, et les vases saints où elles sont déposées. En quoi consiste la profanation? A commettre volontairement, et par haine ou mépris de la religion, des outrages et des voies de fait sur les vases sacrés ou sur les hosties consacrées.

Mais quel est celui qu'on devra déclarer coupable de sacriléges? Celui qui aura eu réellement la volonté de profaner les choses sacrées, et qui aura eu nécessairement la certitude de leur consécration.

La loi déclarera donc à quels signes la consécration sera reconnue. Quels seront ces signes? Si les vases sacrés étaient, au moment du crime, employés aux cérémonies de la religion ou renfermés dans le tabernacle de l'église; si les hosties étaient exexposées dans l'ostensoir ou déposées dans le tabernacle; si le prêtre donnait la communion, ou portait le saint viatique aux malades.

Qui pourrait refuser de reconnaître dans ces faits, si simples et si faciles à vérifier, des signes infaillibles de la consécration des choses saintes? Par-là, Messieurs, les discussions difficiles seront prévenues, les doutes fâcheux seront dissipés, les décisions arbitraires seront évitées, et la justice rassurée ne pourra craindre ni les faiblesses, ni les erreurs, ni les préjugés de ses interprêtes.

Confondra-t-on cependant des profanations si diverses? Non, Messieurs; la profanation des vases sacrés est un crime énorme; la profanation des saintes espèces est encore un bien plus grand attentat, non qu'il faille le considérer comme un outrage envers Dieu, car l'immensité tout entière nous sépare de l'être infini qui nous a créés, et il n'est en notre puissance ni de blesser, ni de venger l'inaltérable dignité de sa nature et de son nom. Mais c'est la religion qui est offensée dans ce qu'elle a de plus cher et de plus sacré; c'est la société, dont les intérêts se confondent avec ceux de la religion, qui est attaquée dans ce qu'elle aime et révère le plus; ce sont les peuples qui sont insultés dans leurs sentimens les plus vifs, dans leurs opinions les plus profondes, dans leurs espérances les plus consolantes.

C'est donc en effet, Messieurs, l'un des plus coupables excès que puissent prévoir les lois criminelles; et s'il ne faut pas, ce qu'à Dieu ne plaise, créer des supplices nouveaux pour le réprimer, on ne pourrait cependant, sans inconséquence, refuser d'infliger à un si grand crime le plus grand châtiment que notre législation ait institué.

Ainsi, Messieurs, le sacrilége est défini par la profanation, et la profanation à son tour est définie et limitée par les objets sur lesquels on peut la commettre, par la manière dont elle peut être exercée, par le but que se propose le coupable, par la volonté qui détermine son action; les objets sur lesquels la profanation peut être commise sont énumérés eux-mêmes avec soin et clairement désignés par leur dénomination, par l'usage auquel ils sont consacrés, par les signes auxquels on doit reconnaître le saint caractère qui leur a été imprimé; les crimes enfin sont divisés selon leur nature, et les peines sont graduées selon les règles de la législation générale et selon la différence des crimes.

Telle est, Messieurs, l'économie de ce titre, et tel est le projet dont nous vous demandons l'adoption. Vos délibérations seules pourront nous apprendre si nous avons atteint le but qui nous était proposé, si nous avons rendu à la religion et à la société ce qui leur est dû sans imposer de trop grands sacrifices à l'humanité; nous avons rencontré cette exacte mesure de rigueur et de bienveillance qui est la justice même et qui fait seule les bonnes lois. La sévérité nécessaire est certainement un devoir; l'indulgence est un devoir elle-même quand la sévérité n'est plus nécessaire.

Voici le projet de loi sur le sacrilége présenté par M. le garde-des-sceaux dans la séance du 4 janvier 1825.

Charles, par la grâce de Dieu, etc.

Nous avons ordonné et ordonnons que le projet de loi dont la teneur suit sera présenté en notre nom à la chambre des pairs par notre garde-des-sceaux, ministre secrétaire d'état au département de la justice, que nous chargeons d'en exposer les motifs et d'en soutenir la discussion.

Titre Ier. — *Du sacrilége.*

Art. 1er. La profanation des vases sacrés et des hosties consacrées est crime de sacrilége.

2. Est déclarée profanation toute voie de fait commise volontairement et par haine ou mépris de la religion, sur les vases sacrés ou sur les hosties consacrées.

3. Il y a preuve légale de la consécration des hosties, lorsqu'elles sont placées dans un tabernacle ou exposées dans l'ostensoir, et lorsque le prêtre donne la communion ou porte le viatique aux malades.

Il y a preuve légale de la consécration du ciboire, de l'ostensoir, de la patène et du calice employés aux cérémonies de la religion au moment du crime.

Il y a également preuve légale de consécration de l'ostensoir et du ciboire enfermés dans le tabernacle de l'église.

4. La profanation des vases sacrés est punie de mort.

La profanation des hosties consacrées est punie de la peine du parricide.

Tit. II. — *Du vol sacrilége.*

5. Sera puni de mort quiconque aura été déclaré coupable d'un vol commis dans un édifice consacré à la religion de l'état, lorsque le vol aura été d'ailleurs commis avec la réunion des circonstances déterminées par l'article 381 du Code pénal.

6. Sera puni des travaux forcés à perpétuité quiconque aura été déclaré coupable d'avoir, dans un édifice consacré à l'exercice de la religion de l'état, volé avec ou même sans effraction du tabernacle, des vases sacrés qui y étaient renfermés.

7. Seront punis de la même peine :

1° Le vol des vases sacrés commis dans un édifice consacré à la religion de l'état sans la circonstance déterminée par l'article précédent, mais avec deux des cinq circonstances prévues par l'article 381 du Code pénal.

2° Tout vol commis dans les mêmes lieux, à l'aide de violence et avec deux des quatre premières circonstances énoncées au susdit article.

8. Sera puni de la même peine des travaux forcés à tems, tout individu coupable d'un vol de vases sacrés ou d'autres objets destinés à la célébration des cérémonies de la religion de l'état, si le vol a été commis dans un édifice consacré à cette religion, quoiqu'il n'ait été accompagné d'aucune des circonstances comprises dans l'article 381 du Code pénal.

9. Sera puni de la réclusion tout individu coupable de vol, si ce vol a été commis la nuit, ou par deux ou plusieurs personnes, dans un édifice consacré à la religion de l'état.

Tit. III. — *Des délits commis dans les églises ou sur les objets consacrés à la religion.*

10. Sera puni d'un emprisonnement de trois à cinq ans et d'une amende de 500 à 10,000 fr., toute personne qui sera reconnue coupable d'outrage à la pudeur, lorsque ce délit aura été commis dans un édifice consacré à la religion de l'état.

11. Seront punis d'une amende de 16 à 300 fr. et d'un emprisonnement de six jours à trois mois ceux qui, par des troubles ou désordres commis, même à l'extérieur d'un édifice consacré à l'exercice de la religion de l'état, auront retardé, interrompu ou empêché les cérémonies de la religion.

12. Dans les cas prévus par l'article 557 du Code pénal, si les monumens, statues ou autres objets détruits, abattus, mutilés ou dégradés étaient consacrés à la religion de l'état, le coupable sera puni d'un emprisonnement de deux mois à deux ans, et d'une amende de 200 à 2,000 fr.

La peine sera d'un an à cinq ans d'emprisonnement et de 1,000 à 5,000 fr. d'amende si ce délit a été commis dans l'intérieur d'un édifice consacré à la religion de l'état.

13. L'article 463 du Code pénal n'est pas applicable aux délits prévus par les articles 10, 11 et 12 de la présente loi.

Il ne sera pas applicable non plus aux délits prévus par l'article 401 du même Code, lorsque ces délits auront été commis dans l'intérieur d'un édifice consacré à la religion de l'état.

Tit. IV. — *Dispositions générales.*

14. Les dispositions des titres 2 et 3 de la présente loi sont applicables aux crimes et délits commis dans les édifices consacrés aux cultes légalement établis en France.

15. Les dispositions auxquelles il n'est pas dérogé par la présente loi continueront d'être exécutées.

Donné au château des Tuileries, le deuxième jour du mois de janvier de l'an de grâce 1825 et de notre règne le premier.

Signé CHARLES.

Par le roi :

Le garde-des-sceaux de France,

Signé De Peyronnet.

CHAPITRE V.

Discussion à la Chambre des Pairs.

M. le comte Molé, après avoir prouvé par les propres paroles de M. le garde-des-sceaux l'inutilité de la loi proposée et fait ressortir les contradictions entre les dispositions du premier projet et celui actuellement en discussion, rappelle les principes émis l'année précédente par la commission et l'adhésion de la chambre à ces principes. Il demande quel a été le sort de la loi votée. Passant au nouveau projet, il dit :

Le titre premier, en traitant du sacrilége simple, c'est-à-dire de l'offence de l'homme envers Dieu, fait tout autre chose ; il fait entrer le péché dans le domaine des lois. Le principe admis, vous serez obligés plus tard d'admettre ses conséquences. Les interprètes naturels de la loi religieuse vous diront qu'un fait est *sacrilége*, qu'il est un outrage aux dogmes qu'ils sont chargés de nous enseigner, une infraction à la discipline qu'ils ont pour devoir de maintenir, et il ne vous restera qu'à inscrire ce fait sur la liste fatale des *sacriléges*, et à lui appliquer une peine proportionnée au rang qu'il occupera dans cette redoutable nomenclature. C'est ainsi que nos vieilles ordonnances étaient arrivées à punir comme sacrilége l'usurpation des biens de l'église. En un mot, Messieurs, la définition du sacrilége étant évidemment de droit cononique, lorsque ce droit aura parlé, il ne restera à la loi civile qu'à obéir. Vous pourrez tout au plus disputer sur la peine, vous n'aurez ni l'autorité, ni le droit de contester le crime ou le délit.

Le *sacrilége simple* n'était pas même au nombre des cas *royaux* et *prévôtaux*. Ces cas ne parlaient que du sacrilége avec effraction, c'est-à-dire accompagné de vol et de violence, tel qu'il est prévu au titre II du projet....

Pour nous rassurer, on nous dit que le titre Ier n'étant qu'une complaisance, ne s'appliquera pas : c'est déjà quelque chose que de l'avouer inutile ; mais n'y voyez-vous pas aussi, Messieurs, une injure à la génération actuelle ? Les lois ne sont-elles pas l'expression de la moralité du temps pour lequel elles sont faites ? Celle-ci calomnierait le nôtre jusque dans la postérité la plus reculée, en voyant le *sacrilége simple* rétabli dans notre législation criminelle après un intervalle de plusieurs siècles ; en voyant le formidable appareil de peines et de supplices déployé pour le réprimer, que croiraient nos derniers neveux, si ce n'est que cet affreux scandale envahissait la société française sous le règne de Charles X ? On nous répond en dénonçant notre législation à l'indignation publique....

Quelle est donc l'omission si coupable du législateur que l'on voudrait réparer ? Depuis quand la loi invente-t-elle des crimes et prévoit-elle tous ceux que l'imagination peut concevoir, au lieu de se borner à ceux qu'il est besoin de réprimer ? M. le garde-des-sceaux lui-même vous l'a dit : le *sacrilége simple* ne se commet plus, et c'est pour cela que notre Code n'en parlait pas. « Vous » seriez, réplique-t-on, la seule nation chrétienne dont les lois ne » le puniraient pas ! » En savez-vous la raison, Messieurs ? C'est que nos lois seules ont été faites dans le tems et pour le tems où nous vivons. Celles des autres peuples portent toutes l'empreinte des discussions religieuses qui ont déchiré la catholicité ; car ce n'est point l'indifférence religieuse, l'esprit appelé *philosophique* qui porte au sacrilége ; il n'y a que le fanatisme des sectes qui conçoive de tels outrages, et mette dans la nécessité de s'en défendre.

Si les conséquences dans l'avenir de ce titre Ier sont aisées à prévoir, il serait impossible de mesurer leur étendue. Dans le présent, je lui trouve un autre danger qui ne vous paraîtra pas, je le crois, imaginaire. Ne craindriez-vous pas, Messieurs, en séparant le sacrilége du vol, de l'ennoblir en quelque sorte et de tenter l'audace d'hommes impies et corrompus, qui, ne voyant que des supplices à braver, des dangers à courir, se feraient les martyrs de l'incrédulité ? Il ne faut pas défier la témérité du méchant en le menaçant de la mort et des tortures s'il se livre à des excès auxquels il ne songeait pas. L'incrédulité aurait aussi son fanatisme que les supplices n'intimideraient pas. Le fanatisme est identique; quel que soit son principe ou son objet, il porte le même caractère, il produit les mêmes effets : nos mœurs, notre civilisation semblaient nous en garantir; mais la voix des bourreaux, les gémissemens des victimes le feraient reparaître au milieu de ce siècle étonné et pour lequel il n'était point fait. Bientôt il envahirait les cœurs, et ferait éclater de nouveau ses fureurs dans ce genre de procès dont l'histoire garde un si triste souvenir. Parcourez ses pages, et vous frémirez à la vue de cette lutte entre tous les fanatismes qui souille les jugemens des crimes religieux. On y voit le fanatisme assis sur le tribunal non moins que sur la sellette de l'accusé : le juge s'y transforme en bourreau et l'accusé en martyr. Et comment cela n'arriverait-il pas ? ne sont-ce pas les sentimens les plus passionnés de l'homme, ses facultés les plus exaltées qui sont mises en jeu et se trouvent alors juges et parties ? Le fanatisme commet le crime, le fanatisme le constate, le définit et le punit. Quel homme, en effet, quel chrétien doué d'une foi vive, d'une âme fervente et convaincue, pourrait répondre de demeurer impassible, calme, exempt de prévention et de colère en présence du *sacrilége,* de celui qu'il soupçonne d'avoir attenté aux objets de son adoration et de son culte ? Non, Messieurs, il est tems de le reconnaître, il n'y a point de juges, point de châtimens sur la terre pour un tel crime. — Dieu seul peut en connaître et le punir.

J'arrive à une question bien importante et qui semble avoir échappé aux auteurs du projet. N'ont-ils pas confondu le criminel avec le crime, et fait partager au premier une dénomination terrible qu'il ne mérite pas ? Est-il bien sacrilége celui qui, en profanant les saintes hosties, ne croit point au miracle, objet de notre foi ? N'est-il pas évident que s'il eût cru au dogme de la présence réelle, jamais il n'aurait conçu l'idée d'un pareil attentat ? De quoi le punirez-vous donc si vous ne le considérez pas seulement comme coupable d'outrage envers la religion de l'Etat? de quoi le punirez-vous si ce n'est de manquer de foi? Vous lui infligerez le supplice des parricides pour le seul crime qu'il n'eût jamais commis s'il eût été catholique. Que dirions-nous, Messieurs, si les Français des autres cultes venaient nous demander une loi, je ne dirai pas semblable, mais de même nature, en invoquant la Charte qui leur promet une égale protection? s'ils venaient nous demander une loi qui punît de mort les actes publics commis par haine ou mépris de leurs croyances? La leur refuseriez-vous? ou la leur accorderiez-vous? Dans ce dernier cas, quel code draconien, quel code de sang viendrait épouvanter la France!

Le titre Ier présente donc une infraction positive à l'égalité des cultes. Il institue des supplices pour les Français non catholiques, il définit un crime qu'un catholique ne commettrait pas. C'est ainsi que l'intolérance s'insinue et fonde peu à peu son empire. Le dogme vient d'abord humblement implorer la protection de la loi, et bientôt il l'inspire, il s'en empare, et commande ou proscrit en son nom. Après le *sacrilége* viendrait le *blasphème;* tout péché serait assimilé au délit ou au crime, et la force se chargerait de redresser l'erreur.

Pour éviter une discussion périlleuse, on a donné à entendre que la loi ne s'exécuterait pas. On la représente seulement comme un hommage à notre foi. Mais y pense-t-on bien, ou un tel hommage, une telle loi ne seraient-ils pas eux-mêmes autant de sacriléges? Les païens attribuaient à leurs dieux les faiblesses et les passions de l'humanité; mais des chrétiens peuvent-ils parler de venger celui qu'ils adorent? Est-ce au Dieu de Fénélon et de Bossuet qu'on veut plaire en ôtant à la faible créature qui l'offense le tems de se repentir? Le Dieu qui a versé son sang pour les hommes ne demande pas qu'on répande le leur. Il ne nous a point délégué le soin de ses vengeances : le jour où elles éclateraient, ce monde, ouvrage de ses mains, aurait cessé d'exister. « La vengeance appartient à moi seul, a dit le Seigneur. » Répétons en toute humilité ces mots terribles. Renonçons à proportionner le châtiment à la grandeur de l'offense; c'est pour les maîtres de la terre et non pour le père de tous les hommes que sont faites les lois de *Majesté*.....

Vous vous souvenez de l'accusation dernièrement portée par un écrivain célèbre contre des élèves de l'une de nos écoles. Sous le gouvernement de Napoléon, le même soupçon s'éleva contre les élèves d'une autre école. Supposez maintenant que l'écrivain ne se fût pas trompé; que le soupçon conçu sous Napoléon se fût converti en certitude, il eût donc fallu couper le poing, ôter la vie à tous ces insensés? On eût, pour honorer Dieu, ou rendre service à la société, plongé dans le deuil et l'infamie tant de familles et égorgé ces misérables enfans que le ciel réservait peut-être pour édifier le siècle par l'exemple de leur conversion et l'éclat de leurs remords? Ah! j'en appelle aux vénérables évêques qui m'écoutent, et dont la nature de cette discussion nous privera peut-être, comme l'année dernière, de recueillir les votes; j'en appelle à leurs lumières, à leurs vertus évangéliques : ne désavoueraient-ils pas, ne repousseraient-ils pas, au nom de celui qu'ils nous enseignent, un pareil holocauste?

Si des prévenus nous passons au mode de jugement, les difficultés redoublent, et je ne crains pas de l'ajouter, l'honneur s'accroît. Le mode de jugement, les tribunaux seront les mêmes, puisqu'on ne nous parle pas d'enlever les accusés à leurs juges naturels pour les livrer à des tribunaux spéciaux. Alors je demande quels seront les jurés à la fois impartiaux et compétens? La première condition serait qu'ils fussent eux-mêmes croyans; et croyans, comment les supposer impassibles? Tous les Français non catholiques devront d'abord être exclus de la liste, et parmi les catholiques eux-mêmes, il sera nécessaire de choisir, si l'on veut sincèrement l'exécution de la loi. Oui, Messieurs, il deviendra rigoureusement nécessaire de s'assurer de la foi des jurés, et je laisse à penser quels moyens on y emploiera. Ou le jury sera composé de manière à ce que l'acquittement de l'accusé soit certain, ou il sera formé en entier d'hommes sachant cause de récusation en leurs personnes. Fût-il jamais, en effet, une cause de récusation plus évidente et plus impérieuse que la différence de croyance et de religion pour juger un crime purement religieux ? Représentez-vous ce que deviendraient les accusations et les jugemens de *sacriléges* dans ces contrées où les deux religions sont encore pour ainsi dire en présence. Les scènes sanglantes dont nos départemens méridionaux furent le théâtre en 1816 sont encore présentes à votre mémoire ; nous en avons parmi nous des témoins et d'honorables victimes (1). Comment ce seul souvenir n'a-t-il pas suffi pour arrêter les auteurs du projet ? Comment n'ont-ils pas reculé devant l'idée de faire juger à Nîmes un protestant accusé de *sacrilége* par des juges et des jurés tous catholiques ! Vous parlerai-je de la question intentionnelle et de ses conséquences dans une pareille matière ? Imaginez des jurés ayant à prononcer sur les sentimens qui animaient le coupable ; ayant à déclarer si la haine et le mépris de notre religion ont réellement conduit sa main. Y aura-t-il eu haine et mépris si l'attentat a été la suite d'un horrible défi, porté dans la débauche, de braver le dernier supplice ? Y aurait-il haine et mépris s'il se trouvait un homme assez pervers pour commettre le crime dans le seul but d'en accuser ceux qu'il voudrait perdre ou de produire un scandale dont il attendrait quelque fruit ? On frémit en pensant à la diversité des cas de cette espèce, et qui, portés devant tout autre tribunal que celui de Dieu même, placeraient toujours l'accusé entre l'impunité et la persécution.

Permettez-moi, Messieurs, en terminant, de vous présenter une dernière réflexion ; c'est que ce sont bien moins les religions qui sont intolérantes que l'homme lui-même qui est passionné. Le christianisme seul, et c'est peut-être une des meilleures comme une des plus belles preuves de son origine, le christianisme seul implore le ciel pour ceux que les autres religions proscrivent. Il ne songe qu'à persuader, qu'à convaincre ceux que les autres religions oppriment ou persécutent. C'est là son véritable esprit. De même qu'il met partout la lumière à la place de l'ignorance, la

(1) M. le comte de Lagarde.

vérité à la place de l'erreur, il substitue aussi la miséricorde à la colère, et remplace dans le cœur de l'homme la haine par la charité. Il est donc permis de s'étonner que ce soit en son nom qu'on vienne invoquer et qu'on veuille multiplier les supplices.

Je regarde le titre Ier du projet de loi comme une injure au ciel et à la terre, à notre religion et à notre tems, comme une infraction à la Charte; et je voterai le rejet de la loi jusqu'à ce qu'il en ait été arraché.

M. le comte Bastard, après avoir fait ressortir l'importance et la gravité de la loi proposée, dit :

Les tems du fanatisme et de l'impiété sont passés pour nous, vérité importante que M. le garde-des-sceaux a proclamée lui-même, et à laquelle doivent céder toutes les convictions.

..... A aucune époque, depuis plus d'un siècle, les sentimens religieux n'ont plus universellement pénétré tous les cœurs; à aucune époque, depuis plus d'un siècle, les flots du peuple n'ont plus incessamment inondé les portiques et les parvis de nos temples; à aucune époque, depuis plus d'un siècle, une plus grande affluence de fidèles ne s'est pressée autour de la chaire de vérité.

Si la littérature est l'expression de la société, ouvrez nos livres, jusqu'aux ouvrages les plus frivoles, ne portent-ils pas l'empreinte de nos sentimens religieux? Les hommes qui parmi nous tiennent le sceptre des sciences et de la littérature ne sont-ils pas placés à la tête de ce mouvement de régénération, dont les progrès sont déjà si marqués?

Pénétrez maintenant dans l'intérieur des familles, et dites si vos regards y sont affligés du spectacle des mêmes désordres qui, avant la révolution, avaient souillé le sanctuaire domestique! Portez vos pas dans ces écoles ouvertes de toutes parts à une jeunesse avide de science, et niez que la première science pour elle ne soit celle qui nous conduit à la religion, cette métaphysique élevée, cette philosophie toute spiritualiste, dont l'étude en France occupe aujourd'hui tant d'esprits!

Suivez dans le monde ces autres jeunes hommes qui se dévouent à des professions honorables et utiles : leur refuserez-vous l'hommage dû en général à leur émulation, à leur conduite et à ces habitudes graves qui les préservent des dangereux amusemens de la frivolité ?

Qui enfin, après des catastrophes politiques aussi terribles, n'a pas des consolations ou des expiations à venir chercher au pied des autels ? Laissons donc aux esprits chagrins et mélancoliques le triste privilége de blâmer le présent au profit de leurs souvenirs ou dans l'intérêt de leur ambition : leurs amères censures n'arrêteront pas l'amélioration progressive et constante de l'espèce humaine.

Quel désordre, quel fait criminel, quelle profanation réclame de nos jours la classification dans notre Code pénal de nouveaux délits et de nouvelles peines ? N'est-ce pas une triste gloire pour des législateurs, que de prévoir en quelque sorte les conceptions déjà si variées de la perversité humaine ? On se tait ; et ce silence est concluant. Depuis vingt-cinq ans peut-être, et bien certainement depuis la restauration, il ne s'est pas commis en France une seule action que l'on puisse qualifier de sacrilége. Que n'imitons-nous les Athéniens, qui ne punissaient pas le parricide, parce qu'ils le supposaient impossible.

Si l'on a dit que la loi était inutile, c'est parce qu'on a établi que, depuis les saturnales impies et sanglantes de 93, le crime de sacrilége simple n'a jamais été commis ; que les peines modérées de l'article 262 du Code pénal ont suffi à sa répression, ou plutôt, parce que les mœurs publiques s'améliorant tous les jours, il a suffi de la juste horreur que ce crime inspire, pour en éloigner tous ceux qui n'y sont pas poussés par une sordide cupidité, et l'on en a pu conclure rigoureusement qu'il suffirait de punir de peines plus sévères le vol commis dans les églises.

Le besoin d'une loi sur les outrages aux choses sacrées ne se faisant donc pas sentir, je crois aussi qu'il eût été plus sage de ne pas soulever toutes les questions qu'elle fait naître, de ne pas entretenir les peuples d'un crime qu'ils ne connaissent plus, de ne pas éveiller enfin dans des cœurs corrompus l'affreuse pensée de le commettre. Mais, puisque nous sommes placés dans la nécessité de nous en occuper, examinons la nature des peines qui sont instituées par le projet de loi et celles que je propose d'y substituer.

Deux savans collègues, en s'appuyant sur tous les publicistes renommés, ont dû établir que la peine doit être proportionnée au crime; que si elle est trop élevée, trop dure, elle irrite au lieu de corriger : on veut faire naître une salutaire horreur pour le criminel et pour son crime, on ne fait que réveiller ce sentiment de pitié que Dieu a déposé dans le cœur de l'homme; on finit par absoudre en quelque sorte le coupable, trop sévèrement puni, et l'on se révolte contre les rigueurs de la loi. On demande la punition exemplaire du crime, et l'on ne trouve pas de juges qui veulent la prononcer, et le crime reste impuni; et si vous daignez, Messieurs, vous rappeler l'ordre d'idées qui nous a menés à caractériser le crime qui nous occupe, jamais vous ne serez conduits à penser que ce grave attentat contre l'ordre social; que ce trouble notable apporté à la paix publique, car c'est là son caractère essentiel; que jamais, dis-je, ce crime, quelque grand que dans l'ordre social vous le supposiez, doive être puni de la peine capitale; et si j'ajoutais qu'un autre grand principe des criminalistes est de n'élever les peines qu'autant que le demandent la multiplicité et la fréquence des délits que l'on veut prévenir, ce serait bien moins encore le cas de prononcer ici la peine de mort, puisqu'il est établi qu'aujourd'hui, où la religion préoccupe tous les esprits et descend dans les cœurs, le crime de sacrilége simple ne vient plus contrister l'âme des fidèles.

Et combien tout ce que je dis prend de force, en l'appliquant à ce supplice accessoire dont on veut que la peine de mort soit accompagnée; à ce supplice qui souille notre Code pénal, et qu'une basse servilité renouvela en 1810 pour flatter la vanité du plus orgueilleux des hommes!

Développement d'un amendement de M. le comte Bastard.

Le crime est mal défini.

On le mesure par la grandeur du Dieu qu'on offense, et point par la grandeur de l'outrage que l'on fait aux hommes.

On veut alors lui appliquer la peine la plus forte que prononce notre Code pénal ; et si le roi-martyr n'eût pas aboli les tortures, on ne pourrait se dispenser, pour être conséquent, de torturer le coupable.

Mais quelle est la véritable définition de ce crime? C'est l'outrage aux hosties consacrées, ou, comme dit le roi Louis XV, la profanation des choses saintes. Voilà véritablement ce qu'est le crime ; tout le monde en convient. Louis XV n'avait pas cru devoir ajouter que cette profanation des choses saintes, que cet outrage aux hosties consacrées, était appelé par l'église, par le droit canon, *sacrilége;* et pourquoi? parce que d'une part il faisait une loi civile, et que, sans tomber dans la plus dangereuse des confusions, il ne faut pas transporter les définitions du droit canonique dans le droit civil; parce que le sacrilége est l'infraction à la loi religieuse, comme le crime, le délit, la contravention sont des infractions à la loi séculière; que c'est à la loi religieuse qu'il appartient exclusivement de le définir, et non à nous, hommes profanes, qui ignorons les choses saintes. On a pu dire dans le Code pénal que tel ou tel crime était crime de lèse-majesté; peut-on y dire, sans confusion de toute chose, que tel ou tel délit, que tel ou tel crime est un sacrilége? Le législateur séculier est l'appréciateur suprême de ce qui porte atteinte à la souveraineté politique; mais il ne saurait l'être de ce qui porte atteinte aux dogmes, aux préceptes et à la discipline de la religion. On ne peut donc pas se servir, sans usurpation des droits de l'église, du mot de *sacrilége*. Et à toutes ces raisons qui sont si puissantes, j'ajouterai que jamais dans le langage on n'a donné à un cas particulier le nom générique des crimes dans la classe desquels se trouve celui que l'on veut définir. Oui, la profanation des choses saintes est un sacrilége comme, aux termes de la loi canonique, l'outrage à la pudeur d'une religieuse est un sacrilége, comme le vol des biens de l'église est un sacrilége, comme plusieurs crimes dont un prêtre peut se rendre coupable, et que définit la même loi, sont des sacriléges (1). Ainsi un législateur

(1) Qui divinæ legis sanctitatem aut nesciendo omittunt, aut negligendo violant et offendunt, sacrilegium committunt. C. L. 9, t. 29, § 1.

français, s'il avait le droit de porter une loi qu'il intitulerait *du sacrilége*, devrait y renfermer tous les sacriléges, ou bien son titre manquerait d'exactitude, à moins que l'on n'eût le projet de compléter plus tard cette loi, en y mettant un jour tout ce qui y manque. Tandis que si le titre portait *de la profanation des choses saintes*, ou, ce qui me semble plus exact, *des outrages aux saintes hosties*, vous avez tout ce que vous voulez dire, et rien que ce que vous voulez dire.

Et qu'on ne dise pas, Messieurs, qu'il ne s'agit ici que des peines canoniques ; il y a des peines canoniques : l'excommunion et la déposition ; mais la prison perpétuelle, la déportation, les amendes ne sont pas des peines que l'église peut appliquer. Les rois, en donnant leur sanction aux lois pénales de l'église, les faisaient exécuter par leurs officiers. Voilà la loi : qu'elle soit notre règle ; et s'il existe des arrêts plus sévères, disons le mot, plus barbares et plus atroces, si Urbain Grandier fut brûlé, si d'autres furent tenaillés et roués, c'est par un abus épouvantable des lois iniques du Bas-Empire et de ces capitulaires qui punissaient de mort la violation même des règles de la discipline de l'église.

Revenons, Messieurs, à un système plus humain, plus conséquent, et dont le droit canon et les ministres de la religion nous ont donné l'exemple.

Bannissons la peine de mort de cette loi religieuse, comme l'église l'avait bannie de ses lois ; car dans l'article 5, il ne s'agit pas d'un crime religieux ; cet article n'est qu'une simple explication qui spécifie mieux que notre Code ce qu'est un lieu public, et combien il est déraisonnable de dire qu'une église, un temple, ne soient pas des lieux publics. Cet article 5 détermine seulement que c'est dans ce sens que doit être appliqué l'article 381 du Code pénal ; il est donc étranger, pour ainsi dire, à notre loi.

Oui, bannissons d'une pareille loi la mort et les supplices : nous nous croyons souvent les ministres de la justice de Dieu ; soyons-le aussi quelquefois de ses miséricordes. Quel est donc celui d'entre nous qui est assez sûr de n'être pas dans l'erreur pour déposer, sans trembler, dans l'urne qui va lui être présentée la sentence formidable qu'on lui demande? Lorsque, appelés devant un tribunal moins auguste que celui-ci, le magistrat demande aux jurés si dans leur âme et conscience, devant Dieu et devant les hommes, ils peuvent affirmer que le coupable est digne de mort, le juré redescend en lui-même, si le plus léger doute le trouble encore et l'embarrasse, il n'hésite pas, il s'abstient de prononcer la peine terrible, il livre à ses remords celui que Dieu dans sa sagesse infinie dérobe à la justice humaine. Eh! Messieurs, serait-ce donc une sentence moins solennelle, celle que nous allons porter? Sommes-nous certains qu'il ne reste plus de doute dans nos esprits? Ne sentons-nous pas quelque hésitation en présence de tant d'autorités imposantes et contraires à la voix de tant de publicistes savans et religieux, lorsque sur tous les bancs de cette assemblée même se manifeste une si pieuse hésitation; lorsqu'enfin la chaire épiscopale elle-même semble appeler le pardon sur la tête du profanateur, et ne condamne qu'au repentir celui qu'elle a seule le droit de nommer sacrilége? Songeons à cette quantité d'esprits en France qui sont en suspens dans l'attente du résultat de nos délibérations, qui s'inquiètent et s'alarment au seul nom de la loi que nous discutons, loi plus redoutable encore par ses conséquences que par ses dispositions, et qui semble, aux yeux de tant de citoyens dont les craintes ne peuvent être dédaignées, menacer notre avenir du retour de ces lois barbares que proscrit la Charte, et que n'avoue pas l'Evangile?

Quant à moi, je le déclare, en présence de tant d'anxiétés, je ne me sentirai jamais la force de mettre dans l'urne de vos délibérations le vote approbateur qui m'est demandé.

M. le duc de Broglie entrant dans la discussion du projet de loi, en examine les principes, en expose les résultats probables, dévoile tous les dangers qu'elle recèle.

..... Un homme pénètre dans un temple protestant, et y commet un acte de profanation quelconque (détournons nos regards des détails) sur un vase ou tout autre objet consacré à la célébration du culte réformé; cet homme est coupable, il est très-coupable. Il a troublé grièvement l'ordre public ; il a blessé dans ses sentimens les plus chers une communauté estimable ; il a violé surtout ce grand principe moral, vrai fondement de la liberté des cultes ; savoir : que tout homme qui recherche la vérité, et honore Dieu dans la sincérité de son cœur, a droit au respect dans l'adoration qu'il lui rend. Le Code pénal punit cet homme d'un emprisonnement plus ou moins long, d'une amende plus ou moins forte, rien de mieux : nulle voix ne s'élèvera pour réclamer en sa faveur.

Ce même homme pénètre dans une église catholique ; il y commet le même acte de profanation sur un objet quelconque consacré à la célébration de notre culte, mais qui n'est ni l'hostie consacrée, ni le vase qui la renferme. Il a commis précisément le même crime ; il sera puni précisément de la même peine, rien de plus juste.

Mais l'acte de profanation a porté sur l'hostie consacrée, sur le vase sacré ; cet homme sera puni de mort ; il aura le poing coupé et la tête tranchée.

Voilà, certes, une immense différence dans la peine. La différence dans le crime en quoi consiste-t-elle ?

Uniquement dans la sainteté même de l'objet profané, sainteté qui est de foi pour nous catholiques, mais pour nous seuls.

Dans ce système, qui donne droit au législateur sur la vie de cet homme ; sur sa vie, dis-je, car, prenez garde que personne ne réclame pour lui l'impunité ! c'est la perversité morale que l'on suppose dans l'acte. Le coupable a levé le bras sur Dieu même.

Oui, sans doute, si, né dans le sein de la religion catholique, croyant à ses dogmes, convaincu que la Divinité réside dans le tabernacle, il a levé le bras pour l'outrager, c'est un monstre qui fait horreur à la nature.

Mais si telle n'est pas sa pensée, s'il a été élevé dans un autre culte, s'il ne voit là que les apparences extérieures sous lesquelles le mystère se consomme, tout change à son égard.

Son action demeure coupable et doit être punie ; mais elle redescend, quant à lui, quant à la perversité morale qu'elle suppose, au rang des profanations ordinaires.

L'énormité du supplice était en rapport avec quoi ? avec l'énormité de l'intention. Celle-ci dépend de la croyance. Or, cette croyance, avez-vous le droit de la lui imposer ? avez-vous le droit de la lui supposer ? avez-vous le droit d'en agir envers lui comme s'il l'avait, comme s'il était tenu de l'avoir ?

A ces questions, Messieurs, c'est à la Charte de répondre.

Que dit la Charte, art. 5 ?

« Chacun professe sa religion avec une égale liberté, et obtient pour son culte une égale protection. »

Et que signifient ces paroles ?

Cet article exprime d'abord un grand fait ; savoir : qu'il existe en France des Français catholiques romains, qui croient au dogme de la présence réelle. — Qu'il existe en France des Français luthériens de la confession d'Augsbourg, qui ne croient à ce mystère qu'au moment précis de la consécration. — Qu'il existe en France des Français calvinistes, qui rejettent cette croyance comme une erreur condamnable. — Qu'il existe en France des Français israélites, qui ne croient pas même à celui que nous nommons le divin fondateur du christianisme. — Qu'au sein de ces différentes communions, il existe des sectes, il existe des dissidences, il existe des hommes qui, usant de la liberté d'examen, principe des communions réformées, recherchent la vérité partout où ils espèrent la trouver.

De ce grand fait, l'article tire cette conséquence non moins importante, que toutes ces diverses croyances sont aux yeux du législateur, non pas également vraies, à Dieu ne plaise, mais également permises, également compatibles avec la vertu, la probité et le bon ordre. — Que la loi civile n'en prendra jamais connaissance.

Qu'en aucun cas, l'erreur sur ces matières ne serait imputée à crime à personne.

Si tel est le sens de cet article, jugez vous-mêmes de la loi qu'on vous propose.

Que punissez-vous de mort dans le crime qu'il vous plaît de nommer *sacrilége* ?

Ce n'est pas l'infraction à l'ordre public. Qui jamais s'est avisé d'invoquer la peine du parricide contre une simple infraction à l'ordre public? Ce n'est pas l'acte matériel du crime; l'acte matériel du crime est le même dans un temple protestant que dans une église catholique; le même sur un vase sacré et sur un vase qui ne l'est pas. Ce n'est pas l'intention irréligieuse et perturbatrice; elle est appliquée dans toutes les hypothèses. C'est donc uniquement, exclusivement, *le défaut de respect provenant d'un défaut de croyance* à l'égard du dogme de la présence réelle. En d'autres termes, c'est le *péché*, c'est l'*hérésie*.

On nous demande d'abattre le poing qui se sera levé contre Dieu dans l'Eucharistie. On nous demandera bientôt de percer avec un fer rouge, d'extirper jusqu'à la racine la langue qui l'aura blasphémé! Et quand le moment sera venu, on trouvera dans les monumens de nos anciens tribunaux des exemples pour nous y encourager!

Du moins serons-nous forcés de nous montrer conséquens et justes; du moins serons-nous forcés de cesser de tendre des piéges aux citoyens, de fermer ces chaires d'où découle le poison, d'imposer silence à ces ministres qui enseignent aux hommes, sous l'autorité de la loi, à détester comme une erreur ce que la loi les punit ensuite de n'avoir pas révéré à titre de vérité.

Tout ceci est inévitable.

Une loi sur le blasphème est la suite nécessaire d'une loi sur le sacrilége. On le nierait aujourd'hui, qu'on serait forcé de l'avouer demain. Le gouvernement la repousserait cette année, qu'il sera contraint de vous l'apporter l'année prochaine, comme il a été contraint de vous apporter celle-ci. J'en atteste la conscience et la bonne foi de ceux-là même qui l'y contraignent.

Les effets sortent de leurs causes.

La liberté des cultes repose à l'abri de cette grande maxime, qu'entre toutes les questions qui divisent les communions entre elles, le législateur ne demeurera pas indifférent, mais neutre; que sur les points susceptibles de controverse, il gardera le silence. Violez une seule fois cette maxime; tirez une seule fois le glaive de là loi à l'appui d'une vérité purement théologique, le principe d'intolérance, disons tout, le principe de persécution est debout à vos côtés; et ce principe, sachez-le bien, on ne lui fait pas sa part dans les lois, non plus que dans les consciences; là où il est, il règne. Qu'il pénètre une fois dans l'ordre civil, il l'envahira tout entier.

Quel est l'homme un peu versé dans notre histoire, en qui ce terrible mot de *Sacrilége* placé en tête de l'art. Ier, en qui ces terribles mots de *Déicide*, de crime de *Lèse-Majesté divine*, n'ait pas réveillé à l'instant même le souvenir de cette longue suite de barbaries qui souillent nos annales judiciaires, qui ont produit, comme résultat inévitable, la réaction irréligieuse du siècle dernier, et dont votre commission n'a cité ni les plus horribles, ni les plus récentes?

Que vous dirai-je, enfin, du poing coupé, de la mutilation, de cette peine dite du parricide, que, pour la première fois, depuis la publication du Code pénal de 1810, nous voyons appliquée à un crime nouveau? A qui faut-il apprendre désormais que cette horrible boucherie n'a pas été réintroduite dans nos lois à l'occasion du parricide, ni pour satisfaire à la morale publique, qui l'a toujours repoussée avec dégoût; qu'elle a été remise en vigueur en l'honneur du complot contre la personne du prince; que ç'a été une lâche flatterie envers le chef du gouvernement d'alors, une basse complaisance pour cette vanité de parvenu qu'il n'a jamais déposée, même sur son char de triomphe; une manière de persuader aux peuples que sa personne était sainte et sacrée; qu'il était, comme on le disait alors, même en chaire, l'oint du Seigneur et l'élu de la Providence : digne tribut à offrir au Créateur de la terre et du ciel, à l'être ineffable dont émanent toute vertu et toute justice, que l'invention dont la servilité s'est avisée pour rassurer l'effroi et pour caresser l'orgueil d'un tyran!

Au nombre des argumens qu'on a fait valoir contre la légitimité même de la peine de mort, contre ce droit que s'arroge l'homme de disposer des jours de son semblable, d'en disposer de sang-froid, par calcul, de propos délibéré, il en est un qui m'a toujours frappé, parce qu'il est puisé dans l'ordre d'idée le plus élevé, parce qu'il plane en quelque sorte entre la terre et le ciel, et peut-être enfin parce que, sachant quelque réponse à tous les autres, je n'en sais guère à celui-là.

Tous les chrétiens croient fermement que cette courte vie a été donnée à l'homme pour en mériter une meilleure ; que tous les instans qui nous sont comptés doivent être employés dans ce but ; qu'il n'est aucun de ceux qui nous restent à vivre, jusques y compris le dernier, qui ne puisse, s'il est sanctifié par le repentir, obtenir grâce pour nous devant la miséricorde divine.

Eh bien! s'est-on demandé, de quel droit l'homme abrégerait-il pour son semblable ce temps d'épreuves, déjà si court et dont l'éternité dépend? de quel droit préviendrait-il peut-être, pour son semblable, le moment du repentir? de quel droit lui enlèverait-il quelques-uns de ces jours dont le dernier peut-être était destiné à devenir celui de sa réconciliation avec Dieu? Toutes les autres peines entrent évidemment dans le plan de la Providence ; qui sait si celle-ci n'y contrevient pas?

Si j'avais, Messieurs, à peser la force de cet argument en présence d'une nécessité sociale, évidente, immédiate, rigoureusement démontrée, j'y réfléchirais.

Lorsqu'au milieu des violences du moyen âge, les lois brutales, comme la société l'était alors, refusaient aux condamnés les secours spirituels, et voulaient à toute force perdre l'âme et le corps, c'est l'église qui s'est jetée entre le coupable et le bourreau, qui a demandé et obtenu pour lui et le temps et le moyen de se préparer à la mort.

Qu'on ouvre le Code même de l'église; il a devancé sur ce point les vœux des philantropes et les lumières du philosophe. Toutes les peines y sont des peines morales, des peines spirituelles; c'est la prière, c'est la pénitence, c'est l'exclusion des sacremens; toutes les peines y ont pour but la régénération de l'homme en cette vie, et sa préparation à l'autre. Et s'il est vrai que, dans le temps déjà loin de nous, l'église se soit prêtée trop complaisamment aux violences des princes de la terre; s'il est vrai que, par un zèle qu'il est permis de nommer indiscret pour le salut de son troupeau, elle-même ait trop souvent excité à la destruction des schismes, à la persécution des hérésies, il est vrai aussi, comme on vous le rappelait encore hier, que, lorsque l'hérétique était saisi, lorsqu'il était en face de son juge, lorsque son crime, ou plutôt lorsque ce qu'on nommait alors son crime, était avéré, l'inquisition, l'inquisition elle-même, en le livrant au bras séculier, demandait qu'on le traitât doucement, qu'on lui fît grâce *de la vie et des membres.* Formule admirable, et qui déposait à la fois, et contre les fureurs des temps, et contre les passions des hommes, et contre l'inquisition elle-même qui les secondait!

Et la religion demanderait aujourd'hui la mort de celui qui l'aurait outragée; la religion demanderait qu'un tel homme, coupable d'un tel acte, fût privé du temps de rentrer en lui-même et de déplorer sa triste frénésie; la religion demanderait qu'on le précipitât tout souillé de son forfait devant le tribunal du juge suprême! Non, non, ce serait un sacrilége de le penser, ce serait un blasphème de le dire.

Ainsi donc tout se réunit contre la loi proposée; et l'état de nos mœurs, et le cri de l'humanité, et l'esprit des institutions qui nous régissent, et, plus que tout, l'esprit d'une religion de paix et de charité qui hait le sang et ne souffre pas la vengeance.

Aujourd'hui, sous un régime de liberté des cultes, sous l'empire des lois douces et humaines, qu'est-ce que la profanation des saintes hosties? une turpitude abjecte, une lâcheté, une ignominie. Il n'est pas d'être, si dégradé à ses propres yeux, qui ne rougisse de s'abaisser jusque-là.

Mais cet acte, quand vous l'aurez érigé en profession de foi contre un dogme de la religion catholique, il se trouvera des enthousiastes pour le faire. Quand vous l'aurez ennobli par le martyr, il se trouvera des fanatiques pour le briguer. L'incrédulité elle-même aura les siens au besoin; car, chose remarquable, elle n'en a jamais manqué partout où la persécution s'est déclarée.

A défaut de l'un ou de l'autre, la dépravation, la débauche, l'imagination blasée trouvera dans les périls même ces émotions dont elle est avide.

Je le dis avec une profonde conviction, si cette loi périt ici, si elle disparaît avant d'avoir encouru l'éclat des débats de l'autre chambre, le passé nous répond encore de l'avenir. Il n'y a point eu de profanation commise, dans le seul but de profaner, depuis plus d'un quart de siècle; il n'y en aura pas dorénavant davantage.

Mais si, pour notre malheur, cette loi triomphe dans l'épreuve des discussions; si les idées qui s'y rattachent sont lancées du haut de la tribune publique sur tous les points du royaume, transplantées de lieu en lieu, propagées dans les derniers rangs de la société, peut-être avant qu'un an soit écoulé, peut-être avant que nous nous réunissions de nouveau dans cette enceinte, la loi aura reçu son exécution; et plaise au ciel que ce ne soit pas en plusieurs lieux différens! On ne peut pas trouver en ce moment un exemple pour nous prouver qu'elle soit utile; on n'en manquera pas pour nous prouver qu'elle n'est pas même suffisante. Le sang aura coulé. Un spectacle hideux, un spectacle abominable, indigne d'un peuple chrétien et policé, aura été offert à la populace pour l'endurcir et la corrompre. Ce sera là un grand malheur sans doute; ce ne sera pas le plus grand de tous : la loi, la loi elle-même aura suscité le crime avant de le punir; la loi aura fait le coupable avant de le frapper. C'en est assez, je pense, pour expliquer et la juste horreur qu'elle m'inspire, et l'impatience que je montre à la repousser.

M. le comte Lanjuinais s'élève avec force contre le projet de loi.

M. le comte Lanjuinais :

Cette société, supposée *indifférente*, de quel œil verrait-elle adopter ce projet sanguinaire? Elle éprouverait de deux sentimens l'un : le mépris ou la terreur. Si le mépris, on redoublera d'indifférence; et si la terreur, vous auriez commis la faute énorme de réveiller la haine, qui, trouvant jour à éclater, pourrait bien recommencer, dans la suite, à supprimer les temples et à immoler les ministres, comme l'ont fait, à l'envi, les coupables des deux partis opposés dans nos temps d'abomination.

Vous prétendez fomenter les sentimens religieux? Bannissez de vos lois les péchés théologiques, et ne multipliez pas les sacrifices humains; déjà n'y en a-t-il pas assez ou trop? Est-ce que nos places d'exécution n'offrent pas à la jeunesse assez d'écoles publiques de meurtres, de souffrances et d'insensibilité? Donnez-nous plus d'écoles, fermez-en moins; élevez moins d'échafauds; soyez plus fidèles à la Charte jurée : c'est ainsi que vous pouvez favoriser la religion et les bonnes mœurs. Au lieu d'établir par la loi que les églises sont *habitées*, faites observer les réglemens qui, depuis deux siècles, ordonnent de faire coucher les sacristains dans quelque réduit attenant à l'église; et alors, sans métaphore légale, sans foi mystique et sans innover, l'église sera une dépendance d'*habitation* réelle, la peine de mort se multipliera sans bruit, sans scandale.

Il est encore un meilleur moyen de prévenir, au lieu de punir, les vols d'église : c'est de réaliser un vœu de Louis XIV, une idée saine qu'avait suggérée Louvois; qu'il soit défendu, par une loi, d'admettre dans les églises, sur les autels, dans les tabernacles, dans les sacristies, aucun ustensile de pur or ou argent; n'y permettez que le plaqué, parvenu maintenant à un si haut degré de perfection et de propreté. Cette loi sage épargnerait le sang, diminuerait les crimes, et, rendant à la circulation des matières qui n'ont aucun prix devant Dieu, dont le culte en esprit et en vérité n'a pas besoin des richesses que pillent les voleurs, cette loi étendrait les opérations du commerce et de l'industrie.

Je reprends en peu de mots : rien ne peut justifier le rétablissement du mot *sacrilége* dans notre Code criminel; lorsqu'il a fait partie de la législation, les lois et la jurisprudence ont été déshonorées par des sacrifices innombrables de victimes humaines, et les scandales et l'irréligion sont montés au comble, ont amené la réforme et les horreurs de la révolution. Des lois de sacrilége, et des peines graves contre les crimes considérés comme sacriléges, ne peuvent être que des calamités publiques; voilà le cri de la raison, de l'expérience, de la Charte royale, et celui de la religion, de l'Ecriture-Sainte et des canons de l'église. Enfin, le projet est contraire au but religieux que ses auteurs se proposent.

Je demande le rejet.

M. le baron de Barante, après avoir discuté le projet de loi, termine ainsi son discours :

Si c'était ici le lieu d'entrer avec plus de détails dans l'examen du passé, nous verrions que, parmi ce respect forcé, parmi cette obéissance à des règles religieuses souillées par leur mélange avec les lois pénales; parmi cette confusion du prêtre qui console avec le magistrat qui punit; parmi cette profanation de l'amour de la religion mêlé avec la crainte des supplices, s'élevaient sans cesse le blasphème et le sacrilége, crime de ces tems-là et non pas du nôtre. C'est qu'en effet les hommes grossiers de cette époque ne pouvaient plus distinguer deux pouvoirs qui pesaient sur eux et qui les violentaient dans leurs actions, leurs paroles et leurs pensées. Alors leur fougueuse indépendance s'emportait en insultes et en violences; ils bravaient l'autel comme ils se soulevaient contre le trône; ils foulaient aux pieds les objets les plus sacrés de notre culte, en même tems qu'ils égorgeaient l'ennemi puissant dont ils ne pouvaient avoir justice.

Dans un siècle plus civilisé, nous verrions de même ce qu'il en a coûté pour avoir confondu les deux puissances. Lorsque Henri IV établit la paix dans le royaume par la tolérance civile, bien que de longues et sanglantes discordes eussent fait des protestans une sorte de peuple à part, et que la société ne pût pas alors recueillir tout le fruit d'une sagesse tardive, cependant commença alors pour notre religion l'époque la plus noble et la plus pieuse. Il n'y avait plus à s'armer du glaive, on ne pouvait plus persuader par les échafauds; il fallait convaincre, il fallait persuader par la raison et par l'exemple. Bientôt une foule de docteurs s'élevèrent; bientôt une noble émulation s'établit. Ce fut le siècle de Pascal, de Bossuet, d'Arnaud, de Saint-Vincent-de-Paul, de Fénélon, de Nicole, de Bourdaloue; ce fut alors qu'on vit Turenne, que sa croyance n'avait pas empêché de commander les armées, de défendre le royaume, de participer à la faveur du roi, se convertir avec liberté et conviction à la voix de Bossuet, et si ce père de l'église de France se chargea depuis de louer et de défendre la révocation de l'édit de Nantes, il ne semble pas qu'auparavant il se fût méfié de la cause qu'il défendait, ni qu'il eût imploré le secours des persécutions.

Bientôt après cette nouvelle invasion de la puissance civile, on vit disparaître les beaux tems de la religion. D'abord l'hypocrisie commença à se propager; le zèle extérieur devint un moyen de faveur; l'intérêt le plus ignoble, le désir des emplois et des récompenses, put servir de motifs aux apparences les plus pieuses. Le sacrilége des barbares du moyen âge n'était plus dans nos habitudes; la profanation et les faux semblans vinrent offrir des armes aux incrédules et dissiper le respect des peuples. D'autre part la science et le talent ne répandirent plus leur éclat sur l'église de France. Puis arriva le scandale des mœurs. Tout avait dégénéré en formalités, et l'on ne se soucia plus de ce qui ne semblait que formalités. En même tems, cette tolérance civile, cette liberté des croyances qui établissait liberté de discussions et d'opinions, n'existaient plus; l'intolérance de doctrine concourait bizarement avec l'affaiblissement de conviction, de sorte que l'examen fut comme contraint à prendre un caractère d'hostilité et de sédition. Il se passa par malheur dans l'ordre religieux tout ce qui se passait dans l'ordre civil. Les deux hiérarchies s'étaient mêlées et confondues; elles furent attaquées à la fois, renversées à la fois. Une ruine universelle couvrit la France.

Bientôt la religion en ressortit; l'incrédulité à son tour avait été fanatique et persécutrice; elle en porta la juste peine, elle fut décriée comme elle méritait de l'être. La foi catholique reparut avec tout le lustre que donnent le malheur et la persécution, avec l'influence que portent avec elles la liberté de conviction et la sincérité des pratiques. C'est en cette situation que se présente notre génération tant outragée; et vous venez d'entendre comment justice lui a été rendue par un noble vicomte, peu accoutumé à louer le tems présent (1). C'est avec tout son libre arbitre que cette génération se montre prête à entrer dans des voies sérieuses, à reconnaître les limites de la raison humaine, qu'on ne l'empêche plus d'aller explorer. Tout s'apprête à être réel et volontaire: l'indifférence elle-même est devenue respectueuse; les sarcasmes sont usés; la plaisanterie semble ignoble sur ce qui fait la destinée de l'homme. Voulez-vous réveiller la vieille incrédulité du dix-huitième siècle, voulez-vous rendre quelque force à ses attaques, quelque sel à ses railleries? Voulez-vous donner prétexte aux déclamations? Entrez dans la route où vous poussent des hommes sincères, mais que la contradiction a rendus excessifs, et qui ont le tort de ne pas s'assurer sur leur conviction, sur leur talent, sur la force de leur cause, qui est aussi la nôtre. Leur succès même est là pour démentir leurs appréhensions et prouver l'inutilité de leurs exigences. Leurs paroles ne retentiraient pas de la sorte si le siècle n'était pas disposé à les écouter. Qu'ils prennent courage, l'évangile leur suffit, ils n'ont pas besoin du Code pénal.

Je vote contre la loi, tant qu'elle renfermera le titre premier, me réservant toutefois d'appuyer un amendement qui tendrait à y substituer des dispositions plus explicites et plus sévères que l'article 262 du Code pénal.

M. le baron Pasquier termine ainsi son discours :

Quant à nous, nobles pairs, faisons notre devoir, assurons à la paix publique et à l'exercice de notre culte sacré tout le respect qui leur est dû; prononçons contre ceux qui troubleraient cette paix, contre ceux qui manqueraient à ce respect, des peines fortes et sévères; mais sachons rester dans une juste mesure, et ne léguons pas à notre postérité les commencemens d'une législation barbare dont il serait impossible de prévoir les consé-

---

(1) M. le vicomte De Bonald.

quences. Ne condamnons pas nos magistrats, dans l'avenir, à ces terribles applications de peines dont leurs cœurs ont eu si souvent à gémir dans les tems passés. J'ai dit qu'on ne pouvait prévoir les conséquences d'une législation qui entrerait une fois dans la route qu'on voudrait aujourd'hui ouvrir à la nôtre, et à cet égard j'ai besoin de prémunir vos seigneuries contre la fausse sécurité qu'on voudrait peut-être leur inspirer. Sans doute on en déduirait les motifs de l'état présent de l'ordre social, de cet esprit général de douceur philanthropique, qui semble être un des caractères dominans de l'époque; mais hélas! ne sait-on donc pas combien sont grandes et fréquentes les aberrations de ce fol esprit humain sur lequel il est si impossible de compter? Ne sait-on pas avec quelle rapidité il se joue des distances, et parcourt en un instant les espaces qui semblaient les plus difficiles à franchir? Qui donc aurait eu la pensée, avant 1789, de prédire à cette France si douce, si tranquille, si heureuse, si fidèle à ses princes, qui ne leur obéissait pas seulement, mais qui les aimait réellement; qui aurait osé lui prédire les épouvantables excès dont elle s'est souillée quatre ans plus tard? Qu'elle est belle et touchante la pensée de ce noble marquis qui vous reportait, il y a deux jours, sur cette funeste époque de 1793, et qui vous suppliait de penser à tout ce que l'abrogation des supplices avait épargné de douleurs à tant de victimes, parmi lesquelles nous comptons des prêtres, des mères, des épouses, des amis ou des frères. J'ose revenir sur cette pensée qu'il m'est permis de dire un peu mienne, car elle m'avait bien souvent frappé avant que je l'eusse entendue dans la bouche du noble marquis; il ne s'offensera pas, j'en suis sûr, si je m'efforce de la compléter. Je dirai donc que l'assemblée constituante n'a pas eu seule le mérite de cette abolition des supplices. Un grand exemple lui avait été donné et lui était venu de Louis XVI; seul et de son propre mouvement, il avait aboli la torture dans ses états, et avait ainsi donné le signal de cette plus complète mansuétude qu'il a depuis encouragée, et revêtue de sa sanction.....

Eh bien! nobles pairs, j'ose vous en supplier, qu'on ne puisse pas dire que, sous le règne d'un frère si digne de lui, si semblable à lui, et que sans doute il ne cesse du haut des cieux de couvrir de ses regards protecteurs, nous ayons contribué à établir ou à étendre l'usage de rien de semblable, même de très loin, à ce qu'il avait si glorieusement aboli.

Je vote, dans le titre premier, contre l'emploi du mot *sacrilége*, contre la peine de mort, contre celle du poing coupé.

Un amendement de M. de Lally portait que la profanation sacrilége des hosties consacrées et celle des vases sacrés seraient punis des travaux forcés à perpétuité ou à tems, ou de la réclusion depuis un an jusqu'à dix. Voici un extrait du développement donné par le noble pair à son amendement :

On a cru pouvoir écarter, dit-il, l'exemple du Sauveur du monde, priant pour ses bourreaux, en disant que son père ne l'avait pas exaucé. Veut-on discuter à la tribune un mystère de plus? Et qui de nous oserait mettre ses jugemens à la place des jugemens de Dieu? Ce n'est pas à nous qu'il appartient de nous armer de la foudre; mais notre devoir est d'imiter la douceur de son divin fils, dont nous sommes membres, et qui nous a été proposé pour modèle. Il demandait à son père, et il nous ordonne à nous d'avoir pitié de ceux qui ne savent ce qu'ils font. Lorsque nous sommes obligés de frapper, sachons, suivant une expression qui retentira long-tems dans les cœurs, ne prendre le glaive de la justice que des mains de la miséricorde; ne désertons pas la voie de clémence tracée par un Dieu qui nous a dit : *je suis la voie*. Ne créons pas de crimes fictifs pour honorer un Dieu qui nous a dit : *je suis la vérité*. Ne donnons pas la mort pour venger un Dieu qui nous a dit : *je suis la vie*. Après cette sainte autorité, qu'importe ce qu'on peut raconter des siècles barbares! Quel poids peut avoir l'exemple de ces juges empoisonneurs qui condamnèrent Socrate; et comment ose-t-on seulement nommer les mystères de la bonne déesse! Notre Dieu est dans le ciel; sa loi a été spécialement appelée la loi de grâce : n'y mêlons pas des rigueurs qui démentiraient un si beau titre, et ne plaçons pas le Sauveur des hommes sur la même ligne que les dieux du paganisme, en disant, comme un argument irrésistible, *toutes les nations ont vengé leurs dieux*. Paradoxe absurde.....

On a fait entendre que toutes les calamités qui ont accablé la France et l'Europe depuis trente années, avaient pour origine la suppression d'un ordre fameux prononcé, en 1764, par tous les parlemens du royaume. L'orateur qui a entrepris son apologie, et qui a traité si sévèrement ses adversaires, n'aurait peut-être pas dû oublier que ce fut un membre de cet ordre qui, en 1688, servit au prince d'Orange trois couronnes à dévorer en un seul repas, aux dépens de l'infortuné roi Jacques, dont il était à la fois le directeur politique et religieux.

Cet amendement fut rejeté à la majorité de 110 voix contre 101.

Trois autres modifications furent encore proposées à l'art. 4 : la première par M. de Pontécoulant, qui demandait que le coupable de sacrilége fût considéré comme en état de démence, et condamné à la réclusion.

La deuxième, de M. Pasquier, tendait à faire substituer la détention perpétuelle à la mort.

La dernière, de M. Bastard de l'Étang, était ainsi conçue : « La profanation des vases sacrés est punie de la peine des travaux forcés à tems; celle des hosties consacrées, des travaux forcés à perpétuité. »

Cet amendement fut appuyé par un grand nombre de membres.

M. de Châteaubriant, qui n'avait pas pris part à la discussion générale, soutint cet amendement. Voici quelques passages remarquables du discours du noble pair.

..... Si le titre premier avait été supprimé, que de difficultés on eût évitées! On ne vous eût pas dit, Messieurs, que le sacrilége simple est un crime ignoré dans nos mœurs comme un mot inconnu dans nos lois; que, si on l'admet en principe, on n'a pas le droit de le définir, de le borner, de déclarer telle chose est sacrilége, quand la loi religieuse, sur laquelle on s'appuie nécessairement dans cette matière, a fixé toute la catégorie des sacriléges.

On ne vous aurait pas dit que vous faisiez une loi d'exception, puisqu'elle prive de fait les citoyens d'un de leurs plus beaux droits, celui de faire partie d'un jury.

On ne vous aurait pas dit que vous vous mettiez en contradiction avec votre Code civil, votre Code criminel, et la Charte, votre loi politique; qu'enfin vous sortiez des mœurs du siècle pour remonter à des tems que nous ne connaissons plus.

Un ministre ne vous aurait pas dit que si la loi eût été faite pour la haute société, elle eût pu être fort différente. Il se serait épargné la peine de chercher ces raisons que le talent trouve, mais que la raison repousse.

Les uns veulent la peine de mort pour le sacrilége simple, les autres ne la veulent pas; le projet est rédigé de telle sorte, qu'il nous obligerait tous tant que nous sommes, en l'acceptant, à admettre ce que nous ne désirons pas; le projet de loi a ménagé merveilleusement le droit et le fait; il dit : seront punis de la peine de mort, etc., voilà le droit; mais il a le soin d'ajouter : si le crime a été commis en haine ou mépris de la religion, et la commission ajoute, *publiquement*, voilà le fait, le fait manifestement en contradiction avec le droit; car pensez-vous, Messieurs, que ces trois circonstances se rencontrent jamais? que jamais jury se déclare à charge contre l'accusé dans la question intentionnelle?

Qu'est-ce donc que ce titre premier du projet de loi? C'est, dit-on, une profession de foi en faveur des dogmes fondamentaux de notre religion; c'est une déclaration qui fait entrer la religion dans la loi, et en vertu de laquelle la loi française cesse d'être athée.

Que l'on rédige une profession de foi catholique, apostolique et romaine, et je suis prêt à la signer de mon sang; mais je ne sais pas ce que c'est qu'une profession de foi dans une loi, profession qui n'est exprimée que par la supposition d'un crime détestable et l'institution d'un supplice.

Les trois conditions, du mépris, de la haine et de la publicité, font que jamais la loi ne pourra atteindre le crime; elle ressemble à ces clauses de nullité que l'on insère dans les contrats de mariage en Pologne, afin de laisser aux parties contractantes la faculté de divorcer. Ces conditions sont une protestation véritable contre la loi, que vous écrivez en tête de cette même loi.

Cela est-il digne de vous, Messieurs? digne de la gravité et de la sincérité du législateur?

. . . .

Messieurs, en demandant la parole, je me suis mis d'avance au-dessus des intentions charitables que l'on pourrait me prêter. Je crois avoir acquis le droit de me dire aussi bon chrétien que les plus zélés partisans du projet de loi. Et moi aussi j'ai défendu la religion chrétienne à une époque où elle trouvait peu de défenseurs. Si après vingt-quatre années l'apologie que j'en ai faite n'est pas encore oubliée, je dois ce succès, non au mérite de l'ouvrage, mais au caractère même de l'apologie. J'ai essayé de peindre aux yeux des peuples les bienfaits du christianisme; je leur ai rappelé les immenses services d'un clergé qui a civilisé notre patrie, défriché nos champs, conservé les lettres et les arts; je leur ai montré ces dignes évêques français, étonnant par leurs vertus, dans leur exil, les peuples d'une communion différente; ces apôtres proscrits priant pour leurs persécuteurs, ayant l'horreur du sang, et trouvant que leur premier devoir était la charité.

Oui, Messieurs, la religion, que je me fais gloire d'avoir défendue, et pour laquelle je mourrais avec joie, est une religion qui convient à tous les tems, à tous les lieux. Simple avec les peuples barbares, éclairée par les peuples civilisés, invariable dans sa marche et dans ses dogmes, mais toujours en paix avec les lois politiques des pays où elle se trouve; toujours appropriée au siècle et dirigeant les mœurs sans les heurter.

La religion que j'ai présentée à la vénération des hommes est une religion de paix, qui aime mieux pardonner que de punir; une religion qui doit ses victoires à ses miséricordes, et qui n'a besoin d'échafaud que pour le triomphe de ses martyrs.

Cet amendement, si éloquemment défendu, devait rallier un grand nombre de voix. Le nombre des votans fut de deux cent seize. Cent neuf voix formaient la majorité simple; cent huit se déclarèrent pour le projet. Il se trouva quatre billets blancs dans le nombre des bulletins. Ces voix, qui auraient suffi pour faire adopter l'amendement, ne furent pas comptées; dans cet état il en fallait cent sept pour la majorité; le projet en obtint cent huit, y compris les voix des quatre ministres qui siégent dans la chambre.

Cinq nobles pairs votant avec l'opposition arrivèrent pendant le dépouillement du scrutin, et ne purent donner leurs suffrages.

Huit prélats rétractèrent le cri d'humanité qu'ils avaient fait entendre l'année précédente, en refusant de prendre part à la discussion d'une loi pénale; un prince de l'église romaine a déclaré, en leur nom, que si les lois de l'église ne permettaient pas aux pontifes chrétiens de prononcer comme juges sur la vie des hommes, ils le pouvaient en masse comme législateurs.

Le 18 février, la chambre vota sur l'ensemble du projet, qui fut adopté à la majorité de 127 voix contre 92.

CHAPITRE VI.

Discussion à la Chambre des Députés.

Le projet adopté par la chambre des pairs fut soumis, deux mois après, à une discussion approfondie à la chambre des députés, à laquelle prirent part MM. Bourdeau, Devaux, Royer-Collard, Bertin-de-Vaux, Chabau-Latour, Benjamin-Constant.

M. Benjamin-Constant a terminé ainsi son discours :

Qui vous répond que l'extension inévitable de votre loi du sacrilége ne deviendra pas un moyen de perdre un innocent, de tirer vengence d'un ennemi ?

Voyez ce qui se passe dans un département éloigné au moment où je parle. Voyez ce néophite zélé d'une société que je ne nomme point de peur de vos murmures, exécutant sur lui-même un assassinat prudent et adroit pour en accuser les impies, c'est-à-dire les ennemis de l'ordre célèbre auquel il brûle d'être affilié.

Je sais, Messieurs, que l'esprit du siècle, contre lequel on dirige tant de calomnies, cet esprit religieux, mais tolérant, plein de respect pour les choses saintes, mais plein d'horreur pour le sang et les supplices, s'oppose au retour complet, ouvert, avoué des persécutions religieuses ; mais votre loi n'en a qu'un vice de plus.

Elle n'atteindra pas son but, mais elle sera le pretexte de mille vexations de détail, de mille cruautés obscures et isolées. Déjà l'espionnage s'organise. Lisez des publications récentes lancées du haut des chaires par l'exaltation théocratique, et supprimées soudain par cette politique vacillante qui veut émousser les armes qu'elle a forgées......

Comme on s'est complu à décrire les tortures, à énumérer les supplices ! Comme on a fouillé dans les pages les plus sanglantes de notre histoire, pour nous proposer pour modèle aujourd'hui ce dont nous frémissions il y a peu d'années!

On aurait pu, j'en conviens toutefois, aller plus loin encore; on aurait pu rappeler les hérétiques plongés, retirés lentement, et de nouveau replongés dans les flammes, par les ordres de François Ier.

On aurait pu nous présenter ces mêmes hérétiques attachés à des poteaux pour servir d'illumination à la marche d'un monarque, qui recula d'horreur en entendant leurs cris.

Et que vous dirai-je de ce dédain pour la pitié, de cette crainte que des malheureux n'échappent, de cet éloge littéraire de la sévérité appliquant aux lois les règles du goût, et voulant une législation sanguinaire, parce que, dans les arts, rien n'est beau que ce qui est sévère, adjectif, dit-on, dont les lois sont le substantif naturel? (1).

Que vous dirai-je de cette distinction doucereuse empruntée à l'inquisition d'Espagne, entre l'église qui pardonne et la société qui punit, mais qui punit ceux que l'église a livrés?

On dirait que, depuis qu'un projet digne du quinzième siècle a paru dans cette enceinte, l'esprit du quinzième siècle est à votre insu sorti des ténèbres qui le renfermaient, et que les passions et les fureurs comprimées ont, pour ainsi dire, reconnu l'air natal, et sont accourues pour le respirer......

Vous avez lu sans doute cette phrase étrange où, portant une main téméraire sur un mystère que nous reconnaissons tous, on met le Sauveur du monde en opposition avec son père, et, l'accusant presque d'une demande indiscrète, on dit que son père ne l'a pas exaucé. (2).....

Les blessures faites à la fortune des peuples peuvent se cicatriser; les blessures faites à l'humanité, à la conscience, à la religion, sont d'éternelles sources de malheurs et de troubles.

Je vote le rejet.

---

(1) Discours de M. De Bonald.

(2) Discours de M. De Bonald.

M. Bourdeau. — La pratique des vertus que la religion nous enseigne, l'accomplissement de nos devoirs, l'amour du prochain, la charité, la pitié, l'indulgence, voilà, Messieurs, les hommages qui plaisent au Dieu de bonté et de miséricorde que nous adorons. — La terreur des supplices, l'atrocité des lois et des peines!... les misères humaines les revendiquent; et, depuis *la ciguë d'Athènes* jusqu'aux exorcismes de Loudun, cet encens n'a brûlé que sur les autels des faux dieux et sur ceux dressés par la superstition et la plus féroce intolérance.

Quant au principe, je le repousse de toutes mes forces. Les lois qui ne disent pas tout, ou auxquelles on se réserve de faire dire autre chose, me sont suspectes. Quelque respectable que puisse être en apparence un principe, s'il est faux il est dangereux, parce que le zèle éclairé, la probité, la vertu ne peuvent lui opposer qu'une résistance éphémère, surtout dans les matières religieuses, aisément envahies par un autre zèle prompt à s'enflammer, et souvent par la sombre hypocrisie. Ainsi, confondant le péché et le crime, la loi leur applique une peine exagérée, en prenant tous les moyens de la rendre vaine. Malgré ses défauts, on l'accepte comme principe, parce qu'il sera plus facile de réformer la définition et de revenir au simple et à l'absolu. Du sacrilége public au sacrilége caché, il n'y a qu'un pas; le blasphème, l'hérésie se placeront ensuite sur la même ligne, et peu à peu s'élevera, au milieu de la civilisation, un code capable d'égaler l'horreur des tems de fanatisme et de barbarie, et peut-être de nous y ramener.

Ce n'est pas tout que de faire des lois, il faut, quand elles sont cruelles, des juges flexibles pour les appliquer, et il ne s'en trouvera pas dans l'ordre constitué qui veuillent inscrire leurs noms à la suite des *Poyet* et des *Laubardemont.* L'impunité fera scandale, et la juridiction ordinaire sera déclinée pour créer des tribunaux d'exception. C'est surtout à l'institution du juré, au jugement des pairs et du pays, que l'on s'en prendra avec raison; nous devons l'avouer, car ils ne peuvent sympatiser avec les promoteurs de l'inquisition.

Telles sont, Messieurs, les conséquences de ce principe, que vous repousseriez de toutes vos forces si mes prédictions ne vous semblaient démesurées. Moi-même, peut-être, je m'en défierais si, pressé par les rapprochemens et par les faits, ma conviction n'était pleine et entièrement acquise.

Selon les tems et les variations de l'esprit humain, les choses changent de nature et les mots n'ont plus le même sens et les mêmes acceptions. Notre ancien droit criminel, plusieurs ordonnances avaient prévu et puni les profanations par juremens, blasphèmes et autres offenses envers Dieu et la religion; mais pour les profanations plus grandes, appelées *sacriléges*, les recueils de jurisprudence ne parlaient que des vols faits dans les églises; aucunes lois positives ne s'expliquaient sur les impiétés publiques, soit qu'elles n'eussent pas dû prévoir de telles démences, soit qu'il fût trop difficile de les spécifier.

Ce n'est pas qu'à ces époques d'ignorance, quelquefois de barbarie et le plus souvent de fanatisme, les échafauds et les bûchers eussent manqué à des crimes de cette nature. Pétrarque et Jehan de Meung, persécutés comme sorciers, parce qu'ils faisaient des vers; le mouvement de la terre autour du soleil, l'existence de l'Amérique, proscrits comme contraires à la saine philosophie; *Abriot*, ce prévôt des marchands, dont toute la magie consistait à embellir Paris par les mains des fainéans, MITRÉ et ENFOSSÉ; l'héroïne de la France, brûlée comme athée, nous apprennent assez quel eût été le sort réservé au coupable d'un crime dont la loi nouvelle crée l'espèce et la définition. C'était l'ouvrage des hommes : les lois, du moins, étaient innocentes.....

Serions-nous donc descendus à ce degré d'ignominie et de corruption, qu'il faille supposer des crimes pour nous donner le sauvage plaisir d'imaginer des supplices dont la société n'a pas besoin? Disons-le à la honte de l'espèce humaine, l'indiscrétion des lois pénales enfante toujours des crimes dont leur silence nous eût préservés; et par une désolante fatalité, le délit idéal se réalise aussitôt que la législation le condamne; comme si, pour nous faire plus méchans, il y avait gloire et profit à nous déclarer plus pervers que nous ne le sommes....

M. Devaux. — ..... Dans les crimes ordinaires, tel que celui d'un trouble apporté à la paix publique par une voie de fait sur les objets vénérés d'un culte quelconque, le sentiment de réprobation est unanime dans la société, parce que la différence des opinions religieuses n'influe pas sur le besoin généralement éprouvé de maintenir la paix publique.

Toutes les opinions religieuses sentent au contraire la nécessité d'une protection légale; mais quand il faudra porter des arrêts de mort fondés sur la profanation d'un mystère, sur des preuves légales de consécration, sur des croyances religieuses, sur des sentimens de haine et de mépris pour certains dogmes, l'unanimité des opinions sur le crime cessera, si le jury n'est pas ramené, par le choix exclusif de l'autorité publique, à l'unanimité des croyances et même à l'identité de ferveur religieuse.

Un juré répondra négativement, d'après sa conscience religieuse, à la question mystique d'un sacrilége simple, parce qu'on ne prononce pas des arrêts de mort avec l'indifférence attachée à de simples formules, mais d'après les plus fortes inspirations de la conscience. Ce juré eût répondu affirmativement à la question de fait d'un trouble apporté à la tranquillité publique, réprimé par une peine modérée; dire au juré de n'avoir aucun égard à la peine qui est la conséquence de sa déclaration, c'est méconnaître le cœur humain, c'est lui demander l'impossible; l'expérience l'a prouvé : jamais, et très-heureusement jamais, l'on ne rompra ce lien de sympathie qui fait éprouver d'avance au juré les douleurs que sa décision prépare à l'accusé. Si le juré remplace avantageusement le magistrat, c'est parce que sa sensibilité n'est pas usée par l'habitude des condamnations.

Une loi criminelle, qui ne peut se confier à tous les citoyens sans distinction de leurs sentimens religieux, une loi criminelle qui prend toute sa force dans l'identité de son principe avec le dogme religieux de celui qui l'applique, n'appartient par cela même qu'à la puissance religieuse.

Cette loi influera sur nos institutions pour les dépraver.

Une altération plus profonde du jury en sera la première et inévitable conséquence.

L'autorité, excitée à obtenir ces condamnations qui doivent être un *hommage à la religion*, et donner de hautes leçons de piété aux peuples, éprouvera la nécessité d'exclure du jury, non-seulement les citoyens des autres cultes, mais encore les tièdes, les indulgens dans la même croyance religieuse. L'administration, qui enregistre déjà toutes les opinions politiques, aura de plus des tables graduées de tous les sentimens religieux pour ne pas s'égarer dans la formation du jury.

Le soin de venger la Divinité sera remis à ceux qui, par l'exaltation même de leurs sentimens religieux, sont moins en état de rendre d'impartiales décisions.

On appellera dans le jury des hommes, s'il s'en trouve, du caractère de ces chevaliers masqués qui montèrent sur l'échafaud pour ravir au bourreau le droit d'écorcher toute vive une jeune Israélite qui avait blasphémé contre la Sainte-Vierge (1).

La nécessité de maintenir plus sûrement la répression de ce crime spécial, par une plus forte influence administrative sur la formation du jury, détruira toute espérance d'améliorer cette institution par une plus grande indépendance. Peut-être même conduira-t-elle à réaliser le vœu déjà exprimé pour l'attribution de ce crime spécial à des cours royales (2).

Cette loi est la plus grande conquête de la puissance religieuse sur la puissance civile dans l'état actuel des esprits et des mœurs de la société.

La puissance civile qui refusait, à la dernière session, l'introduction du sacrilége dans la loi civile, a fléchi devant les exigeances de la puissance religieuse.

Les congrégations, les associations secrètes, cette nombreuse milice religieuse qui reconnaît un autre chef absolu que le roi de France; les écrits ultramontains qui prêchent la domination de

(1) Bougerel, Histoire de Provence.

(2) C. de Villefranche, séance des pairs, du 12 février.

Rome avec une ardeur qui ne peut exister sans espérance; la censure des quatre propositions de Bossuet, qui ne se produit au grand jour qu'avec l'intention de renverser ce boulevard des libertés de l'église de France, tout atteste une influence excentrique qui entraîne le gouvernement et aspire à dominer la société par la législation.....

Opinion de M. Royer-Collard, *sur le projet de loi relatif au sacrilége.*

Messieurs,

Le projet de loi qui vous est présenté est d'un ordre particulier, et jusqu'ici étranger à vos délibérations. Non-seulement il introduit dans votre législation un crime nouveau, mais, ce qui est bien plus extraordinaire, il crée un nouveau principe de criminalité, un ordre de crimes pour ainsi dire surnaturels, qui ne tombent pas sous nos sens, que la raison humaine ne saurait découvrir ni comprendre, et qui ne se manifestent qu'à la foi religieuse éclairée par la révélation. Ainsi la loi pénale remet en question et la religion et la societé civile, leur nature, leur fin, leur indépendance respective. Discutée déjà dans l'autre chambre, où elle a été adoptée à une faible majorité, nous avons cet avantage, qu'elle parvient dans celle-ci précédée par des débats admirables, qui resteront pour absoudre notre tems, nos mœurs, nos lumières, notre sainte religion elle-même, du système qui a prévalu.

Il s'agit du crime de sacrilége. Qu'est-ce que le sacrilége? C'est, selon le projet de loi, la profanation des vases sacrés et des hosties consacrées. Qu'est-ce que la profanation? C'est toute voie de fait commise volontairement, et par haîne ou mépris de la religion. Là s'arrêtent les définitions du projet de loi; il n'a pas voulu ou n'a pas osé les pousser plus loin, mais il devait poursuivre. Qu'est-ce que les hosties consacrées? Nous croyons, nous catholiques, nous savons par la foi que les hosties consacrées ne sont plus les hosties que nous voyons, mais Jésus-Christ, le saint des saints, Dieu et homme tout ensemble, invisible et présent dans le plus auguste de nos mystères. Ainsi la voie de fait se commet sur Jésus-Christ lui-même. L'irrévérence de ce langage est choquante. car la religion a aussi sa pudeur; mais c'est celui de la loi. Le sacrilége consiste donc, j'en prends la loi à témoin, dans une voie de fait commise sur Jésus-Christ. Je n'ai point parlé des voies de fait commises sur les vases sacrés, parce que cette espèce de sacrilége dérive de l'autre.

En substituant Jésus-Christ, fils de Dieu, vrai Dieu, aux hosties consacrées, qu'ai-je voulu, Messieurs, si ce n'est établir par le témoignage irrécusable de la loi, d'une part, que le crime qu'elle punit sous le nom de sacrilége est l'outrage direct à la Majesté divine, c'est-à-dire, selon les anciennes ordonnances, le crime de lèse-Majesté divine; et d'une autre part, que ce crime sort tout entier du dogme catholique de la présence réelle, tellement que si votre pensée sépare des hosties la présence de Jésus-Christ et sa divinité, le sacrilége disparaît avec la peine qui lui est infligée: c'est le dogme qui fait le crime, et c'est encore le dogme qui le qualifie.

Sans doute, Messieurs, je le reconnais, et j'ai hâte de le dire, l'outrage à Dieu est aussi, en certaines circonstances, un outrage aux hommes, et non-seulement aux âmes pieuses blessées dans leurs croyances, mais à la société entière qui a besoin de la morale, et que la morale n'a de sanction positive et dogmatique que dans la religion. Mais l'outrage à Dieu, et l'outrage aux hommes, ce sont deux choses si prodigieusement différentes qu'elles restent toujours distinctes, alors même qu'elles semblent se confondre dans le même acte. Il y a, de l'une à l'autre, la distance du ciel à la terre. De laquelle s'agit-il? Relisons le projet de loi. Quel est le crime défini et puni? Est-ce l'offense à la société, qui se rencontre dans l'outrage à Dieu, c'est-à-dire dans le sacrilége, ou bien est-ce le sacrilége lui-même? C'est le sacrilége seul, le sacrilége simple. Est-il possible que la société soit comprise avec Dieu dans le sacrilége? Non; Dieu seul est saint et sacré. Serait-il besoin du stratagème de la preuve légale pour donner un corps aux offenses de la société? Non, tout y est sensible ; elles se laissent saisir et convaincre par la preuve naturelle. On rétracte donc tout le titre premier de la loi, si on élude le crime de lèse-Majesté divine. Il ne faut pas dire que ce crime est impossible, parce que *l'immensité entière nous sépare de l'être infini qui nous a créés, et qu'il n'est pas en notre puissance de le blesser*. Cela est vrai des dieux d'Epicure, qui ne se fâchaient et ne savaient gré de rien ; mais cela n'est pas vrai du Dieu des chrétiens, qui a une justice, et qui punit et récompense.

J'ose avancer que toute l'habileté qui a été déployée dans la chambre a consisté à confondre, avec un art qui n'a jamais été en défaut, l'outrage à Dieu avec l'outrage à la société, celui-ci punissable, celui-là inaccessible à la justice humaine, et à se servir de l'un pour fonder la pénalité, et de l'autre pour la justifier. La religion, vaguement invoquée, a merveilleusement prêté à cette confusion. En effet, la religion comprend Dieu et l'homme. Envisage-t-on dans la religion Dieu, son auteur? L'outrage à la religion n'est plus qu'une offense humaine. C'est le sens raisonnable qu'il a dans la loi du 25 mars 1822, sans quoi, je prie qu'on le remarque, cette loi eût admis aussi et constitué le sacrilége.

Cependant telle est la nature insurmontable des choses, que si on détourne, comme on l'a fait sans cesse, l'outrage à Dieu à l'offense envers la société, on se désiste irrévocablement du sacrilége ; car le sacrilége envers la société n'est pas intelligible. Alors le dogme de la présence réelle est déserté, et le titre Ier de la loi tombe. Nous sommes ramenés à la doctrine du Code pénal, qui ne considère les outrages à la religion que dans leurs rapports humains avec la société. Dites, vous le pouvez, vous le devez peut-être, que la pénalité de l'article 262 est insuffisante et qu'elle doit être aggravée, je serai de cet avis : nous restons sur la terre. Mais aussi long-tems que vous persistez dans le sacrilége, le crime de lèse-Majesté divine est inscrit dans la loi, et avec ce crime le dogme de la présence réelle dont il est l'expression pénale. Ainsi, la loi a une croyance religieuse, et, comme elle est souveraine, sa croyance doit être obéie. La vérité, en matière de foi, est de son domaine; la souveraineté en décide, elle la règle avec un pouvoir aussi absolu que les autres intérêts de la société : elle la sanctionne, s'il en est besoin, par des supplices.

Voilà le principe que la loi évoque des ténèbres du moyen âge, et des monumens barbares de la persécution religieuse! Principe absurde et impie, qui fait descendre la religion au rang des institutions humaines! principe sanguinaire, qui arme l'ignorance et les passions du glaive terrible de l'autorité divine! Je ne puis croire qu'il soit entré avec toutes ses conséquences dans l'esprit des auteurs de la loi; mais qu'ils l'aient ou non voulu, il est entré dans la loi elle-même, il respire dans toutes les dispositions du titre Ier. C'est sur la vérité légale du dogme que sont construits les échafauds du sacrilége.

La question qui s'élève, puisqu'on veut que ce soit encore une question, laisse bien loin derrière elle la liberté des cultes. Là où un seul culte est extérieurement autorisé, et là où plusieurs le sont également, elle est la même. Il s'agit de savoir si, en matière de religion, les intelligences et les consciences relèvent de Dieu ou des hommes; en d'autres termes, si la loi divine fait partie de la loi humaine. Il ne tiendrait qu'à moi de dire aussi que c'est là une question athée; c'est cependant la vraie question.

Messieurs, les sociétés humaines naissent, vivent et meurent sur la terre; là s'accomplissent leurs destinées; là se termine leur justice imparfaite et fautive, qui n'est fondée que sur le besoin et le droit de se conserver. Mais elles ne contiennent pas l'homme tout entier. Après qu'il s'est engagé à la société, il lui reste la plus noble partie de lui-même, ces hautes facultés par lesquelles il s'élève à Dieu, à une vie future, à des biens inconnus dans un monde invisible. Ce sont les croyances religieuses, grandeur de l'homme, charme de la faiblesse et du malheur, recours inviolable contre les tyrannies d'ici-bas. Reléguée à jamais aux choses de la terre, la loi humaine ne participe point aux croyances religieuses : dans sa capacité temporelle, elle ne les connaît ni ne les comprend;

au-delà des intérêts de cette vie, elle est frappée d'ignorance et d'impuissance. Comme la religion n'est pas de ce monde, la loi humaine n'est pas du monde invisible; ces deux mondes, qui se touchent, ne sauraient se confondre : le tombeau est leur limite.

La croyance du chrétien est pour lui la vérité, la vérité qui vient de Dieu, que Jésus-Christ a enseignée aux hommes, et dont il a confié la prédication à ses apôtres et à leurs successeurs jusqu'à la consommation des siècles. Les gouvernemens sont-ils les successeurs des apôtres, et peuvent-ils dire comme eux : *Il a semblé bon au Saint-Esprit et à nous?* S'ils ne l'oseraient, et sans doute ils ne l'oseraient, ils ne sont pas les dépositaires de la foi, et ils n'ont pas reçu d'en haut la mission de déclarer ce qui est vrai en matière de religion et ce qui ne l'est pas. Dira-t-on que ce n'est pas là ce qui fait le projet de loi? Je réponds que c'est là précisément ce qu'il fait, puisque la liberté du dogme de la présence réelle est le titre du sacrilége, et que le sacrilége est le titre du supplice. Dira-t-on que ce n'est pas de son autorité, de sa propre inspiration et par sa propre énergie, que la loi déclare le sacrilége, mais qu'elle l'a reçu de l'église catholique, et que, loin de commander en cette occasion, elle obéit? On ne fait que déplacer l'usurpation, et la confusion des deux puissances subsiste. Si ce n'est plus la puissance civile qui dicte la loi religieuse, c'est la puissance religieuse qui dicte la loi civile : contre la parole du divin Maître, elle est de ce monde.

J'attaque la confusion, non l'alliance. Je sais bien que les gouvernemens ont un grand intérêt à s'allier avec la religion, parce que, rendant les hommes meilleurs, elle concourt puissamment à l'ordre, à la paix, et au bonheur des sociétés. Mais cette alliance ne saurait comprendre de la religion que ce qu'elle a d'extérieur et de visible, son culte, et la condition de ses ministres dans l'état. La vérité n'y entre pas; elle ne tombe ni au pouvoir ni sous la protection des hommes. De quelque manière donc que l'alliance soit conçue, elle est temporelle, rien de plus; et c'est pourquoi elle varie à l'infini, réglée par la prudence selon les temps et les lieux, ici très étroite, là très relâchée. Il y a des religions d'état, des religions dominantes, des religions exclusives; tout cela est du langage grossier de la politique humaine. Est-ce qu'on croit par hasard que les états ont une religion comme les personnes, qu'ils ont une âme et une autre vie où ils seront jugés selon leur foi et leurs œuvres? Ce serait une absurdité; toute l'immortalité de Rome et d'Athènes est dans l'histoire. Est-ce qu'on oserait prétendre que les états ont le droit, entre les diverses religions qui se professent sur la terre, de décider laquelle est la vraie? Ce serait un blasphème. Il ne s'agit donc, dans les religions d'état, ou dominantes, ou exclusives, que des cultes plus ou moins autorisés, plus ou moins privilégiés, et de l'établissement plus ou moins politique de leurs ministres, jamais de la vérité qui s'échappe toujours de ces transactions. Nous savons que Jésus-Christ n'a rien changé à l'ordre public des sociétés, qu'il n'a rien retiré aux gouvernemens de la terre et ne leur a rien attribué; nous lisons dans l'évangile qu'il les a laissés et respectés tels qu'ils étaient établis, parce que son royaume n'était pas de ce monde. Ce qu'ils sont, ils l'ont toujours été; ce qu'ils n'étaient pas avant Jésus-Christ, ils ne le sont pas devenus. Si donc aujourd'hui les religions d'état sont nécessairement la vérité, il en a toujours été ainsi; et Claude, mis au rang des dieux par le sénat romain, a été vraiment dieu. Entre Dioclétien et les chrétiens, nul doute que l'erreur était du côté de ceux-ci, la vérité du côté de Dioclétien. Et sans sortir de la loi que nous discutons, depuis trois siècles que la religion chrétienne est malheureusement déchirée en catholique et protestante, le dogme de la présence réelle n'est vrai qu'en deçà du détroit; il est faux et idolâtre au-delà. La vérité est bornée par les mers, les fleuves et les montagnes; un méridien, comme l'a dit Pascal, en décide. Il y autant de vérités que de religions d'état; bien plus, si, dans chaque état, et sous le même méridien, la loi politique change, la vérité, compagne docile, change avec elle. Et toutes ces vérités contradictoires entre elles sont la vérité au même titre, la vérité immuable et absolue, à laquelle, selon votre loi, il doit être satisfait par des supplices qui, toujours et partout, seront également justes. Or ne saurait pousser plus loin le mépris de Dieu et des hommes, et cependant telles sont les conséquences naturelles et nécessaires du système de la vérité légale ; il est impossible de s'en relever dès qu'on admet le principe. Dira-t-on encore que ce n'est pas le principe du projet de loi? Autant de fois qu'on le dira, je répéterai que le projet de loi admet le sacrilége légal, et qu'il n'y a point de sacrilége légal envers les hosties consacrées, si la présence réelle n'est pas une vérité légale.

Mais voici d'autres conséquences du même principe. On ne se joue pas avec la religion comme avec les hommes; on ne lui fait point sa part, on ne lui dit pas avec empire qu'elle ira jusque-là, et pas plus loin. Le sacrilége résultant de la profanation des hosties consacrées est entré dans votre loi; pourquoi celui-là seul, quand il y en a autant que de manières d'outrager Dieu? Et pourquoi seulement le sacrilége, quand, avec la même autorité, l'hérésie et le blasphème frappent à la porte? La vérité ne souffre point ces transactions partiales. De quel droit votre main profane scinde-t-elle la Majesté divine, et la déclare-t-elle vulnérable sur un seul point, invulnérable sur tous les autres, sensible aux voies de fait, insensible à toute autre espèce d'outrages? Il a raison cet écrivain qui trouve votre loi mesquine, frauduleuse, et même athée; dès qu'un seul des dogmes de la religion catholique passe dans la loi, cette religion tout entière doit être *tenue pour vraie, et les autres pour fausses;* elle doit *faire partie de la constitution de l'état*, et de là se répandre *dans les institutions politiques et civiles; autrement l'état professe l'indifférence des religions, il exclut Dieu de ses lois, il est athée.*

Je rends grâces au célèbre écrivain d'avoir si bien dégagé le principe que les habiles restrictions et les ingénieuses combinaisons du projet de loi dissimulent; le voilà au grand jour et dans toute sa fécondité. Après que la loi a *tenu la vérité pour vraie,* la vérité a son tour s'empare de la loi; elle fait les constitutions; elle fait les institutions politiques et civiles, c'est-à-dire, Messieurs, qu'elle fait tout. Non-seulement son royaume est de ce monde, mais ce monde est son royaume; le sceptre a passé dans ses mains, et le prêtre est roi. Ainsi, de même que, dans la politique, on nous resserre entre le pouvoir absolu et la sédition révolutionnaire, de même, dans la religion, nous sommes pressés entre la théocratie et l'athéisme.

Nous n'acceptons point cette odieuse alternative. La théocratie convenait au peuple juif, que Dieu gouvernait par des promesses et des menaces temporelles ; elle a été abolie par l'évangile. Si elle a pu, dans d'autres temps, surprendre encore quelque autorité à la faveur de l'ignorance, elle ne serait, de nos jours, qu'une imposture décriée, à laquelle la sincérité manquerait d'une part, et la crédulité de l'autre. Il est faux qu'on ne sorte de la théocratie que par l'athéisme. En point de fait, la loi française n'est point théocratique ; on en convient, puisqu'on lui en fait un crime, et il s'en faut bien que la loi française soit athée. Ou ces mots de *loi athée* sont vides de sens, ou ils veulent dire, dans l'application qu'on nous en fait, que la loi française suppose sciemment que nous sommes un peuple sans aucune religion, un peuple qui ne croit pas en Dieu, et qu'elle a audacieusement, effrontément entrepris de nous gouverner dans cette supposition. Eh bien ! la loi française suppose, et elle fait absolument le contraire. Suis-je donc réduit à le prouver ? Ouvrez la Charte, qui est la loi des lois ; vous y voyez que chacun professe librement sa religion, que les ministres des cultes chrétiens reçoivent des traitemens du trésor royal ; que la religion catholique, apostolique et romaine est la religion de l'état. Ouvrez le budget ; vous y verrez que l'état acquitte annuellement trente millions pour les dépenses du seul culte catholique. La loi de finances au moins n'est pas athée. Mais voici une preuve plus convaincante, s'il est possible, que Dieu n'est pas exclus de nos lois ; c'est que les lois elles-mêmes se sont mises, et avec elles la société entière, sous la protection du serment ; et la Charte aussi a invoqué cette garantie sacrée : « Le roi et ses successeurs, dit-elle, jureront, dans » la solennité de leur sacre, d'observer fidèlement la présente » Charte constitutionnelle. » Et qu'est-ce que le serment ? « Un » acte de religion, disent les jurisconsultes (*Domat*), où celui

» qui jure prend Dieu pour témoin de sa fidélité en ce qu'il pro-» met, et pour juge et vengeur de son infidélité, s'il vient à y » manquer. » Quoi! le serment est un acte de religion, où Dieu partout présent, intervient comme témoin et comme vengeur; et quand les lois se confient sans cesse au serment, que sans cesse elles le prescrivent, et peut-être le prodiguent, on ose dire que Dieu est exclus de ces mêmes lois, et que l'état est légalement athée! Une telle accusation, prise à la lettre, serait une calomnie si imprudente, qu'il faut bien comprendre qu'elle a quelque sens détourné, et que quand on parle de Dieu, ce n'est pas de Dieu qu'il s'agit, mais de quelque autre chose. En effet, on veut bien nous l'apprendre, cet anathème lancé de toutes parts et avec tant d'éclat n'est que le cri de l'orgueil irrité, une vengeance tirée des lois, dont la molle indifférence a négligé de déclarer une seule religion vraie, et les autres fausses; la liberté et l'égale protection des cultes, voilà tout l'athéisme de la Charte.

On se trompe cependant; non, la Charte n'est pas indifférente; non, elle n'est pas neutre, elle n'est qu'incompétente: loi d'ici-bas, elle ne sait que les choses humaines. L'homme est un être religieux, c'est un fait qui tombe sous les facultés, et, si je l'ose dire, sous le sens de la loi. Elle recueille donc ce fait, elle le considère dans ses diverses circonstances et s'en sert judicieusement pour le bien-être temporel de la société. Ainsi la Charte reconnaît qu'il se professe plusieurs religions en France; elle les protége toutes. Entre ces religions, elle honore particulièrement la religion chrétienne, mère de la civilisation; entre les communions chrétiennes, elle assigne une haute prééminence à la religion catholique, qui est la religion de la presque universalité des Français, qui a précédé et la maison royale, et la monarchie, et la France elle-même, et dont nos mœurs publiques et privées ont reçu l'ineffaçable empreinte. En quoi consiste cette prééminence de la religion catholique, appelée par la Charte la religion de l'état? On en peut disputer autant que l'on voudra; tout ce que j'en veux dire en ce moment, c'est que, si loin qu'on la porte, elle ne sortira pas de l'ordre politique; et la preuve sans réplique qu'elle n'en sortira pas, c'est que la Charte protége également toutes les autres religions : ce qui serait impossible si elle avait déclaré la religion catholique légalement vraie ; car, par cela même, les autres seraient fausses, et par conséquent légalement criminelles. La Charte reste, comme elle le doit, dans les faits qu'il lui appartient d'observer ; elle dispose sur ces faits avec une profonde sagesse, mais elle se garde de disposer sur la vérité, qui n'est pas un fait humain dont elle ait connaissance. Nous, personnes individuelles et identiques, véritables êtres faits à l'image de Dieu et doués de l'immortalité, nous avons dans nos glorieuses facultés le discernement religieux ; mais Dieu ne l'a pas donné aux états qui n'ont pas les mêmes destinées, et non-seulement il ne leur a pas donné, mais on peut dire qu'il le leur a positivement refusé, puisqu'il a permis, puisqu'il a voulu, dans ses desseins impénétrables, que les fausses religions eussent, pour la stabilité et la splendeur des sociétés, les mêmes avantages que la vraie. Il n'est pas besoin d'en chercher les preuves dans l'histoire ; jetez les yeux autour de vous, regardez l'Espagne et regardez l'Angleterre, et voyez dans cette alliance, qui s'est appelée *sainte*, le premier rang largement occupé par un souverain que nous tenons au moins pour schismatique.

Je reprends le projet de loi. Qu'est-ce que le sacrilége? C'est, je le répète avec pudeur, une voie de fait commise sur Jésus-Christ. La présence légale de Jésus-Christ invisible est le fondement qui porte tout l'édifice du titre Ier. Par conséquent, le sacrilége est théologique. Toutes les ruses de l'esprit, tous les artifices du langage n'ébranleront pas ce point fixe. La légalité de la religion est le principe du projet de loi. Il ne m'a point échappé que, dans le cours des dispositions diverses qui forment le corps de la loi, ce principe se contredit, qu'il se mutile, qu'il se rétracte, et qu'il s'applique surtout, avec un art infini, à se rendre inapplicable ; mais, qu'importe, il est dans la loi. Les efforts bien intentionnés qu'on fait aujourd'hui pour le dompter seront vains ; il est indomptable.

J'ai fait voir que ce principe est impie au plus haut degré, en ce qu'il rend toutes les religions tour-à-tour également vraies, et que, faisant l'homme auteur de la vérité religieuse, il le fait dieu. Comme il procède de l'insolence naturelle de l'homme, à qui toute domination est chère, mais surtout celle des esprits et des consciences, il se résout infailliblement dans un appel brutal à la force. Deux sortes de défenseurs ne lui manqueront jamais; les uns, politiques sans probité, qui, ne concevant la religion que comme un instrument de gouvernement, pensent que ce sont les lois qui donnent à cet instrument toute son énergie, il ne leur est pas dû de réponse; les autres, convaincus de la religion, mais dont le zèle sans science se persuade qu'elle a réellement besoin de l'appui de la force, et que, si on la désarme des peines temporelles, elle est en péril: à ceux-ci, il faut répondre hardiment qu'ils ne connaissent pas la religion; que ces pensées basses sont indignes d'elle; qu'elle méprise la force, et qu'elle a surtout horreur de la protection abominable des cruautés et des supplices.

Nous sommes ici au-dessus du raisonnement. Nous avons l'autorité décisive d'un fait immense, qui ferme à jamais la bouche aux apologistes de la force, aux défenseurs des religions légales; c'est l'établissement du christianisme, dont l'histoire est présente à vos esprits. Aussi long-tems qu'il a contre lui la force, il triomphe, et il répand, avec ses doctrines, des vertus jusque-là inconnues à tous les peuples de la terre. Dès qu'il s'est assis sur le trône, il décline; la pureté de sa discipline toute céleste s'altère et les mœurs se corrompent; les saints docteurs gémissent, et redemandent éloquemment la rigueur des premiers tems. Ecoutez ces paroles que Saint-Hilaire (de Poitiers) adresse à des évêques qui avaient eu recours aux empereurs, c'est-à-dire à la force.

«Il faut gémir de la misère et de l'erreur de notre tems, où
» l'on croit que Dieu a besoin de la protection des hommes, et où
» l'on recherche la puissance du siècle pour défendre l'église de
» Jésus-Christ. Je vous prie, vous qui croyez être évêques, de
» quel appui se sont servi les apôtres pour prêcher l'Évangile?
» Quelles puissances leur ont aidé à annoncer Jésus-Christ, et

» faire passer presque toutes les nations de l'idolâtrie au culte de » Dieu? Saint-Paul formait-il l'église de Jésus-Christ par des édits » de l'empereur? se soutenait-il par la protection de Néron, de » Vespasien ou de Décius, dont la haine a relevé le lustre de la » doctrine céleste?..... Maintenant, hélas! les avantages humains » rendent recommandable la foi divine; et, cherchant à autori- » ser le nom de Jésus-Christ, on fait croire qu'il est faible par » lui-même. L'église menace d'exils et de prisons, et veut se faire » croire par force, elle qui s'est fortifiée dans les exils et les pri- » sons! Elle se glorifie d'être favorisée du monde, elle qui n'a pu » être à Jésus-Christ sans être haïe du monde!..... Voilà l'église, » en comparaison de celle qui nous avait été confiée, et que nous » laissons perdre maintenant.» *Hist. ecclésiast. de Fleury*, liv. 16.

Ainsi parlait Saint-Hilaire au quatrième siècle. Mais peut-être que la politique de la religion suit les temps comme la nôtre, et qu'elle doit s'appuyer aujourd'hui sur d'autres maximes. Voici ce qu'au commencement du dix-huitième siècle, le pieux et savant Fleury pensait à ce sujet:

« La vraie religion doit se conserver et s'étendre par les mêmes » moyens qui l'ont établie, la prédication accompagnée de discré- » tion et de prudence, la pratique de toutes les vertus, et surtout » d'une patience sans bornes. Quand il plaira à Dieu d'y joindre » les miracles, le progrès sera plus prompt..... Il faut se désabuser » d'une opinion qui n'est que trop établie depuis plusieurs siècles, » que la religion soit perdue dans un pays, quand elle a cessé d'y » être dominante..... Vous croyez que le sacerdoce aura plus » d'autorité étant soutenu par la puissance temporelle, et vous » perdrez la vraie autorité, qui consiste dans l'estime et la con- » fiance. Instruisez-vous au moins par les faits, et profitez des » fautes de vos pères. Je ne dispute point contre ces politiques » profanes, qui regardent la religion comme une invention pour » contenir le vulgaire dans son devoir, et craignent tout ce qui » pourrait en diminuer le respect dans l'esprit du peuple: il fau- » drait commencer par les instruire et les convertir.» 6e et 4e *Discours sur l'Histoire ecclésiastique.*

Quelles sont, selon Fleury, ces *fautes de vos pères*, qui lui donnent matière à des avertissemens si solennels? Il y en a plusieurs, entre lesquelles le judicieux historien indique celle-ci comme la plus grave.

« De tous les changemens de discipline, dit-il, je n'en vois » point qui ait plus décrié l'église que la rigueur exercée contre » les hérétiques et les autres excommuniés. Vous avez vu comme » Sévère-Sulpice blâme les deux évêques Idace et Ithace de s'être » adressés aux juges séculiers, pour faire chasser des villes les pris- » cillianistes. On fut bien plus indigné quand on les vit suivre les » coupables à Trèves en qualité d'accusateurs. Saint Martin pres- » sait Ithace de se désister, et priait l'empereur d'épargner le sang » des hérétiques; mais quand ils eurent été exécutés à mort, » saint Ambroise et saint Martin ne communiquèrent plus avec » Ithace, ni avec les évêques qui demeuraient dans sa commu- » nion, quoiqu'ils fussent protégés par l'empereur. Enfin saint » Martin se reprocha toute sa vie d'avoir communiqué en passant » avec ces ithaciens, pour sauver la vie à des innocens, tant il » paraissait horrible que des évêques eussent trempé dans la mort » de ces hérétiques, quoique leur secte fût une branche de l'hé- » résie détestable des Manichéens! » 4e *Discours*.

Maintenant, Messieurs, élevons-nous plus haut, et remontons à la source divine de cet esprit de douceur et de charité qui animait les saints évêques des premiers siècles, non-seulement envers les hérétiques et les excommuniés, mais envers les criminels quels qu'ils fussent, et qui rendait, comme le dit encore Fleury, l'église aimable même aux païens.

Un bourg des Samaritains ayant refusé de recevoir Jésus, Jacques et Jean, ses disciples, lui dirent : « Seigneur, voulez- » vous que nous commandions que le feu descende du ciel et » qu'il les dévore? » Mais, se retournant, il leur fit réprimande et leur dit : « Vous ne savez pas à quel esprit vous êtes appelés : » *nescitis cujus spiritûs estis*. Le fils de l'homme n'est pas venu » pour perdre les hommes, mais pour les sauver.

Voilà, Messieurs, la vocation de l'église ; elle a été appelée par

Jésus-Christ à sauver les hommes, et non à les dévorer par le feu du ciel, ce qui explique le mystère admirable de son code pénitentiel, tout médicinal, dit saint Augustin, et tout occupé de détruire, non l'homme, mais le péché, afin de préserver le pécheur des peines éternelles qui sont sans remède. Au-dessus de ce code s'élève et règne le dogme d'une autre vie, où Dieu manifestera sa justice qu'il cache et suspend dans celle-ci; ce dogme, en effet, est l'âme de la politique religieuse, et il s'oppose invinciblement à la précipitation des supplices. J'ai prouvé que, si on met la religion dans la loi humaine (et on l'y met par le crime de lèse-majesté divine), on nie toute vérité religieuse; je prouve en ce moment que, si on met dans la religion la peine capitale, on nie la vie future. La loi proposée, qui fait l'un et l'autre, est donc à la fois impie et matérialiste. Elle ne croit pas à la vie future, cette loi qui anticipe l'enfer, et qui remplit sur la terre l'office des démons; il faudrait, selon Fleury, commencer par l'instruire et la convertir.

Je dépose ici le fardeau de cette terrible discussion. Je n'aurais pas entrepris de le soulever, si je n'avais consulté que mes forces; mais une profonde conviction, et le sentiment d'un grand devoir à remplir, ont animé et soutenu ma faiblesse. J'ai voulu marquer, en rompant un long silence, ma vive opposition au principe théocratique qui menace à la fois la religion et la société, d'autant plus odieux que ce ne sont pas, comme aux jours de la barbarie et de l'ignorance, les fureurs sincères d'un zèle trop ardent qui rallument cette torche. Il n'y a plus de Dominique, et nous ne sommes pas non plus des Albigeois. La théocratie de notre temps est moins religieuse que politique; elle fait partie de ce système de réaction universelle qui nous emporte : ce qui la recommande, c'est qu'elle a un aspect contre-révolutionnaire. Sans doute, Messieurs, la révolution a été impie jusqu'au fanatisme, jusqu'à la cruauté; mais qu'on y prenne garde, c'est ce crime-là surtout qui l'a perdue; et on peut prédire à la contre-révolution que des représailles de cruautés, ne fussent-elles qu'écrites, porteront contre elle, et la flétriront à son tour.

Il y a des temps où les lois pénales, en fait de religion, rendent les âmes atroces ; Montesquieu le dit, et l'histoire des derniers siècles en fait foi. Nous pouvons juger qu'il y a d'autres temps où ces mêmes lois ne sont qu'une avilissante corruption. Souvenez-vous, Messieurs, de la vieillesse du grand roi, et des temps qui l'ont suivie, de ces temps qui touchent de si près à la révolution ; consultez sur cette triste époque les plus pieux, les plus sages contemporains. Fénélon écrivait ces propres paroles le 15 mars 1712, trois ans avant la mort de Louis XIV : « Les » mœurs présentes de la nation jettent chacun dans la plus vio- » lente tentation de s'attacher au plus fort par toute sorte de » bassesses, de lâchetés, de noirceurs et de trahisons. » *Vie de Fénélon, tom.* 3, *p.* 322. Je vote le rejet du titre Ier du projet de loi.

CHAPITRE VII.

Loi sanctionnée par le Roi.

Charles, par la grâce de Dieu, roi de France et de Navarre, à tous présens et venir, salut.

Nous avons proposé, les chambres ont adopté, nous avons ordonné et ordonnons ce qui suit :

Titre Ier. — *Du sacrilége.*

Art. 1er. La profanation des vases sacrés et des hosties consacrées constitue le crime de sacrilége.

2. Est déclarée profanation toute voie de fait commise volontairement, et par haine ou mépris de la religion, sur les vases sacrés ou sur les hosties consacrées.

3. Il y a preuve légale de la consécration des hosties, lorsqu'elles sont placées dans le tabernacle ou exposées dans l'ostensoir, et lorsque le prêtre donne la communion ou porte le viatique aux malades.

Il y a preuve légale de la consécration du ciboire, de l'ostensoir, de la patène et du calice employés aux cérémonies de la religion au moment du crime.

Il y a également preuve légale de la consécration du ciboire et de l'ostensoir enfermés dans le tabernacle ou dans celui de la sacristie.

4. La profanation des vases sacrés sera punie de mort, si elle a été accompagnée des deux circonstances suivantes :

1° Si les vases sacrés renfermaient, au moment du crime, des hosties consacrées ;

2° Si la profanation a été commise publiquement.

La profanation est commise publiquement lorsqu'elle est commise dans un lieu public et en présence de plusieurs personnes.

5. La profanation des vases sacrés sera punie des travaux à perpétuité, si elle a été accompagnée de l'une des deux circonstances énoncées dans l'article précédent.

6. La profanation des hosties consacrées commise publiquement, sera précédée de l'amende honorable faite par le condamné devant la principale église du lieu où le crime aura été commis, ou du lieu où aura siégé la cour d'assises.

TIT II.—*Du vol sacrilége.*

7. Seront compris au nombre des édifices énoncés dans l'art. 381 du Code pénal, les édifices consacrés à l'exercice de la religion catholique, apostolique et romaine.

En conséquence, sera puni de mort quiconque aura été déclaré coupable d'un vol commis dans un de ces édifices, lorsque le vol aura d'ailleurs été commis avec la réunion des autres circonstances déterminées par l'article 381 du Code pénal.

8. Sera puni des travaux forcés à perpétuité quiconque aura été déclaré coupable d'avoir, dans un édifice consacré à l'exercice de la religion de l'état, volé avec ou même sans effraction du tabernacle, des vases sacrés qui y étaient renfermés.

9. Seront punis de la même peine :

1° Le vol des vases sacrés commis dans un édifice consacré à l'exercice de la religion de l'état sans la circonstance déterminée par l'article précédent, mais avec deux des cinq circonstances prévues par l'article 381 du Code pénal.

2° Tout autre vol commis dans les mêmes lieux, à l'aide de violence et avec deux des quatre premières circonstances énoncées au susdit article.

10. Sera puni de la même peine des travaux forcés à tems, tout individu coupable d'un vol de vases sacrés ou d'autres objets, si le vol a été commis dans un édifice consacré à la religion de l'état, quoiqu'il n'ait été accompagné d'aucune des circonstances comprises dans l'article 381 du Code pénal.

Dans le même cas, sera puni de la réclusion tout individu coupable d'un vol d'autres objets destinés à la célébration des cérémonies de la même religion.

11. Sera puni de la réclusion tout individu coupable de vol, si ce vol a été commis la nuit, ou par deux ou plusieurs personnes, dans un édifice consacré à la religion de l'état.

TIT. III. — *Des délits commis dans les églises ou sur les objets consacrés à la religion.*

12. Sera puni d'un emprisonnement de trois à cinq ans et d'une amende de 500 à 10,000 fr., toute personne qui sera reconnue coupable d'outrage à la pudeur, lorsque ce délit aura été commis dans un édifice consacré à la religion de l'état.

13. Seront punis d'une amende de 16 à 300 fr. et d'un emprisonnement de six jours à trois mois ceux qui, par des troubles ou désordres commis, même à l'extérieur d'un édifice consacré à l'exercice de la religion de l'état, auront retardé, interrompu ou empêché les cérémonies de la religion.

14. Dans les cas prévus par l'article 257 du Code pénal, si les monumens, statues ou autres objets détruits, abattus, mutilés ou dégradés étaient consacrés à la religion de l'état, le coupable sera puni d'un emprisonnement de six mois à deux ans, et d'une amende de 200 à 2,000 fr.

La peine sera d'un an à cinq ans d'emprisonnement et de 1,000 à 5,000 fr. d'amende si ce délit a été commis dans l'intérieur d'un édifice consacré à la religion de l'état.

15. L'article 463 du Code pénal n'est pas applicable aux délits prévus par les articles 12, 13 et 14 de la présente loi.

Il ne sera pas applicable non plus aux délits prévus par l'article 401 du même Code, lorsque ces délits auront été commis dans l'intérieur d'un édifice consacré à la religion de l'état.

TIT. IV. — *Dispositions générales.*

16. Les dispositions des articles 7, 8, 9, 10, 11, 12, 13, 14 et 15 de la présente loi sont applicables aux crimes et délits commis dans les édifices consacrés aux cultes légalement établis en France.

17. Les dispositions auxquelles il n'est pas dérogé par la présente loi continueront d'être exécutées.

La présente loi discutée, etc.

Donné à Paris, en notre château des Tuileries, le 20e jour du mois d'avril de l'an de grâce 1825 et de notre règne le premier.

Signé CHARLES.

Par le roi,

Vu et scellé du grand sceau.

Le garde-des-sceaux de France, ministre secrétaire d'état au département de la justice,

Signé Cte DE PEYRONNET.

www.ingramcontent.com/pod-product-compliance
Ingram Content Group UK Ltd.
Pitfield, Milton Keynes, MK11 3LW, UK
UKHW021843190726
13855UKWH00001B/127

9 782013 487535